LES « FRANÇAIS D'ALLEMAGNE »

Historiques

Collection dirigée par Vincent Laniol
avec Bruno Péquignot et Denis Rolland

La collection « Historiques » a pour vocation de présenter les recherches les plus récentes en sciences historiques. La collection est ouverte à la diversité des thèmes d'étude et des périodes historiques.

Elle comprend trois séries : la première s'intitulant « travaux » est ouverte aux études respectant une démarche scientifique (l'accent est particulièrement mis sur la recherche universitaire) tandis que la deuxième intitulée « sources » a pour objectif d'éditer des témoignages de contemporains relatifs à des événements d'ampleur historique ou de publier tout texte dont la diffusion enrichira le corpus documentaire de l'historien ; enfin, la troisième, « essais », accueille des textes ayant une forte dimension historique sans pour autant relever d'une démarche académique.

Série Travaux
Dernières parutions

Thibault TELLIER, *Humaniser le béton. Les origines de la politique de la ville en France (1969-1983),* 2022.
Bertrand LEMONNIER, *Les Postes et la Commune de Paris, une guerre des communications de 1871 à nos jours*, 2022.
Christian LEBLANC (avec la collab. d'Angelo Sesana), *Le bel Occident de Thèbes / Imentet neferet de l'Époque pharaonique aux temps modernes. Une histoire révélée par la toponymie*, 2022.
Simon THUAULT, *Le déchiffrement des hiéroglyphes*, 2022.
Romain MAINIERI, *Une ville et ses fumées*, 2022.
Arnold CASSOLA, *Soliman le Magnifique et Malte en 1565*, 2022.
Denis ROLLAND, *Histoire des éditions L'Harmattan. Genèse d'un éditeur au carrefour des cultures*, 2022.
Frantz-Emmanuel PETITEAU, *La vallée d'Aure : de la légende à l'histoire. Considérations historiographiques d'une vallée des Pyrénées,* 2022.
Jimi B. VIALARET, *Les cousineries initiatiques forestières. De la franc-maçonnerie du bois à celle de la pierre*, 2021.

Hélène ENGELS-PERREIN

LES « FRANÇAIS D'ALLEMAGNE »

ACTEURS DE L'AMITIE FRANCO-ALLEMANDE
1945-1999

5-7, rue de l'École-Polytechnique – 75005 Paris
www.editions-harmattan.fr
ISBN : 978-2-343-25251-3
EAN : 9782343252513

En mémoire de Matthias, sans lequel je ne me serais
jamais intéressée à la présence française en Allemagne,
A mon fils Stéphane,
A mes petits-enfants : Suzanne, Léa, Alexandre

« Les tâches humaines ont un terme. Celle que nous avons assumée en Allemagne finira un jour. Il est dès à présent une question que nous n'avons pas le droit d'éluder. Quelles traces laisserons-nous derrière nous et quels souvenirs ? »

Robert d'Harcourt

(Cité dans l'avant-propos de Claude Albert Moreau et Roger Jouanneau-Irriera *Présence française en Allemagne. Géographie Cordiale de la Zone Française d'Occupation*)

AVANT-PROPOS

Cher lecteur,

Face à ces trois lettres « F.F.A. » le jeune français sera bien en peine d'interroger ses moteurs de recherche préférés sur internet, à moins qu'il n'ait la patience d'aller au-delà de la 12° page, car les « Forces Françaises en Allemagne » n'apparaissent pas avant. En revanche, s'il interroge ses parents, ce sera sans doute plus rapide car les FFA ont profondément marqué les trois générations précédentes. Cette aventure semble progressivement sombrer dans l'oubli.

Or il y a bien eu de 1945 à 1999 une communauté française qui a vécu de l'autre côté de la frontière et pour qui les mots « amitié franco-allemande », « Gipfelmarsch », « Baden-Oos », « Lycée Charles de Gaulle », « les économats », « l'hôpital de Bühl », « TMFB[1] », « le lycée de Trèves », « l'église Notre Dame de la Paix » et bien d'autres étaient des réalités quotidiennes. Bâtie sur les liens séculaires qui existent entre nos deux pays du bassin rhénan, ces cinquante-cinq années de présence pour ces français, arrivés en occupants et partis en amis, représente une longue et originale période du XX° siècle. Appartenant à ces générations scolarisées dans les écoles et lycées au sein des FFA, il m'est apparu comme une évidence de soutenir le projet de mon professeur de l'époque, Madame Engels, afin que cette aventure humaine soit racontée et ne sombre pas dans les oubliettes de l'histoire.

En effet, il est important de comprendre cette communauté de civils et de militaires, de familles et de soldats du contingent, rythmée par des grandes manœuvres à Münsingen ou Stetten pour les uns, par le brevet des collèges et les vacances scolaires pour les autres, vivant en cités cadres et s'approvisionnant aux économats des armées. Cette communauté a grandement participé au rapprochement franco-allemand, à la dissuasion envers les soviétiques, qui a permis *in fine* de gagner la guerre froide et enfin à l'émergence de l'esprit européen. Ce livre leur rend hommage, ce qui est faire œuvre de justice et permettra aux plus jeunes de mieux ancrer leurs connaissances sur cette période charnière de l'histoire récente riche d'analogie avec la période actuelle.

1

Train Militaire Français de Berlin

Puissent l'excellent travail de l'auteur ainsi que la grande variété et la grande richesse des éléments présentés ici, éclairer nos jeunes lecteurs sur les solutions trouvées par leurs anciens pour traverser un demi-siècle bien turbulent. Qu'ils s'interrogent sur les meilleurs moyens de gagner les cœurs et les esprits d'une population étrangère après le traumatisme d'une guerre, sur les solutions pour faire cohabiter des gens très différents, ayant des missions et des aspirations parfois contradictoires, et sur les qualités à mobiliser pour réaliser des projets ambitieux. Quant à moi, je reste persuadé que les outils développés et les valeurs acquises, à l'école de Müllheim, chez les scouts de France à Baden-Baden, au Lycée Charles de Gaulle, puis comme chef de peloton AMX30 à Berlin m'ont été d'une grande utilité dans les défis qu'il a fallu relever entre 1990 et aujourd'hui.

Merci donc aux FFA et à ses membres pour le succès de leur mission et merci à nos amis allemands de nous avoir accueilli et soutenu. Dans le monde dangereux qui est le nôtre, nul doute que les liens de camaraderie développés au cours de notre histoire commune seront à nouveau essentiels pour relever les défis communs qui nous attendent au XXI° siècle.

Général Marc OLLIER
Gouverneur Militaire de Strasbourg
Commandant la 2° Brigade Blindée
(2018-2020)

AVERTISSEMENT

L'idée de ce livre est née un jour de juin 2016, dans la bibliothèque de l'Institut Franco-Allemand de Ludwigsburg.

Après le retrait définitif des Force Françaises en Allemagne, s'est posée dès l'an 2000, la question de savoir comment maintenir vivant le souvenir de leur présence.

Peu de travaux d'ensemble leur ont été consacrées en France, à part ma thèse sur " *La présence militaire française en Allemagne de 1945 à 1993*" et l'étude sur "*Le syndicalisme français en Allemagne de 1945 à nos jours*" parue en 2002.

Très vite germe l'idée de créer, à Baden-Baden, un "centre de mémoire", qui en réunissant la documentation existante sur le sujet, faciliterait le travail de recherches pour des universitaires et les étudiants français et allemands intéressés, et qui pourrait également accueillir des élèves de divers établissements situés des deux côtés du Rhin.

Autour de Werner Schmoll, conseiller municipal de Baden-Baden et de moi-même longtemps professeur au Lycée Charles de Gaulle, un petit noyau se constitue, dès 2004, dans cette optique. Il est rejoint rapidement par le général Brette ancien commandant en chef des Forces Françaises en Allemagne, et Angelika Lipp-Krüll ancienne journaliste du SWF/SWR de Baden-Baden et ex membre du Haut Conseil Culturel Franco-Allemand. Nous bénéficions du soutien de Daniel Hoeffel, ancien ministre et parlementaire, qui le premier avait attiré l'attention du gouvernement français sur le sort des FFA.

En dépit de toutes les démarches entreprises, par manque de soutien financier et de volonté politique des deux côtés du Rhin, le projet n'aboutira pas. En 2006 le seul bâtiment des anciennes cités françaises encore en mesure d'accueillir un tel concept, l'école Paris, est destinée à devenir un loft! .

En 2015 la nouvelle municipalité de Baden-Baden, dirigée par Madame Margret Mergen décide de commémorer le 70è anniversaire de l'installation des troupes françaises à Baden-Baden, le 12 avril 1945. A cette occasion parait une brochure bilingue, "*Passerelle: La présence française à Baden-Baden*" corédigée avec Pétra Heuber-Sänger, responsable auprès de la ville, des relations internationales et jumelages.

La même année, aux éditions de l'Harmattan, Jean Baptiste Nardi publie "*Des cités pas comme les autres*". Son livre évoque son passé de fils de professeur et d'ancien élève du lycée Charles de Gaulle et décrit la vie dans les cités françaises de Baden-Baden.

Tous deux nous décidons alors d'essayer de relancer, à partir de témoignages vécus et de documents personnels, sous caution universitaire, l'intérêt pour les FFA.
De retour au Brésil, où il réside, Jean Baptiste Nardi lance un appel à témoignages dans de grands journaux, dont le „Monde International", les FFA étant en effet dispersés à travers la planète. Eric Conge-Lehmann, ancien élève du lycée Charles de Gaulle, devenu depuis 2004 l'archiviste et l'historien des établissements scolaires de Baden-Baden et Rastatt, lance un autre appel sur « Facebook ». De mon côté je contacte quelques universitaires français et allemands connus lors de mes travaux précédents.

Côté allemand, de très nombreux travaux universitaires existent sur la période de l'Occupation, (1945- 1955) mais pratiquement rien sur le stationnement des forces (1954 à 1999), faute de documents, ceux-ci étant essentiellement accessibles auprès de l'armée. Seul le retrait français, décidé à partir de 1990, suscite un début d'intérêt, mais surtout sur le plan local.

Côté français, le sujet apparaît aussi comme d'abord militaire. La recherche universitaire, elle, a besoin essentiellement de pouvoir s'appuyer sur des documents et des archives. Or concernant les FFA, ceux-ci sont lacunaires et surtout militaires!

C'est dans ce contexte que, avec Angelika Lipp-Krüll, nous recherchions de la documentation à l'institut franco-allemand de Ludwigsburg....

Une publication du *Kulturamt* de Tübingen, intitulée" *Feinde, Freunde, Fremde*", (Ennemis,amis, étrangers) nous a paru le mieux cerner notre problématique : étudier les Forces françaises à travers les spécificités locales de leur vie quotidiennes, ainsi que le "ressenti", non dénué parfois de tension entre les deux communautés françaises et allemandes résidant sur les mêmes territoires urbains.

Pour ce faire, nous avons décidé, à partir d'un questionnaire en ligne précédé d'une courte explication, de rechercher les souvenirs et témoignages d'anciens Français et Allemands présents sur place entre 1945 et 1999, servant de base à une future étude historique.

A l'origine, il devait s'agir d'un ouvrage double, en français et en allemand. Pour des raisons personnelles et un autre travail plus urgent, A. Lipp-Krüll a dû interrompre, pour un temps, ses recherches, que j'ai continuées seule. Mes travaux antérieurs m'ont fourni le contexte historique. Pour les témoignages, j'ai commencé par faire appel à mes anciens élèves du Lycée

Charles de Gaulle, aux amis et relations connus durant mon séjour à Baden-Baden de 1972 à 1999. Le bouche à oreille a ensuite joué.

Faute de temps, d'intérêt, ou pour toutes autres raisons encore, toutes respectables, beaucoup de contacts n'ont pas répondu ou se sont contentés de réponses minimalistes, malheureusement peu exploitables.

De nombreux témoignages par contre avaient été publiés dans "*La Gazette*" des *Anciens Du Lycée Charles de Gaulle à Baden-Baden*", par Jean-Pierre Bénaut, fondateur de l'association et son président, avant de céder la place à Robert Popille.
Leurs souvenirs, "*Rencontres Inoubliables*" recueillis à l'initiative de Madame Klümper-Lefebvre membre du cercle-franco- allemand de Baden-Baden, ont donné naissance en 2014, à un ouvrage imprimé, grâce à Pierre-Yves Le Borgn' député des Français d'Allemagne , par l'Imprimerie de l'Assemblée Nationale.

Ils ont été une mine inépuisable.

Pour toutes ces raisons, et je le mesure ce travail est forcément incomplet et limité dans l'espace. Il insiste surtout sur la Garnison Autonome de Baden-Baden, ainsi que sur les grands centres de Trèves, Landau et Fribourg, chefs lieu des trois divisions blindées installées en Allemagne

Puisse cette étude contribuer cependant à ressusciter un passé disparu à jamais et surtout susciter des vocations sur cette aventure unique dans l'Histoire : une armée occupante, restée sur place à la demande de l'ancien pays occupé et qui le quitte, plus d'un demi-siècle plus tard, en alliée et amie.

PREFACE

Le 30 juin 1999 les Forces Françaises Stationnées en Allemagne, à l'exception de la Brigade Franco-Allemande, dans le sud du Land de Baden-Württemberg, et d'un Régiment de soutien, quittent le territoire de la République Fédérale d'Allemagne. S'achève alors une aventure de plus d'un demi-siècle, issue de la Seconde guerre mondiale. Un exemple unique dans l'histoire, puisque l'on verra une puissance occupante, la France, continuer à stationner à la demande du pays autrefois occupé, l'Allemagne, État devenu souverain depuis, et le quitter en tant que Force Alliée et amie.

Les accords de Yalta, en février 1945, ont partagé l'Allemagne vaincue en quatre zones d'occupation militaire, américaine, britannique, française et soviétique.

La zone française s'étire le long du Rhin sur des territoires qui donneront naissance, par la suite, aux Länder de Rhénanie-Palatinat et de Bade-Wurtemberg. S'y ajoute la Sarre qui, elle, évoluera à part, de même que le Secteur Français de Berlin sous administration quadripartite alliée.

La proclamation de la République Fédérale en mai 1949 met fin aux gouvernements militaires des trois puissances occidentales. Mais la dégradation des relations internationales entre les deux Blocs Ouest et Est impose le maintien de leurs troupes en RFA. En 1963 toutefois, le général de Gaulle décide de retirer la France du commandement militaire intégré de l'OTAN. Plus rien alors ne justifie le maintien de troupes françaises en RFA. Et pourtant, elles vont continuer à y stationner, et ce à la demande expresse du Gouvernement Fédéral, dans un contexte territorial et politique alors quelque peu modifié.

De même, en 1990, lorsque le président François Mitterrand, dans l'enthousiasme de la chute du Mur qui met fin à la division de l'Europe, annonce de Londres que l'armée française n'a plus de raison d'être en Allemagne, c'est le chancelier H. Kohl qui arrache le report du retrait des troupes. Tel le phénix renaissant de ses cendres, les Forces Françaises en Allemagne deviennent, en 1993, après la dissolution du IIème Corps d'armée, les Forces Françaises Stationnées en Allemagne. Si les pouvoirs particuliers conférés en1955, après la fin de l'occupation, au Général Commandant en Chef sont abrogés, il n'en continue pas moins à exercer des droits particuliers dans les domaines judiciaire, pénal et civil, et administratif sur l'ensemble des membres des Forces Françaises et de leurs personnes à charge.

Le couperet va tomber définitivement en 1996, à la suite de la décision unilatérale, du président Jacques Chirac nouvellement élu. Il faudra tout de même encore trois ans pour que s'opère le retour total en Métropole. Il se fera non sans mal et non sans douleur pour des personnels présents en Allemagne depuis deux voire trois générations, et qu'un rapport parlementaire désigne faute de mieux de « *Français d'Allemagne* ».

Durant son séjour la France a contribué à la reconstruction politique de la République Fédérale, elle a remodelé son paysage urbain par un vaste programme immobilier, généré dans son économie d'importants flux financiers et surtout favorisé, sur le plan politique, militaire et social, le rapprochement entre les deux pays.

Trois millions de personnes environ, militaires et civils, dont plus d'un million d'appelés, ont été amenés à séjourner plus ou moins longtemps en Allemagne. Afin de leur offrir sur place un cadre de vie aussi proche que possible de celui de la Métropole, la France a reproduit, sur le territoire fédéral, l'ensemble de ses administrations. Militaires et civils ne relevant que de l'autorité du Commandant en Chef et bénéficiant par là d'une double autonomie, mais par là-même d'une double allégeance juridique à la fois vis à vis de la Nation Hôte et de la France, elle a donné naissance à une société particulière.

Dispersés non seulement à travers la France mais à travers le monde, de nombreux « anciens d'Allemagne » ont gardé un sentiment d'appartenance à une même communauté. Très souvent il leur permet d'une manière ou d'une autre de se « reconnaître » et de se retrouver sur les nombreux réseaux sociaux. Si tous, loin de là, n'ont pas ou peu participé à la vie locale allemande, le séjour en R.F.A reste cependant pour eux une expérience particulière.

En Allemagne, le départ des Alliés a d'abord été perçu comme une opportunité. Il signifiait le retour de sa souveraineté pleine et entière. De nombreuses municipalités récupéraient un imposant patrimoine immobilier, qui, modernisé ou reconstruit, allait permettre de résoudre la crise du logement et accueillir les nouveaux venus de l'ex-Allemagne de l'Est.

Et pourtant des liens perdurent entre les deux pays, voire se renforcent. De nombreux, couples franco-allemands sont restés demeurer sur place, les manifestations culturelles, les jumelages militaires, et les visites réciproques perdurent. Dans de nombreuses anciennes villes de garnison, la toponymie des noms de rues ou de quartiers, maintenue par les autorités locales, rappelle la présence passée.

D'où l'importance de faire revivre, avant qu'elles ne disparaissent définitivement dans les oubliettes de l'Histoire, ces tranches de vie qui, loin des discours politiques, ont contribué à rapprocher au quotidien deux communautés dont les prédécesseurs, des décennies durant, n’avaient vu l'une dans l'autre qu’un « ennemi héréditaire ».

LENDEMAINS DE GUERRE : 1945-1954

En janvier 1945, la Conférence de Yalta finalise le futur sort de L'Allemagne nazie. Winston Churchill, conscient de l'influence croissante de l'Union Soviétique en Europe, obtient de ses homologues F.D. Roosevelt et J. Staline, la création pour la France, d'une quatrième zone d'occupation militaire en Allemagne.[2] Staline accepte, à condition que celle-ci soit constituée uniquement à partir de territoires cédés, respectivement, par les Américains et les Britanniques.

Cette décision explique la configuration si particulière, en forme de sablier, de la Zone Française : deux triangles situés de part et d'autre du Rhin.[3] Ils correspondent grosso modo aux actuels Länder de la Rhénanie-Palatinat, du Bade-Wurtemberg et de la Sarre. (Celle-ci toutefois connaîtra une évolution particulière de 1947 à 1955) [4] S'y rajoutent à Berlin-Ouest les deux secteurs de Reinickendorf et de Wedding.

Personne n'imagine alors que débute un épisode historique inédit qui, pendant plus d'un demi-siècle, va profondément marquer les relations entre la France et l'Allemagne. En effet, en lieu et place de « deux ennemis héréditaires », va se constituer progressivement un « couple franco-allemand », marche-pied de la future construction européenne.

En 1945 toutefois le Gouvernement Provisoire de la République Française ne dispose d'aucun plan préalable sur la future administration de sa Zone d'Occupation. Un Service de l'Administration Militaire Française en Allemagne est rapidement instauré, constitué pour l'essentiel, en 1946, par les quelque 160.000 militaires de la 1ère Armée présents sur place. Leur nombre toutefois va rapidement diminuer du fait de départs en Indochine, au Maroc ou Outre-Mer. Leurs effectifs seront alors complétés et remplacés par des fonctionnaires venus de France, parfois recrutés par simple appel d'offre. Portant l'uniforme ils constitueront le « *Gouvernement Civil des Militaires* » [5]

---

2 Annexe: carte I : Les limites administratives des zones d'occupation américaine,britannique, française et soviétique en 1945

3 Annexe: Carte II La Zone d'Occupation Française en Allemagne

4 Infra, p.153

« Les débuts de l'Occupation ont le reflet du feu et de la couleur du sang de la guerre. Mais le feu devient cendres, le sang se contracte en un caillot noir. Dans son ensemble, à côté des rigueurs de la guerre, l'occupation militaire française a été empreinte d'humanité »[6]

Un difficile face à face (1945-1948)

Le 4ème Régiment de Tirailleurs Tunisiens franchit la Lauter, petite rivière au nord de l'Alsace, le 19 mars 1945, et conquiert le village allemand de Scheibenhardt. Premiers pas français sur le sol allemand ! A leur suite, des unités de la 1re Armée Française, sous le commandement du général de Lattre, franchissent le Rhin à Spire et à Germersheim le 31 mars.

Déjà, le 22 novembre 1944 au lendemain de la libération de Strasbourg par les Alliés, les habitants de Kehl, petite cité frontalière située sur l'autre rive du Rhin, avaient été évacués sur l'ordre des autorités allemandes. Le 15 avril 1945, les troupes françaises occupent la ville. Dès le 17, un décret interdit aux anciens habitants de revenir chez eux.Le 1er mai, Kehl est rattachée administrativement à Strasbourg et séparée du restant de la Zone Française par des barbelés. Devenue française, la ville est repeuplée, entre mai 1947 et juin 1949, par des Strasbourgeois revenus d'exode ou dont le domicile a été bombardé, mais aussi par des familles de militaires, de policiers ou de douaniers stationnés sur place.[7]

Le village de Kork, à 5 km de Kehl, mais plus éloigné de la frontière, connaît lui, comme en témoigne Helmuth Schneider alors âgé de 14 ans,une situation bien différente:[8]

« A quelques exceptions près, tel le maire qui habitait en face de mes grands-parents, il n'y avait pas vraiment de partisans convaincus d'Hitler parmi les habitants de la commune. Lorsque le 23 décembre 1944 les premiers coups de feu alliés retentissent, aucun ordre d'évacuation n'est donné. Quelques habitants s'enfuient, mais reviennent très vite après le

---

5

A. Moreau et R. Jouanneau-Irriera : Présence Française en Allemagne. Essai de géographie cordiale de la Zone Française d'Occupation. Régie Autonome des Publications Officielles. Baden-Baden avec le concours des Éditions Henri Neveu Février 1949

6

« De Baden-Baden à Berlin. Images de l'Occupation.Vérités sur l'Occupation» in Les Documents Illustrés Contemporains. Paris 1946 p.3

7

Le sort de Kehl est développé infra page 31.

8

Témoignage à l'auteur mars 2017

bombardement d'un immeuble à Ebersweier près de Durbach, où une famille s'était réfugiée. Le restant de la guerre se passa dans les caves ou dans les abris anti-aériens. Kork est occupé sans coup férir, dans les premiers jours d'avril 1945, par l'armée française. En son sein, de nombreux tirailleurs nord-africains, alors désignés uniformément par la population de Marocains. Les auteurs de quelques pillages et viols sont pour la plupart arrêtés et sévèrement punis. Certains habitants connus pour leurs sympathies nazies seront arrêtés et emprisonnés dans un camp, près d'Achern. Mais la plupart seront rapidement libérés faute de preuves. Un seul cas marquera les esprits, celui d'un fonctionnaire municipal nazi qui avait ordonné le licenciement du directeur du jardin d'enfants protestant (celui-ci accueillait 50 enfants contre 5 pour le jardin d'enfants public). Condamné à deux ans d'emprisonnement dans la prison de Karlsruhe, en butte à l'hostilité de ses codétenus, il préférera mettre fin à ses jours. »

L'intensité des combats, leur cortège de destructions et d'exactions les accompagnant, vont dépendre de l'importance de la résistance opposée par les unités ennemies.

La ville de Freudenstadt, plus particulièrement, sera terriblement touchée. Pour se venger d'une attaque perpétrée par un détachement de SS fanatisés et de membres du Volksturm, alors que la ville avait hissé les drapeaux blancs, les militaires français instaurent, le 18 avril, un « régiment de la peur, un Schreckensregiment ». Habitations et magasins épargnés jusque-là par les tirs ou les bombardements sont incendiés.

« Le 17 avril les chars ennemis entrèrent dans la ville... La soldatesque se précipita dans les pillages. Même si très vite les autorités militaires essayèrent de réprimer ces excès, chaque fois on obtenait la même réponse: SS et Gestapo n'ont pas agit autrement en France. Ce qui malheureusement était la vérité »[9]

« A partir du 19 avril de nombreuses jeunes femmes se réfugièrent la nuit, pour dormir sur l'estrade du presbytère. Mais même dans la journée elles n'étaient pas en sécurité. Elles se déguisaient avec des étoffes ou de vieux manteaux. Qui pouvait mettaient des pantalons de ski. Afin de paraître vieilles et moches elles se teignaient les dents en noir.[10] *»*
Certains habitants évoquent encore aujourd'hui, les vols, pillages, viols et exécutions sommaires commis à l'époque.[11]

9 Extraits du «Journal de prêtre à Freudenstadt de 1939 à 1945», publiés en 2017 par le «Schwarzwälder Bote»

10 Extraits du récit d'une jeune fille alors âgée de 15 ans publiés par *Jutta Müller* in «Schwarzwälder Bote», édition de Freudenstadt du 17 juin 2017

11 Témoignage à l'auteur en novembre 2016

A Schorrentahl, un petit village voisin de Freudenstadt dans la vallée de la Nagold, Irmgard Hellstern, au contraire, a gardé un souvenir ému de l'arrivée des troupes françaises:

« Mon grand-père s'avança au-devant des soldats avec un drapeau blanc. Il connaissait encore quelques mots de français qu'il avait appris lors de la première guerre mondiale. J'avais suivi mon grand-père. Un des soldats me donna une tablette de chocolat, la première de ma vie. Pour moi, encore une enfant, ce fut quelque chose d'extraordinaire, et je m'en souviens toujours. Par la suite, l'un des soldats vint volontiers bavarder un peu en français avec mon grand-père. Il s'appelait Marion, je crois, et à mon avis, semblait beaucoup apprécier ces échanges. »[12]

F. M. alors âgé de 15 ans et demi en mars 1945 habitait à Tuttlingen, petite ville industrielle de la Forêt Noire. [13]

« Tuttlingen comptait environ 15000 habitants en 1945.On y travaillait le cuir (chaussures et bottes pour l'armée) grâce à une main-d'œuvre étrangère constituée de soldats français prisonniers et de quelque 300 civils russes. On y fabriquait aussi du matériel médical, pour lequel on avait fait revenir du front des ouvriers spécialisés. Il était bien entendu, interdit à la population de ravitailler les travailleurs étrangers et tout particulièrement les Russes.

Les prisonniers français, 300 environ, logeaient jusqu'en 1945 dans des baraquements à proximité de notre maison. Cela me permettait d'échanger quelques mots avec un officier, le matin sur le chemin de l'école. Mais l'Oberschule, qu'à 15 ans et demi je fréquentais alors, ferma ses portes en février, comme tous les autres établissements scolaires de la ville, afin de servir d'hôpital militaire. Quelques professeurs cependant organisèrent des cours du soir chez eux.

Vers le 20 mars, les élèves de l'Oberschule reçurent l'ordre, comme d'autres élèves des établissements scolaires du Wurtemberg, d'aller creuser des tranchées à Sankt-Märgen, tranchées devant permettre aux soldats qui y seraient postés de tirer sur les troupes ennemies passant par là. Le voyage se fit de nuit pour éviter les bombardements alliés durant la journée. Le train s'arrêta après Neustadt. Le reste du voyage se fit à pied, de nuit toujours, avec sur le dos un sac rempli par la famille prévenante de victuailles.

A Sankt-Märgen, notre groupe fut hébergé à l'auberge Zum Löwen dans une salle libérée au 1er étage. Nous dormions sur la paille .Durant les week-ends, le responsable autorisait des sorties aux alentours afin d'obtenir quelques victuailles auprès des paysans, et en particulier du lard destiné à améliorer le bouillon de la cantine militaire.

---

12 Témoignage recueilli auprès de *Irmgard Hellstern* à Freudenstadt en février 2017

13 F. M. Baden-Baden mars 219

Le 20 avril, jour anniversaire d'Hitler, il décida toutefois de nous faire rentrer. A 6h. du matin, départ à pied vers la gare de Sankt-Märgen. Après trois km. des avions français apparurent, tournoyant dans le ciel mais heureusement nous ignorèrent. A minuit, le train entra en gare de Neustadt. Nouvelle alerte aérienne à 10 km. de Tuttlingen. A l'arrivée, un fonctionnaire zélé nous ordonna de rentrer, de se laver et de se présenter à 14h pour un appel général en vue de résister à l'ennemi. Mais pour ma part je décidais de rester chez moi afin de pouvoir enfin dormir en paix.
Le 21 avril, les soldats français entrèrent dans Tuttlingen sans rencontrer de résistance de la part des militaires allemands encore présents. Si les ponts de chemin de fer avaient été détruits, les ponts routiers, eux, bien que minés, avaient été épargnés. Vers 16h.30 éclata un gros orage. Des avions français apparurent dans le ciel et tirèrent sur la foule. Prévenus par les conducteurs des chars d'une possible résistance sur place, les avions n'avaient pu décoller à temps du fait de l'orage ! Une tragique méprise qui se soldera par des morts, principalement parmi les militaires français.
Des soldats africains et marocains fêtèrent la victoire en raflant poules et chèvres afin d'organiser le lendemain un immense méchoui. Ils seront logés dans les champs derrière notre maison, sous des tentes ou dans des camions- remorques de chars.
A la mi-mai, brusquement éclatèrent des bruits de tir. Les autorités françaises soupçonnèrent alors le Wehrwolf. Nous les jeunes garçons fumes alors requis pour protéger le camp dans lequel dormaient les soldats français !
Très vite la vie s'organisa. Des appartements furent réquisitionnés pour les officiers. Placardés sur les murs, des affiches ordonnaient aux habitants de venir déposer armes, radios etc. Un couvre-feu fut instauré, et tous les matins un lever des couleurs. Deux mois durant il fut interdit de quitter la ville sans autorisation. Il était cependant possible de profiter de la bienveillance des camionneurs qui assuraient les transports indispensables. C'est ainsi que je pus aller chercher du ravitaillement auprès d'une tante. Mais en cas de contrôle, on arrêtait tous ceux dont les laissez-passer étaient périmés ou absents. »

A Rotenfels, une petite bourgade de la vallée de la Murg, (proche de Baden-Baden), Walter Karcher avait 11 ans à la fin de la guerre et se souvient bien de la situation précaire et difficile qui y régnait.[14]

« *Les premiers soldats marocains ont envahi notre village, jeunes gens un peu craintifs qui nous demandaient « Nix soldat ? » en fouillant notre maison de fond en comble… Ce jour-là il y a eu des incendies partout, des mouvements de troupe sur la route, quelques morts gisant sur le sol, des gens affolés, des enfants pleurant, des bêtes mortes sur la route.*
Je me rappelle de l'arrestation de certaines personnes. Mon oncle n'était pas du nombre malgré son appartenance au parti nazi. Un communiste nommé maire par les nouvelles autorités

---

14 Walter Karcher in « *Rencontres Inoubliables* » Imprimeries de l'Assemblée Nationale. Juin 2014 p.72 et suivantes.

avait intercédé en sa faveur, mon oncle l'ayant couvert et protégé auparavant. Par contre, une dame très âgée qui, par inadvertance, n'avait pas respecté le couvre-feu, fut conduite par quatre soldats au bureau du commandant et dut passer la nuit en détention.
L'armistice a été signé quelques jours plus tard. A défaut de nos anciennes cloches, réquisitionnées et transformées en matériel de guerre par les nazis, de grandes pièces en fonte suspendues dans notre clocher sévèrement endommagé par les derniers combats annoncèrent la nouvelle à la population ».

Dans certains, cas l'occupation française se fit sans coup férir:
Tübingen par exemple fut épargnée, d'une part grâce à un groupe de citoyens réunit autour du médecin de santé militaire, Théodore Doler qui avait résisté à l'ordre de lutte à mort du Gauleiter de la cité. D'autre part, parce que grâce à son hôpital, elle était protégée par d'immenses croix rouges peintes sur les toits des principaux bâtiments. Cela permit à l'université vieille de cinq siècles de rester intacte et de pouvoir reprendre très rapidement les cours, après épuration toutefois d'un tiers de son corps professoral.
Trèves fut un cas particulier. Bombardée à plusieurs reprises par les aviations anglaises d'abord, américaines ensuite, qui détruisirent 40% de la vieille ville, elle accueillit avec soulagement l'armée française, laquelle releva, en juin 1945, les Américains. Une vieille « habitude » de la France y subsistait depuis Napoléon, dont le souvenir aujourd'hui encore est toujours vivace. Et la présence d'un camp de prisonniers français au Petrisberg, camps où avait été interné, de septembre 1940 à mars 1941, J.P. Sartre, n'avait jamais causé de problèmes.

C'est ainsi que la France prend possession de ce qui deviendra « la Zone Française en Allemagne » un territoire en lambeaux en 1945, qu'il lui faut administrer, reconstruire politiquement et dénazifier.

Pour la grande majorité de la population allemande, formatée par tant d'années de propagande nazie, la rencontre avec les troupes françaises fut un choc.

Parmi les témoignages directs, il faut citer les Mémoires publiées en 1981 par Leonore Mayer-Katz, dont la famille possédait une scierie à Gernsbach. Orpheline de père et juive par sa mère, elle dut fuir à Berlin pour échapper aux recherches de la Gestapo. Revenue à Baden-Baden huit jours après l'entrée des Français en avril 1945, elle est engagée comme traductrice par le Gouverneur Militaire de la ville, le lieutenant-colonel Moutenet. A ses côtés, elle contribuera à la remise en marche du quotidien des habitants. Après avoir évoqué pillages, réquisitions d'appartements, expulsions, vols et viols à l'ordre du jour à Gernsbach, elle décrit ainsi la situation dans la ville thermale :

« Particulièrement redoutés étaient les Coloniaux, Marocains, Tunisiens, uniformément désignés sous le terme de « Nègres Sénégalais », surtout lorsqu'ils avaient bu. Pourtant les spahis marocains étaient capables, après le pillage d'un magasin d'alimentation d'en distribuer le contenu aux enfants allemands ».

Les militaires s'intéressent alors tout particulièrement aux montres-bracelets réclamés systématiquement comme souvenirs ! Très prisés également sont les postes-radios réquisitionnés et déposés auprès de la nouvelle municipalité. A tel point qu'ils ne pourront plus être délivrés qu'en échange d'un bon de déblocage. Et pour échapper aux réquisitions, il faut obtenir un certificat avec la mention « local placé sous la protection du Gouvernement Militaire »[15]

Témoignage corroboré par celui de R.H. von Lanzenauer:[16]

«Dans les jours suivants l'entrée des Français à Baden-Baden, il fallut rendre radios, appareils photos, jumelles. Puis débutèrent les réquisitions de maisons ou d'appartements avec la totalité du mobilier. Les évacués étaient autorisés, la plupart du temps, à emporter quelques affaires personnelles. Lorsqu'en juillet Baden-Baden devint la capitale de la Zone Française et que le Général Koenig y fut nommé Gouverneur Militaire, d'innombrables fonctionnaires débarquèrent avec leurs personnels et les membres de leurs familles. Ils nécessitaient toujours plus de bureaux et d'habitations. A peine un hôtel, une maison, voire un appartement privé qui n'étaient pas au moins réquisitionnés en partie. A côté du manque de logements régnait la faim, à peine plus de 1000 cal./jour. La production agricole était d'autant plus insuffisante que la puissance occupante avec tout son entourage devait être ravitaillée par elle. »

H. Metz, né à Rastatt en 1937, mais grandi à Haueneberstein, a gardé en mémoire les souvenirs de l'enfant qu'il était alors.

« Dans mon entourage les Français étaient toujours représentés comme des ennemis, « des inférieurs ». Et j'ai été très marqué par le souvenir de Français tirant sur des soldats allemands lors de leur entrée dans le village. Notre appartement fut très prisé par les officiers français et nous avons dû habiter un certain temps (six mois à un an ?) dans la cave. Derrière la maison il y avait une grande cour où les soldats installèrent une popote pour une partie du village. Pour nous les enfants, c'était très intéressant de voir comment se faisait la cuisine et, de temps en temps, nous avions droit à quelques victuailles. Nous nous sommes aussi beaucoup amusés à jouer des tours. Dans la cour stationnait un camion militaire qu'un jour nous avons mis en marche. Les cuisiniers sont arrivés en toute hâte et nous en avons profité pour voler, y compris des armes, une grenade et une carabine, avec laquelle nous avons

---

15 Leonore Mayer-Katz: «*Sie haben zwei Minuten Zeit. Nachkriegsimpulse aus Baden.*» Verlag Herder Freiburg in Breisgau,1981 p. 16à19

16 Rainer Haeling von Lanzenauer: «*Die Deutsch Französische Gesellschaft in Baden-Baden besteht seit 50 Jahren*» in Deutsch Französische Gesellschaft Baden-Baden, juillet 2006 p.10-11

été tirer dans une grotte de la forêt voisine, un acte héroïque pour moi qui avait alors sept, huit ans ! Il ne nous est rien arrivé, mais ce ne fut pas le cas pour d'autres camarades. Nous avons aussi démonté des canons et utilisé la poudre pour faire des pétards. La carcasse d'un char abandonné et démonté par nos soins nous a servi de canoë. Nous avons également fait connaissance avec les soldats africains dont les uniformes, lors des parades, étaient tellement chamarrés. Ils ont été très gentils avec nous, se sont souvent occupés de nous et nous ont beaucoup gâtés. Tout ceci a beaucoup contribué à changer l'image que j'avais des Français et contredisait les impressions beaucoup plus négatives des adultes de mon entourage. Il faut dire que les premiers militaires arrivés chez nous se sont conduits de façon déplorable : piano cassé, toilettes souillées, recouvertes, pour cacher, par des petits drapeaux hitlériens trouvés, vaisselle brisée à coup de marteau ! Nous nous sommes aussi intéressé aux relations des militaires avec les femmes. Nous grimpions dans la grange pour voir ce qui se passait.Contrairement à ce qu'affirmera plus tard l'opinion publique, toutes n'ont pas été violées. Certaines oui. D'autres étaient consentantes et même semblaient apprécier... Par la suite je n'ai plus jamais eu d'à priori à l'égard des militaires français. J'ai eu des camarades, garçons et filles, qui pour moi n'ont jamais été des étrangers. Mais les relations ne duraient guère du fait des mutations fréquentes des parents[17]. *»*

Irène Laurent relate ainsi l'entrée des Français à Constance le 2 avril 1945.

« Les jours suivants, les uniformes kaki envahirent les rues et certaines femmes déjà faisaient des avances aux vainqueurs. On réquisitionna les maisons et les appartements des nazis et de ceux qui avaient été dénoncés comme tels par des voisins. Sur les murs, sur les vitrines, partout fleurissaient les « avis à la population » (....)Dans les rues circulaient toutes sortes de chars, et des spahis se déplaçaient à cheval dans leurs gandouras blanches, rouges ou bleues. Pour nous qui n'avions jamais vu d'Africains, c'était un spectacle extraordinaire!.. Quand je croisais des soldats français, je descendais du trottoir pour leur laisser la place, ce qui me rappelait l'époque où nous changions de côté pour ne pas nous trouver en face d'un membre de la Gestapo[18]. *»*

La réquisition des logements se fait sans états d'âme : « A Mayence, un officier français et sa jeune épouse se voient attribuer une villa comme résidence. Ils se présentent devant la maison et annoncent à un couple âgé désemparé qu'il faut évacuer le logement sans délai, si ce n'est celui nécessaire à regrouper l'indispensable dans deux valises. Les propriétaires quittent leur logis quelques heures plus tard. Ils ont un chien, et s'enquièrent de savoir si les nouveaux occupants

---

17 H. Metz interview par Angelika Lipp-Krüll, Offenburg juillet 2017

18 Irène Laurent in *Rencontres Inoubliables* p.136-137

accepteraient de la garder. Refus du couple français : les anciens occupants s'éloignent avec leur chien[19]*... » résition* des logements se fait sans états d'âme Mayence, un

Hans-Martin Gauger se souvient de l'arrivée des Français à Bad-Saulgau, petite ville du Wurtemberg, située entre le lac de Constance et le Haut Danube

« Le 22 avril 1945 j'avais neuf ans C'est vers midi que retentirent les sirènes annonçant une attaque aux chars (....) L'ennemi, comme nous l'appelions, pénétra dans la ville vers la fin de l'après-midi et s'ensuivit une longue nuit anxieusement passée dans la cave. Vers cinq heures du soir nous entendîmes pour la première fois ce bruit typique des chaînes de chars d'assaut sur la chaussée. Nous perçûmes également des coups de feu. Quand le lendemain, vers dix heures un certain calme fut revenu ma mère voulut reconnaître la situation et quitta la cave. Elle revint rapidement: elle avait aperçu un soldat noir faire le tour de la maison, nous dit-elle d'une voix qui me semblait peu rassurée. Le lendemain matin nous sûmes que non pas les Américains, mais les Français avaient occupé notre ville et que leurs premières troupes étaient composées d'unités coloniales, en l'occurrence des Tunisiens. Ces Tunisiens furent les premiers étrangers que je vis dans ma vie. Ils avaient belle allure coiffés de leur couvre-chef en feutre rouge. Je sus bientôt qu'on les appelait les Spahis. Cette entrée des Français fut vécue par la population comme une libération... La peur, l'anxiété avaient fait place à la pensée réconfortante qu'à partir de maintenant le pire était passé, et pour moi le sentiment de sécurité revenue se confondit avec l'arrivée de ceux qu'on avait nommés l'ennemi. Nous étions bien entendu des privilégiés : pas de combats, pas de bombardements, pas de victimes à déplorer »[20]

Les difficultés de ravitaillement sont générales, parfois à la limite du minimum vital de 1800 calories par jour, voire même de 1550 à Offenseur, « car les ressources sont d'abord destinées à l'occupant. Le restant est distribué par le biais d'un système de cartes sauf pour les fruits et les légumes, pour lesquels il fallait s'inscrire chez l'épicier » note encore I. Mayer-Katz[21]
Irène Laurent confirme également

« Nos rations alimentaires bien vite, furent réduites au minimum vital, si bien que ceux qui comme nous n'avaient pas de parents en Suisse ou aux États-Unis ne tardèrent pas à savoir ce que c'était que d'avoir faim. Le seul membre de ma famille qui tira son épingle du jeu fut l'un de mes frères. Il avait eu l'idée de proposer ses services aux militaires français pour nettoyer leurs chars. Contents d'être débarrassés de cette corvée, ceux-ci lui donnaient en

---

19 Témoignage des occupants.

20 Hans-Martin Gauger, in *Rencontres Inoubliables* p.152-158

21 Mayer-Katz ibid. p. 66

échange du chocolat, et du chewing-gum provenant des rations américaines qu'ils touchaient, et parfois même un morceau de pain blanc[22]*. »*

On verra même

« une véritable guerre de la pomme de terre éclater dans le Land de Bade Sud en 1946-1947. En cause les quantités exigées par le Gouvernement Militaire, largement supérieures aux récoltes elles même vendues en partie au marché noir » relate une enquête publiée en 1993. »[23]

Mais parfois aussi la solidarité de « corps d'armes » a pu jouer, comme le relate à Baden-Baden, Timo von Choltitz dans le cas de sa famille. [24]

Souffrant de crises d'asthme et d'emphysème pulmonaire contactés en Russie, durant l'hiver 1941-1942, le Général von Choltitz séjourne en 1943 dans la clinique de la Bühlerhöhe en Forêt-Noire, puis à l'hôtel Stéphanie à Baden-Baden. A l'automne il y est rejoint par sa femme et ses deux filles. Repliées à Dresde, celles-ci avaient, devant l'avancée soviétique et contrairement aux ordres officiels, fuit le domaine familial de Wiese Gräflich en Haute-Silécie. La famille s'installe alors à Baden-Baden où naît le fils Timo.

En 1945 la situation de la population allemande y est devenue très difficile. La famille est relogée dans un trois pièces chez un cordonnier. Confrontée aux difficultés matérielles de la vie quotidienne Madame von Choltitz est obligée, comme beaucoup d'autres, de se ravitailler dans la campagne environnante. Mais la famille va surtout bénéficier du soutien de certains officiers du Gouvernement Militaire. Elle échappe ainsi à la réquisition, par un soldat vietnamien, d'une de ses trois pièces et reçoit chaque semaine un colis que l'une des filles va chercher en personne .

A partir de1947, au retour de captivité du Général, la situation de la famille va s'améliorer nettement. En 1948 elle emménage dans une villa où elle accueille souvent des officiels français. Plus tard, chaque premier jour de Noël, elle reçoit pour le repas de l'oie traditionnel dans les bonnes familles allemandes des officiers français en uniforme et gants blancs. Après le repas, on joue au quartet. Timo a gardé d'ailleurs des contacts avec l'un d'entre eux.

Le général obtient, grâce à l'intervention du Gouvernement Militaire, dans le lycée fréquenté par ses filles, des aménagements de la vie scolaire. Il peut fonder, en zone française, une verrerie à Wolfach en Forêt Noire, Bon cavalier,

---

22 Irène Laurent ibid p. 137

23 *Der Kartoffelkrieg* in Zeitschrifft für Geschichte des Oberrhein. Édité par Joseph Jurt Fribourg 1993 p.471-494

24 Timo von Choltitz, témoignage à l'auteur Baden- Baden février 2017

il retrouve des officiers français lors courses d' Iffezheim et noue également de bonnes relations avec le Général Massu devenu commandant en chef des Forces Françaises en 1966.(Les deux hommes s'étaient rencontrés à Paris en 1944, Massu était alors colonel dans l'armée du général Leclerc).A sa mort le 5 novembre 1966 de très nombreux officiers français assisteront à son enterrement, à l'exception du Général Massu, interdit de présence par le Général de Gaulle ».

August von Kageneck, correspondant du journal Die Welt en 1982, cité par Marc Hillel dans son ouvrage, résume ainsi la situation:

«La Zone d'occupation française passait pour la plus dure des quatre zones qui partageaient l'Allemagne de 1945. Même plus dure que celle des Russes. » et un peu plus loin il précise: «Les vêtements, les médicaments, le charbon et le bois, tout faisait défaut en zone française, à cause des prélèvements et des réparations »[25]

La situation ne s'améliorera vraiment qu'à partir de 1948.
Le 20 juin une réforme monétaire, mise en place par les trois Gouverneurs militaires occidentaux, crée le Deutschemark Mark et lie l'économie des trois zones allemandes au système économique occidental, ce qui entraîne immédiatement une remontée spectaculaire du niveau de vie de la population allemande.
En mai 1949 est proclamée la République Fédérale Allemande. Au Gouvernement Militaire succède le Haut Commissariat de la République Française en Allemagne (1949-1954), dont la politique est beaucoup plus souple.
Enfin la mise en œuvre d'un vaste programme de constructions immobilières, les Cités Cadres, va progressivement mettre fin à la réquisition de logements. Les propriétaires des jardins et terrains réquisitionnés seront largement dédommagés. A Offenburg par exemple, leurs propriétaires, dans une lettre adressée en 1953 au Präsidium du Ministre des Finances du Bade-Wurtemberg, annoncent qu'ils renoncent à demander un échange de terres. Il est plus intéressant d'en acquérir eux même de nouvelles, car moins chères à l'achat.

---

25 Marc Hillel: *L'Occupation Française en Allemagne 1945-1949*. Ballant 1983 p153

L'occupation militaire (1945-1954)

Le 24 juillet 1945, le Général Pierre Koenig, après le court « interrègne » de mai à juillet du général de Lattre de Tassigny, est nommé Commandant en Chef Français en Allemagne.
Il dispose à l'intérieur de la zone française du pouvoir législatif sans contrôle, exercé par voie d'ordonnances. Ce pouvoir s'exerce aussi bien sur les Français y résident que sur la population allemande. Seuls relèvent de leurs ministères respectifs les personnels militaires et les fonctionnaires.
Il est chargé aussi de la remise en marche la vie économique, culturelle, politique et d' une vaste opération de dénazification[26] au sein de la population allemande.

Dès les premiers jours s'opèrent des arrestations de nazis notoires ou supposés tels. Ils prennent la place des prisonniers polonais ou français, internés par les Allemands dans des camps ouverts dans ce but. Le camp de Malschbach à proximité de Baden-Baden au début de la Schwarzwaldhochstrasse, crée dès 1939 pour des prisonniers polonais et russes, voit arriver à partir de 1942 des travailleurs forcés en provenance de l'Est. Libérés dès l'entrée des soldats français dans la ville thermale, ils sont remplacés le 19 avril 1945, sur ordre du Gouvernement Militaire, par des fonctionnaires allemands et 110 membres du parti nazi.(sur les 3864 enregistrés en avril 1945). De plus, tous les hommes de 16 à 50 ans doivent s'y faire enregistrer afin d'être soit libérés, soit emprisonnés et envoyés comme tels en France. Jusqu'en 1948, le camp abritera 700 prisonniers, anciens nazis ou prisonniers de guerre en provenance d'autres camps fermés progressivement. Après sa fermeture il hébergera jusqu'en 1955 une unité du régiment des Transports Militaires.[27]
Au printemps 1946 est instauré, à Rastatt, un tribunal militaire compétent pour crimes de guerre et crimes contre l'humanité. Charles Furby, membre du service juridique du Gouvernement Militaire explique ainsi, lors de la séance d'ouverture, le choix de Rastatt: «*Rastatt était une ville où l'on a combattu pour la liberté. Il est maintenant du devoir de la France de traduire dans la pratique les idées de liberté* » Le tribunal jugera tous les crimes nazis pour lesquels les juges d'instruction et les procureurs réclameront la peine de mort, (il est difficile de

---

26

 Cf. Marie Bénédicte Vincent « *La France et la dénazification de l'Allemagne*»: , avec Sébastien Chauffour, Corine Defrance et Stefan Martens, Bruxelles, Peter Lang, décembre 2019, 272 p. (collection «L'Allemagne dans les relations internationales»).

27

 cf. un article du journal Badisches Tagblatt du 7 novembre 2019

connaître le nombre exact de criminels jugés, les archives nominatives ne pouvant être consultées que dans un délai de cent ans.). Le 15 mai 1946 s'ouvre le premier procès. Sur le banc des accusés, trente-deux hommes et cinq femmes faisant partie en 1943-1944 du personnel du camp de la Gestapo de La Nouvelle Brême près de Sarrebruck. Quatorze hommes, dont le commandant du camp, sont condamnés à mort. Ce qui incitera leur avocat, Me Erwin Müller, de Sarrebruck à lancer à travers la salle d'audience « Ce tribunal est un tribunal politique et ce procès un procès politique ». Les condamnés seront fusillés le 30 juillet 1946 près de Sandweier, à côté de Baden-Baden.[28]

En l'absence de toutes instructions préalables de Paris, la nouvelle administration doit recruter directement les personnels militaires et civils nécessaires à la tâche. Ils seront environ 188.000 en 1946, dont 160.000 militaires.[29]Le nombre de ceux-ci va toutefois diminuer assez rapidement, du fait de leur envoi en Indochine, au Maroc ou en Outre-Mer. Leur nombre finira par se stabiliser, selon les années, entre 50.000 et 60.000 .
Le Gouvernement Militaire sera donc essentiellement composé de personnels civils, recrutés souvent dans l'urgence, principalement à Paris.
Au départ, tout s'opère dans un certain désarroi administratif que résume ainsi un numéro des « Documents Illustrés Contemporains de Baden-Baden à Berlin ».

« Ce n'était qu'un tohu-bohu de , commis sans chefs, d'administrations sans local, de chefs sans standing et ne parlons pas des dactylos...La hiérarchie comptait moins que la débrouille, seule la combine était souveraine [30] *»*

Et très vite ces personnels seront rejoints par les membres de leurs familles proches, des parents, des amis.(...) On démembrera jusqu'à 90.000 personnes en 1947.

Variable géographiquement et selon les différents échelons, l'essentiel de la population se concentre au siège du Gouvernement Militaire de Baden-Baden. En 1947 on compte dans la ville 31.000 Allemands et 44.000 Français. Or ceux-ci entendent vivre sur l'« occupé » et constituent très vite un milieu spécifique, admirablement croqué par Jean François Deniau dans son livre « Un héros très discret »![31]

---

28 Extrait du journal Badische Neueste Nachrichten du 13 mai 2011

29 Chiffres publiés dans un Rapport de l'état-major du 1er Bureau en 1949

30 Documents Illustrés Contemporains Baden-Baden Décembre 1945

31 Jean François Deniau*: «Un héros très discret»* Pocket 1999 p. 228

Le droit de réquisition, défini par l'article 52 de la Convention de Genève, permet au Gouvernement Militaire, pour la satisfaction des Forces d'Occupation, la réquisition en nature et en prestations, de services auprès des collectivités: les locaux nécessaires, le mobilier qui s'y trouve, le linge de maison, l'eau, le gaz, l'électricité.
Sont ainsi réquisitionnés hôtels, maisons, appartements, en partie, voire en totalité. Leurs anciens occupants sont priés de se loger dans les caves ou les maisonnettes de jardin. Dans les meilleurs des cas ils sont simplement obligés de partager la cuisine et la salle de bains.
Parallèlement aux réquisitions, l'armée opère également au nom des Réparations, un certain nombre de démontages dans le secteur industriel et forestier. S'y ajoutent des cas de ce que M. Hillel appelle « démontages particuliers » tels ceux effectués par *« ces femmes d'officiers, qui à leur départ embarquent tout ce qui est démontable, voire même lavabos, baignoires, w.c ».*[32]
En 1947 une circulaire du Général Commandant en Chef s'efforcera d'encadrer ces pratiques et de les régulariser.

« L'obstacle de la langue, les difficultés d'ordre matériel, la nécessite de sauver une vie de famille laquelle requiert comme complément une vie de société, ont provoqué l'organisation d'un milieu français en occupation plus ou moins isolé, plus ou moins imperméable selon les circonstances de lieu et de personnes, notent A. Moreau et R. Jouanneau-Irriera,[33] *Un milieu français avec ses écoles, ses cercles, ses clubs, ses spectacles et ses distractions, ses sociétés sportives, ses sociétés provinciales, ses chasses, ses pêches et ses courses(...) Ce milieu forme aussi des « paroisses » de toutes les familles spirituelles et religieuses de la France. Paroisses qui ont aussi leurs joies et leurs deuils. On meurt en Zone autant qu'ailleurs, même en service commandé. Mais on s'y marie aussi et on y naît plus encore. Il arrive même que l'enfant réunisse ceux que l'histoire divise »*

Cette dernière remarque est toutefois fortement à nuancer. En 1945 il est interdit de serrer la main de l'ennemi. Jusqu'en 1947 le principe de non-fraternisation avec la population allemande reste en vigueur et il est interdit d'épouser une ressortissante allemande. Un militaire dont la compagne allemande vient d'accoucher est systématiquement renvoyé en France sans avoir la possibilité de reconnaître l'enfant. Celui-ci et sa mère sont totalement ignorés par les autorités françaises. Brigitte Bohm par exemple, est née le 7 juillet 1947 à Mengen, d'une mère allemande et d'un père inconnu comme en témoigne son acte de naissance. En fait, son père, un militaire français stationné dans l'armée

32 M. Hillel ibid p. 291-292

33 Claude Albert Moreau-Roger Jouanneau-Irririera:

de l'air à Mengen en 1946, est muté sans avoir le droit de la reconnaître. Sa mère, en dépit d'une demande d'enquête officielle en 1948 auprès du Gouvernement Militaire du Wurtemberg et du service des recherches de Davensburg, n'obtiendra jamais de ses nouvelles.[34]
Très longtemps, les mariages mixtes seront mal vus comme en témoigne Renée Moreau.

« Notre appartement à Baden-Baden avait été attribué à moitié à un jeune officier français originaire d'Alsace qui n'eut aucun mal à s'entretenir avec ma mère, veuve d'un officier allemand tué en 1941. Un mariage s'ensuivit en 1948. Du fait de ce mariage avec une Allemande, mon beau-père a dû quitter l'armée française et on lui attribua un poste dans un bureau quelconque. [35] *L'enfant que j'étais, dut, tout comme ma mère, prendre la nationalité française(....) Les choses se sont bien arrangées pour moi, mais au dehors persistait chez les Français une grande animosité à l'égard des Allemands. Je me souviens qu'un jour où nous allions ma mère et moi en ville en bus, remarquant que nous parlions allemand, des petits Français s'assirent sans vergogne sur nos genoux, nous tirant par les cheveux et nous donnant des coups, sans que nous n'osions réagir.*[36] *»*

Des comportements loin d'être isolés. Un rapport de l'Inspection Primaire de la Zone Nord déplore encore en 1948 l'attitude de nombreux élèves:

«La réputation des enfants français est rien que moins flatteuse: on insulte les Allemands, on les commande, on les bouscule parce qu'on en a reçu le conseil ou l'exemple à la maison. Parfois on trafique tout comme les grandes personnes, parce que c'est devenu une chose admise, presque honorable. » [37]

En février 1950 encore une circulaire du Haut Commissaire de la République française en Allemagne menace les fauteurs de troubles et de déprédations dans les trains allemands d'expulsion du territoire allemand.[38]

Mais il y a aussi des exceptions comme le montre le récit d'une élève de Fribourg en Brisgau:

«Il y a environ trente ou quarante ans, lorsque nous étions encore en guerre, un camp était réservé aux prisonniers français. Certains étaient chargés de l'entretien des routes. Cinq

---

34 Échange de lettres mai 2007

35 En 1954 encore un officier français même décoré de la Croix du Combattant Volontaire 1939-1945, et de celle du Combattant Volontaire de la Résistance a les plus grandes difficultés à se marier avec une Allemande. Rapporté par Marc Hertgen in *Rencontres Inoubliables* voir Infra.

36 Andrée Moreau *Rencontres Inoubliables* ibid p.131-132

37 In Pierre Grange: *Direction de l'Enseignement français en Allemagne 1945-1994* Baden-Baden 1993 p.63

38 ibid. p 65

d'entre eux travaillaient dans une rue où se trouvait un petit magasin d'alimentation, aux fenêtres éventrées. Il était tenu par une femme dont le mari était au front. Voyant les Français très amaigris, elle leur donna secrètement du pain, du fromage et de la charcuterie. Les Français venaient manger tous les jours en cachette et en échange réparèrent le magasin. A la fin de la guerre ils se chargèrent de le surveiller. Un jour la femme partit faire des courses en vélo. Elle revint à pied, expliquant que le vélo lui avait été confisqué par un Polonais. Un des Français se posta alors au bord de la rue, arrêta le premier Polonais venu à vélo « Tu as volé un vélo, maintenant c'est moi qui te le vole » Il prit le vélo et l'apporta à la femme. Une semaine plus tard un char français passa dans la rue. Un soldat en surgit et déposa un cadeau sur le comptoir... Il n'a jamais été identifié. »[39]

« Mi -1945, à la fin de la guerre , mon père, intègre l'École d'Officiers de Coëtquidan. Fin 1945, sa première mutation sera l'Allemagne, l'École d'Artillerie Anti -Aérienne installée à Baumholder. Ma mère et moi le rejoignons début 46. Arrivant de Tunisie, nous créons la surprise en étant... blanches !!!!

La petite famille est logée à Idar-Oberstein dans la grande maison de la famille Zorn composée du père, de la mère et de deux garçons qui me feront faire de la luge ... Monsieur Zorn a des activités liées à la taille des pierres précieuses. Nous aurons beaucoup de souvenirs de notre passage dans cette ville. Les relations avec cette famille sont tout à fait cordiales. Mes parents garderont très longtemps des contacts avec eux. Les Zorn leur ont rendu visite à Montpellier par la suite. Moi-même, lorsque j'étais institutrice dans la région de Trêves, je suis allée à Idar-Oberstein à deux reprises. Les garçons avaient bien grandi.... et avaient un atelier de tailleurs de diamants au sous-sol de la maison.

Nous changeons de maison. Nous habitons à Sobernheim , chez les Schope. L'appartement se trouve au-dessus de la droguerie. Je garde en mémoire le souvenir du parfum de petits bonbons genre smarties.

Leur grande fille de 18 ans, Käthe, apprend le français. Ma mère discute avec elle. Lors de notre séjour à Sobernheim, ma mère fait un séjour à l'hôpital. Ce sont les Schope qui s'occupent de moi. Tous les jours Mme Schope m'emmène voir ma mère avec un petit panier de fruits. Je passe beaucoup de temps avec eux. Je parle, paraît-il, un peu allemand ... À Baumholder, nous habitons Bahnhofstrasse, un appartement au-dessus d'une étable. Là, nous n'avons pas eu de contacts avec les propriétaires. Dans la villa plus confortable que nous avons habitée peu après, nous étions les seuls occupants. Voici, mis en ordre grâce à ma mère, des souvenirs de ma petite enfance passée en Allemagne au début de l'occupation alors que les cités n'étaient pas encore sorties de terre et que les familles françaises étaient logées dans des appartements réquisitionnés. Je me rends compte que, selon que les propriétaires

---

39 Simone Knaack classe de 4ème C Fribourg non daté.

continuaient à côtoyer les « occupants » ou pas, les relations étaient cordiales ou n'existaient pas. »[40]

A partir de 1948 les relations entre les deux communautés vont lentement se détendre grâce à la construction des Cités-cadres pour les personnels français qui libèrent progressivement les appartements réquisitionnés. surtout la fin du Gouvernement Militaire, consécutif à la naissance de la République Fédérale d'Allemagne le 8 mai 1949, et son remplacement par le Haut Commissariat de la République Française en Allemagne, changent la donne sur le plan politique.

Le nouveau statut d'occupation entré en vigueur le 21 septembre, étend la compétence des autorités allemandes dans les domaines législatif, exécutif et judiciaire.

Les Accords du Gutenberg du 22 novembre 1949 mettent fin aux réparations payables par l'Allemagne et ceux de juillet 1951débouchent sur la proclamation de la fin de l'état de guerre avec la RFA. Le 5 mai 1955, les Accords de Paris, proclamant la fin du statut d'occupation permettent à la République Fédérale de retrouver sa pleine et entière souveraineté.

Adultes aujourd'hui, certains enfants de militaires arrivés très tôt en Allemagne avec leurs parents, se souviennent d'une vie en vase clos.

« Baden-Baden était une très ancienne ville d'eaux, à cinquante kilomètres de Strasbourg, qui l'apogée de sa gloire au temps où les romantiques, Alfred de Musset, Georges Sand, Berlioz et tant d'autres, la fréquentaient. On y donnait beaucoup de spectacles, des concerts, des ballets, de l'opéra. Des tournées allemandes, françaises, anglaise, américaines passaient par le théâtre. La vie était facile, la ville assez prospère, les privations et les restrictions qui sévissaient en France et en Allemagne ne l'atteignaient que peu. A mon arrivée, nous habitâmes sur les hauteurs de Balen, derrière une superbe église russe, dans un petit appartement de transition, en attendant un logement plus grand. Il y avait seulement deux chambres et un petit salon, et nous prenions tous nos repas au mess en compagnie des officiers et des sous-officiers. Nous campions dans l'appartement sans avoir pris la peine de défaire les valises et les malles ... Je rentrai en seconde au lycée Charles de Gaulle, réservé aux enfants des troupes d'occupation. L'atmosphère était beaucoup plus décontractée et moins étouffante qu'à La Flèche....La vie de garnison suivait son cours. Les relations avec les Allemands étaient simples, une certaine complicité s'était installée entre nous et nos voisins ; mon père et ma mère qui ne connaissaient pas la langue, communiquaient avec eux dans un charabia surréaliste. Pour mon frère et moi, qui apprenions l'allemand et l'anglais à l'école, il

40 Nicole Castor Mossmann. Témoignage à l'auteur. Septembre 2020

était possible d'échanger quelques banalités avec les commerçants et les enfants du quartier. [41] *»*

André Courtès arrive à Baden-Baden avec son frère et ses parents en juillet 1945.

M. Courtès travaille à la DTMVF (Direction des Transports Militaire par Voie Ferrée), dans un premier temps à l'Hôtel Stéphanie. La famille occupe un logement réquisitionné au 2ème étage d'une maison avec jardin, au 23 Hochstrasse (près de l'usine à gaz).Ils sont les seuls Français.La famille déménagera plus tard au 1, Ufgaustrasse, dans une maison réquisitionnée elle aussi, tout début de Lichtental, puis après leur construction dans les Cités-cadres de Baden-Oos.

« Mon père, fonctionnaire à la Direction Générale des Transports Militaires travaille à l'hôtel Stéphanie où sont regroupés une grande partie des services du Gouvernement Militaire. Nous logeons chez l'habitant, au deuxième étage d'une maison avec jardin. Les briquettes de charbon pour le chauffage sont fournies. Les courses se font aux économats implantés près d'une ancienne fabrique de cigarettes, mais ma mère se ravitaille en lait chez les Allemands. Nous sommes les seuls Français dans le coin. Il règne partout une impression générale de désolation. Plus tard nous déménagerons à Lichtental à la sortie de Baden-Baden. Les Français, très dispersés dans le milieu allemand, se retrouvent au Holland Hôtel où l'on pouvait jouer aux boules. Les écoles primaires sont regroupées dans la Lichtentaler Allee, à proximité de l'ex- Oberreale Schule Graf Zeppelin rebaptisé lycée Charles de Gaulle. Il sera transféré à Baden-Oos en janvier 1954 au cœur de la nouvelle cité française. Les enseignants portent l'uniforme et la distribution des prix a lieu, toutes classes confondues, au Kurhaus aux sons d'un orchestre américain. Ce sont les généraux qui distribuent les prix.Je jouais au foot avec les jeunes allemands près de l'actuel SWF, un quartier où résidait de nombreux anciens nazis, ou au tennis au club français de la Lichtentaler Allée. Radio SWF[42] *émet, en français, tous les soirs une émission policière, le premier cinéma ouvre ses portes près du Bertholdsplatz en 1948. L'armée dispose d'une maison de vacances à Todmoos-Au où je ferai trois séjours, le premier en 1947. En 1955, la Croix Rouge française organisera une première colonie de vacances sur l'île de Sylt. Si au début nous ne menions pas de vie sociale importante, tout change à partir de 1951 avec notre en-ménagement en cité Normandie, au bloc Pontivy, où naît ma sœur. Invitations, bals, etc. se multiplient*

---

41 Jean-Claude Brialy «Le Ruisseau des Singes» Autobiographie. Ed. Robert Laffont Paris 2000, 429 pages

42 3ème chaine de radio et de télévision allemande,elle est l'oeuvre de la Direction de l'information du Gouvernement miltaire, crée en septembre 1945.A partir d'un camion émetteur stationné devant l'hôtel Kaiserin Elisaberh, elle deviendra l'un des instruments de propagande, de pénétration culturelle et d'orientation politique, le plus puissant dont dispose la France en Allemagne, comme le note en 1947 son directeur Pierre Ponnelle. Aujourd'hui encore elle bénéficie d'une large audience en Alsace.

mais toujours dans le respect de la hiérarchie induite par les militaires. Certaines filles d'officiers n'hésitant pas à venir en voiture avec chauffeur de la cité Paris au Lycée! Après le bac je prépare le CREPS à Strasbourg mais rentre en car militaire tous les soirs à Baden-Oos que je quitte avec ma famille en 1959[43] *»*

Jacques Grandclaude découvre l'Allemagne en 1945:

« Comme dans les familles de militaires, les enfants ne discutent pas(...)Avec nos valises et ma mère, nous descendîmes à la gare d'Achern. La petite ville était charmante, nous habitions chez une famille dans une belle maison avec un jardin(...) et là, pour la première fois de notre vie, nous découvrîmes une salle de bains. Plus tard nous déménageâmes à Baden-Baden où l'état-major avait attribué un appartement à mon père.(…) Je devins chef des enfants de chœur à la cathédrale. Le rite et la pompe étaient impressionnants(....). A midi, le dimanche, toutes les familles d'officiers se retrouvaient au Kurhaus pour le déjeuner dominical. Véritable supplice que ce déjeuner, d'autant que chaque père, chaque mère épiait les autres familles pour vérifier la bonne tenue des enfants, chacun guettait comment on allait s'en sortir avec la découpe des bouchées à la reine, de plus les poignets devaient toujours rester au niveau de la table. »[44]

Chantal Messin arrive à Tübingen le 30 décembre 1945

« *Nous avons été logés provisoirement dans un grand hôtel réquisitionné, « logement gratuit, pension payante ». C'est seulement fin mars 1946 que nous sommes installés dans une belle villa, à 1500 m. de la ville sur une hauteur qui domine le Neckar, en plein midi. La grande maison mise à notre disposition s'élevait sur deux étages. Plein sud, une vaste terrasse favorisait les jeux en fonction des saisons (…) Ma mère avait été hospitalisée à l'hôpital militaire de Tübingen et ne put se remettre d'une grave opération. Deux bonnes ont alors pris leur service auprès de nous, pour gérer l'intendance(...). Nous sommes restés quatre ans à Tübingen. De temps en temps mon père invitait à dîner des officiers de la subdivision avec leurs femmes. J'observais médusée le protocole auquel toutes ces grandes personnes distinguées se pliaient. Les femmes portaient des robes très chics et fumaient avec élégance tout en devisant (...) Je me rappelle les formidables parties de pêche. Nous partions tôt le matin à cinq ou six voitures pour des pique-niques mémorables au bord des rivières. Nous nous installions, nous les enfants, sur les couvertures de l'armée bien rêches pour attendre les pêcheurs tandis que les femmes préparaient le pique-nique festif. Sur le retour nous nous rendions dans un Gasthaus pour nous désaltérer. (...) Je me rappelle être aller faire des courses à l'économat avec Inge notre bonne, en voiture avec le chauffeur de notre père. On y vendait des denrées, des chaussures ou des coupons de tissus pourtant rares. C'était un lieu où l'on échangeait aussi bien des nouvelles que des recettes de cuisine ou l'adresse d'une bonne couturière. En 1949, nous avons déménagé pour Schwennigen où nous sommes restés dans*

---

43 André Courtès Témoignage à l'auteur. Gresswiller avril 2017

44 Jacques Grandclaude: *Rencontres Inoubliables* p215-218

deux maisons différentes. Cette fois-ci nous étions en ville mais je dois dire que, de part et d'autre, les contacts étaient plutôt distants avec la population. Nous nous rendions à l'école, dans une partie du bâtiment laissé à notre disposition, pour une classe unique d'une vingtaine d'enfants, du CP au CM2. A la récréation nous voyions par les vasistas du sous-sol où ils étaient cantonnés les jeunes Allemands qui nous insultaient par le geste et la parole. En 1951, mon père fut muté à Donaueschingen. Nouveau déménagement. Nous étions les derniers de la garnison à obtenir un domicile. Nous avions un appartement moderne, tout neuf, dans une cité en haut d'une côte qui dominait la ville. C'est dans le car qui nous conduisait à l'école que les CM2 apprirent aux petits avec force de quolibets que le père Noël n'existait pas !»[45]

Jean-Paul Parlebas est arrivé, à l'âge de six ans à Offenbourg en 1945.

« *Mon père faisait partie des troupes d'occupation en tant que gendarme.Il a été très vite « démobilisé » pour travailler aux économats de l'armée, où nous serons logés, après un séjour dans un appartement réquisitionné en ville(...) En 1952, déménagement à Bühl, siège de la direction des économats de toute la Zone. Le premier logement se trouvait dans une maison réquisitionnée que nous partagions avec le propriétaire (peut-être un ancien nazi) Ma mère ne l'aimait pas et lui sortait tous ses griefs anti-allemands en alsacien. Cela dit, elle parlait facilement avec beaucoup d'Allemands en alsacien-badois, en particulier avec un certain Willy, qui venait régulièrement à la maison prendre un café et même s'approvisionner en café. (de mauvaise qualité à l'époque). Je n'ai jamais eu de copains allemands. Nous vivions plutôt en vase clos entre copains du même lycée.* »

Jean-Claude Borianne, dont le père est adjudant- chef et la mère institutrice, arrive à Baden-Baden en février 1946, avec ses trois frères et sœurs. Il a gardé, jusqu'à son départ en 1950, le souvenir « *d'une période de joie, de liberté et d'abondance*[46] ».

« *Le premier temps, nous avons été logés juste derrière la vieille gare de Baden-Baden, dans un petit logement ayant une cuisine commune avec les propriétaires (un retraité de la Deutsche Bahn) dont les trois fils avaient été tués en Russie. Ces deux braves « petits vieux » faisaient pitié. Ma mère leur a évité la famine. Puis nous avons été rapidement relogés dans une très belle villa dans la Maria-Viktoriastrasse. A l'époque les familles françaises (nombreuses) vivaient chez l'habitant suivant le système de la réquisition, dont les critères étaient basés sur « l'origine des propriétaires » : (ex-nazis, etc.) Elles bénéficiaient de prestations gratuites : charbon pour le chauffage dans des poêles type Forêt Noire, de bonnes ou de femmes de ménage. La nôtre était originaire de Schramberg. Elle avait reçu mission d'apprendre l'allemand aux quatre gamins que nous étions. Nous n'avons pas appris l'allemand, mais au bout de six mois elle parlait très bien le français.*

---

45 Chantal Messin in *Rencontres Inoubliables* p.250-256

46 Jean Claude Borianne, Récit. Le Bouscat. Avril 2011

Tous les matins, il y avait dans la Bahnhofstrasse, le cérémonial de la répartition des prisonniers de guerre allemands entre les différents services français. Ils étaient en rang par dix et chaque service se servait. Ils travaillaient aux différentes manutentions nécessaires à toute collectivité. Cette activité discrète a toutefois cessé rapidement. La main d'œuvre locale et « improvisée » était parfois aussi utilisée. Ainsi mon père a raconté la manière dont le très lourd coffre-fort des services financiers a été monté au 2ème étage de l'hôtel Zum Bock dans la Langestrasse : une patrouille à chaque bout de la rue, et tout individu âgé de 18 à 60 ans est gracieusement convié à une journée de travail bénévole de 9h.à 18h. au profit des Forces. Ces « volontaires » ont réussi grimper le monstre au 2eme étage. Ils ont été remerciés par un « Raus » (Dehors!) vigoureux !
Le dimanche, nous faisions du ski à Untersmatt. Nous partions de la place située devant le temple protestant le matin vers 8h. avec un gros bus jaune de la Poste, équipé de roues énormes et de chaînes. A Untersmatt, il n'y avait aucun équipement de remontée mécanique. C'est à pieds, ou skis aux pieds que nous gagnions le sommet du Hornisgrinde et par beau temps, nous redescendions à Baden-Baden à ski par les petits chemins ou entre les sapins.
Il y avait la « chapelle des Français » située sur une petite place en dessous de la Stiftskirche avec messe tous les matins à 7h. Tous les dimanches, à 11h.30, grand messe officielle du Général en Chef. C'était un service. A tour de rôle tous les gradés, de général à sous-officier, devaient y assister avec les familles, quelle que soit leur religion. Le cloître de Lichtental était également utilisé pour les cérémonies religieuses (retraites de communion) Il y avait aussi une forte activité scoute.
La nature des rapports entre la population allemande et les Français a changé lorsque le statut des Forces Alliées est passé de troupes d'occupation à celui de troupes alliées stationnées.C'était l'époque où la RFA a changé de monnaie. Il y avait dans les rues plein d'anciens billets allemands (Reichsmark?) L'arrivée de l'Ambassadeur de France François Poncet en 1949, a immédiatement entraîné une amélioration de l'attitude des Français. Ex: un monôme des lycéens bacheliers, avait dégénéré, la statue de Bismarck avait été repeinte en rouge etc...Les coupables et leurs familles furent très sévèrement punis. ...mais il faut se rappeler du contexte ; les militaires alors présents sortaient de très durs combats et les familles avaient le souvenir, récent et parfois très cuisant, de « l'occupation allemande. » Il est vraisemblable qu'il existait un sentiment de revanche peut-être excusable.

Marc Hertgen, est venu d'abord habiter en 1946 à Oberachern aux pieds de la Forêt Noire le premier étage d'une grande maison, avant de déménager dans une maison avec jardin, occupée entièrement par sa famille.

« Nous avions peu de contacts avec la population, hormis les voisins et la femme de ménage. Mon père m'avait expliqué que si nous avions la totalité d'une maison, c'était pour cela que le propriétaire avait été un membre du parti national-socialiste et que dans ce cas il avait été expulsé de sa maison (...). Quelquefois mon père et ses deux frères, gendarmes, l'un à Trèves, l'autre en Alsace, venaient pour des parties de chasse ou de pêche. Les jeunes officiers français, chasseurs improvisés, tuaient biches et laies sans aucune mauvaise pensée (....). Un

nouveau déménagement suivit à Rottweil où nous habitions la quasi-totalité d'une superbe maison dans le haut de la ville. Un vieux monsieur très gentil, ancien officier de la Wehrmacht, habitait sous les combles. La vie était difficile pour les Allemands qui manquaient de beaucoup de choses, à commencer par certaines denrées alimentaires. Ma mère achetait ou échangeait généreusement tout ce que les gens lui apportaient. Elle donnait surtout du café, du chocolat, des bas, du rouge à lèvres ou plus simplement du lard et des fruits. Nous avions donc un très bon contact avec nos voisins et je pouvais, dans notre quartier, me promener sans problèmes. Nous partagions notre école, magnifique, moderne, claire avec des tables et bureaux superbes, avec de jeunes Allemands. Nos horaires et les leurs étaient décalés pour éviter les affrontements, car parfois des jets de pierre se produisaient entre nous. Nos parents nous interdisaient de nous promener seuls et loin. Nous avions tous des chiens. Une fois un militaire français fut précipité du haut d'un viaduc par un groupe d'Allemands fanatisés. Il décéda[47]. »

Jacques Lenguin rejoint, en 1947, sa famille à Pirmasens.

« *Pirmasens, où ma famille habitait près de l'usine à chaussures Salamander, avait été sévèrement bombardé : partout les pierres des maisons détruites formaient un paysage lunaire : il avait bien fallu dégager les voies de circulation ! Quelques pans de murs restaient debout avec parfois la baignoire suspendue à l'étage, tenant par les tuyaux d'arrivée d'eau. Ces ruines constituaient pour les gosses que nous étions une remarquable aire de jeux. Mais toute la ville n'était pas rasée : près d'un carrefour central où un Polizist réglait la circulation, le théâtre Walhalla avait tenu le coup. C'est justement cette salle de spectacle qui avait accueilli en 1949 la tournée d'Édith Piaf et des Compagnons de la Chanson venus épauler les spahis de la 2ème DB vêtus de leur traditionnelle gandoura et qui formait une haie d'honneur. Grand moment pour la garnison...Le monde nous appartenait ! Dans les transports, les adultes cédaient leur place au morveux que j'étais. Une honte ! Les Français vainqueurs avaient imposé aux vaincus de changer de trottoir en ville afin de leur céder la place. C'était la règle édictée par le Gouvernement Militaire qui a perduré deux ans. Après quoi les Allemands ont commencé à relever la tête et se sont mis sérieusement à l'ouvrage, pour un magistral redressement.* »[48]

Dans ses « Souvenirs d'Allemagne » Monique Schneider relate la vie dans les différentes garnisons où son père fut affecté, entre 1949 et 1952.

« *Nous emménageâmes d'abord dans le petit village d'Altschweier près de Bühl, non loin de la frontière française. Mon père se rendait tous les jours à Bühl où se trouvaient les bureaux de l'armée, tandis que mon frère et moi allions, avec un car de ramassage, à l'école française à Bühl également, où nous poursuivîmes, sans difficulté d'adaptation notre scolarité exclusivement française. Je ne me souviens pas avoir eu le moindre contact avec des enfants*

---

47 Marc Hertgen: *Rencontres Inoubliables.* Ibid. p.188-191.

48 Jacques Lenguin: *Rencontres Inoubliables.* Ibid. p.124-125.

allemands dans le cadre scolaire, ni d'avoir bénéficié d'aucune initiation à la langue du pays où nous vivions. Bien loin de nous ouvrir à la découverte d'une autre culture, nous nous abritions sous une épaisse carapace. La maison dans laquelle nous habitions comprenait plusieurs appartements réquisitionnés par l'armée. Un couple français en occupait un et les propriétaires allemands un autre. La communication s'établit et nous vécûmes en bonne entente. Nous n'avions pas de voiture mais l'armée affrétait parfois un car pour nous permettre de découvrir la région pendant les week-ends. Je me rappelle aussi le cadre montagnard du mess où nous allions déjeuner certains dimanches. Nous y retrouvions d'autres familles et les enfants leurs camarades de classe. Tout se monde formait un petit groupe bien sympathique mais très replié sur lui-même....

Moins d'un an après notre arrivée nous levions le camp pour Mayence et un autre mode de vie. Nous emménageâmes à Gonsenheim, un faubourg de la ville, dans des « blocs » tout neufs, réservés aux Français. Un simple grillage nous séparait de la base américaine voisine, une aubaine pour les petits Français qui, à travers les mailles de cette clôture, découvrirent les délices de la mastication du chewing-gum. Dans cet environnement aucune opportunité non plus d'avoir le moindre contact avec des Allemands. Nous devions prendre le tram pour nous rendre à école française et rentrions dès la fin des cours dans notre quartier pour jouer au pied des immeubles. Plus d'excursions en Forêt Noire, plus de promenades et de jeux dans la campagne ! Ma mère, quant à elle, se consolait en appréciant le confort de son nouvel appartement. J'ai retrouvé des lettres qu'elle adressait à sa propre mère, restée en Alsace. Elle lui décrivait avec émerveillement, le mobilier, le linge et la vaisselle entièrement neufs. Un palais pour qui avait connu les privations de la guerre et de l'après-guerre ! Pour ma part, le seul souvenir qui m'en reste est celui d'une jolie chambre aux meubles de style « Forêt-Noire » décorés de fleurs aux couleurs vives sur fond sombre; c'est aussi la seule marque proprement allemande attachée à cette période.

Période de courte durée puisque, environ six mois plus tard, le régiment se déplaça à nouveau, entraînant à sa suite, toutes les familles à reloger. Nous nous retrouvâmes à Marburg-am-Lahn où nous occupions une partie de la maison d'une vieille dame, Frau Mayer, la propriétaire, qui vivait au dernier étage. Mes parents sympathisèrent rapidement avec elle, ainsi que ma petite sœur, qui n'avait toujours pas l'âge de fréquenter 'école française et qui montait souvent à l'étage pour rendre visite à notre voisine.

Les prés qui s'étendaient près de la maison étaient notre terrain d'aventures, peu glorieuses du reste. Je me souviens de batailles qui se livraient entre enfants allemands et français. Chaque troupe avait son camp et y amassait des cailloux, en prévision des affrontements à venir. Il y avait aussi parfois des embuscades sur le chemin de l'école Les jeux guerriers ne sont certes jamais tout à fait innocents, mais je crois que dans ce cas, il ne s'agissait pas de jeu. Les jeunes guerriers ne se faisaient-ils pas l'écho des sentiments hostiles proférés par leurs parents, français ou allemands ? Ce n'était pas le cas dans notre famille, où nous était proposé un modèle d'ouverture et de réconciliation, mais, bon gré, mal gré, nous avions conscience d'appartenir à un camp dont nous devions être solidaires.

Une autre opportunité de relations avec les habitants s'offrait à nous en la personne des employées de maison dont les services comptaient au nombre des avantages accordés aux familles des « troupes d'occupation ». Ces jeunes femmes partageaient à plein temps notre vie de famille. En 1952 il fallut plier bagage. Mon père devait embarquer pour l'Indochine où les hostilités étaient engagées.

Ces trois années passées en Allemagne furent un moment de grâce pour notre famille. Une vie paisible, aisée, riche en découvertes et en échanges, facilités, en ce qui concerne mes parents, par leur ouverture d'esprit et par leur origine alsacienne. »[49]

---

49 Monique Gaspard-Schneider: Témoignage à l'auteur. Avril 2018

La « *v*alse hésitation » de Kehl: une double évacuation (1945-1953)

Évacuée par les autorités allemandes en 1944,la ville de Kehl est occupée en 1945 par les autorités françaises et administrée par le Gouvernement Militaire jusqu'en 1953.

L'évacuation allemande (1944-1953)

Le 23 novembre 1944, les Alliés entrent à Strasbourg.

À Kehl, sur l'autre rive du Rhin, les habitants vaquent à leurs occupations habituelles. Mais lorsque tombent les premiers obus, les autorités militaires allemandes ordonnent l'évacuation de la ville,dans un délai d'une heure. Quelques 12.000 Kehlois désemparés se mettent en route avec poussettes, brouettes, charrettes, et se dirigent vers les vallées de la Rench, de la Kinzig, vers Offenburg, Lahr ou Wolfach, voire partent même au hasard. Ils seront souvent très mal accueillis, et parfois même traités, par certains habitants, de « *Tziganes du front de l'ouest* ».

Margarete Kohlstedt, née Nückles, avait alors sept ans. Elle habitait avec sa mère et son frère dans le lotissement communautaire de Kehl-Sölling et se souvient. [50]

« *Après avoir entassé un maximum d'affaires dans nos cartables, ma mère, mon frère et moi avons quitté la maison avec l'attelage (un tracteur et deux remorques) de notre grand-père paternel habitant lui, à Kehl-Sundheim. Un peu plus tard, ma mère, se rappelant avoir oublié des papiers, décide de faire demi-tour en vélo, bien que les Alliés soient déjà postés au pont de Kehl. Elle récupère d'autres affaires encore, et surtout songe à libérer le petit bétail. Après son retour, le convoi repart, mais du fait de l'obscurité, une des charrettes verse dans un fossé longeant un terrain de munitions. La nuit se passe au Gasthaus « Au Bœuf » à Hohnhurst. Le lendemain, le convoi continue jusqu'à Gengenbach, lieu de repli prévu pour les habitants de Sundheim. Là, la famille complétée par une tante, une belle-sœur et son fils réside jusqu'en 1946 dans un petit logement mis à sa disposition. Quant à mon père, il travaille comme prisonnier de guerre dans une famille de paysans, d'abord près de Metz (Moselle), puis comme bûcheron à Messkirch (Forêt-Noire), où il participe, au titre des Réparations, au déboisement de la forêt appartenant à la famille des von Fürstenberg. Le régime s'étant assoupli par la suite, deux visites par mois seront autorisées pour la famille.* »

---

50 Témoignage à l'auteur Kehl. Janvier 2017.

Le 15 avril 1945, les troupes françaises entrent à Kehl sans rencontrer de grande résistance. Le 17 avril 1945, un décret de l'administration militaire interdit aux habitants de Kehl de revenir chez eux. Le 1er mai 1945, Kehl est rattachée administrativement à Strasbourg et séparée du reste de la zone d'occupation.Pour rentrer dans la ville, les anciens habitants allemands doivent disposer d'un laissez-passer.

Madame Kohlstedt poursuit :

« *En 1946 toute la famille avec mon père revient loger chez mes grands-parents dans une pièce à Sundheim. Car contrairement au restant de Kehl ce quartier n'était pas occupé par les Français. Madame Nückles, ma mère, connaissait quelques bribes de français, apprises lors de visites chez une belle-sœur demeurant à Soultz-sous-Forêts, en Alsace. Grâce à cela, elle réussit à obtenir un poste de cuisinière chez le commandant français de la place. Elle put ainsi améliorer quelque peu l'ordinaire de la famille en rapportant à la maison des restes de dessert ou en nous emmenant en fin de semaine, mon frère et moi, jouer avec les trois enfants du commandant.* »

Le Gouvernement français voulait conserver Kehl et surtout son port. Mais le 8 avril 1949, la conférence de Washington impose à la France la restitution et de la ville et du port. La restitution se fera en 42 étapes, avec, à chaque étape, pose de barbelés et présence simultanée de douaniers français et allemands. Les Français, évacués à leur tour, seront relogés par la municipalité de Strasbourg dans une nouvelle cité spécialement construite, « la Cité Rotterdam[51] ». Le 1er quartier libéré fut, le 23 juillet 1949, celui de Sölling, en présence de Léo Wohleb, Président du Land de Bade. La famille Nückles peut alors rentrer chez elle. À part un parquet qui avait dû servir de bois de chauffage, la maison n'avait que peu souffert. Monsieur Nückles put ainsi, à la demande de son ancien employeur qui tenait une droguerie repliée à Legelshurst, ouvrir une filiale dans sa cave. En 1950 vint s'y rajouter, cette fois-ci à la demande d'un facteur, un bureau de poste installé dans le salon et pour finir, une cabine téléphonique dans la salle de bains. En 1951 enfin, la poste ayant retrouvé son ancien local, le salon devient le bureau de l'entreprise de transports Seegmüller-Schenker ayant son siège à Strasbourg.

Le 19 octobre 1951, un accord est enfin trouvé entre l'Administration du Port Autonome de Strasbourg et le Land de Bade sur une administration conjointe du port de Kehl. Celui-ci sera rendu à l'Allemagne le 31 décembre 1951.

51

Cf: infra Kehl «*Une occupation française*» p. 32

Le 8 avril 1953, les derniers Français libèrent définitivement la ville L'événement est célébré en présence de nombreux édiles, du Président du land et du Délégué français pour Kehl par une retraite aux flambeaux.

Le retour des habitants ne fut pas toujours, pour tous, très réjouissant. De nombreux logements avaient été dégradés, pillés, voire détruits, les jardins souvent abandonnés, sans parler de la disparition de la vaisselle ou du mobilier. Les dédommagements sollicités auprès du Gouvernement français occuperont longtemps le tribunal administratif d'Offenburg et affectèrent durablement les relations entre Strasbourg et Kehl. Et de part et d'autre subsisteront parfois des sentiments ambivalents. Madame Kohlstedt a même pu parler d'une certaine hostilité restée présente chez sa mère.

Puis la vie, lentement, reprendra son cours. Les magasins de Kehl verront revenir la clientèle strasbourgeoise attirée par des prix moins élevés et surtout par l'offre d'objets, alors introuvables à Strasbourg, tels les stylos à encre. Les habitants de Kehl, quant à eux se remettront à fréquenter les théâtres et restaurants strasbourgeois. Le club de musique de Sundheim renouera des relations avec ses homologues français, ce qui contribuera à une meilleure compréhension, voire au développement d'amitiés franco-allemandes durables.

Près de Kehl stationnait également une unité américaine. Celle-ci, au contraire, a laissé dans la jeunesse de l'époque un souvenir beaucoup plus positif. Madame Kohlstedt se souvient

«d'un jour où son frère et elle, partis prendre des livraisons destinées à la droguerie, sont arrêtés en cours de route par une barrière de chemin de fer, fermée à cause du passage d'un train militaire américain. En les apercevant, les soldats leur envoient par les fenêtres des tablettes de chocolat. Par la suite tous les enfants du voisinage viendront guetter, le long des barrières fermées, le passage des trains américains afin de cueillir à la volée les friandises que les G.I. ne manqueront pas à chaque fois de leur envoyer par la fenêtre[52] *»*

Kehl, l'annexe de Strasbourg : une occupation française (1945-1953)

Le 15 avril 1945 des troupes françaises entrent à Kehl sans rencontrer grande résistance. Désertée par ses habitants expulsés en novembre 1944, la ville est livrée les premiers jours au pillage. Elle est occupée par des Tirailleurs Marocains et des éléments de la Légion Étrangère, parmi lesquels quelques

52 M. Kohlstedt ibid.

anciens nazis « reconvertis ». S'y ajoutent des « *displaced persons* » et des prisonniers de guerre allemands, affectés à des travaux de déblayage et de remise en état des infrastructures. En attendant leur transfert en France, ils sont logés dans un misérable camp de transit surnommé « la cage de Kehl »[53]

La France entend mettre à profit ce qu'elle considère comme un no mans land. Le 17 avril, un décret interdit aux anciens habitants allemands de revenir chez eux. Le 1° mai, Kehl est isolée du restant de la Zone Française d'Occupation en Allemagne par des barbelés. La seule liaison avec cette dernière est une sortie à Sundheim à l'extrémité de la rue de la Kinzig, (Kinzigstrasse) Là sont stationnés des militaires américains. En 1946 la ville est rattachée administrativement à Strasbourg. C'est un pied de nez au « Gross Strassburg » qui, annexé par l'Allemagne de janvier 1942 au 23 novembre 1944, avait pris alors administrativement Kehl sous sa coupe. Ainsi, comme le note un numéro de la revue illustrée « Les Cigognes » de la même année, *« Kehl, faubourg d'une ville de France, pourra contribuer à payer la dette nazie, contractée envers notre pays et notre province*[54] »

Conformément aux lois promulguées par le Haut Commandement Suprême Interallié et aux règlements du Gouvernement Militaire, la gérance des immeubles, devenus vacants par suite du départ des locataires précédents, est confiée à l'office Public d'Habitations à Bon Marché de la ville de Strasbourg. Elle s'effectue sous la direction d'un administrateur-séquestre (son directeur Arthur Weber), nommé par décision du Général Koenig, Commandant en Chef la Z.F.O. en Allemagne. L'attribution des logements et des différents locaux, ainsi que la perception des loyers et fermages sont confiés à une commission mixte présidée par un adjoint de la ville, où siègent un représentant du Gouvernement Militaire, un de la préfecture, un des habitants de Kehl, ainsi que le secrétaire général de l'Office Départemental des Anciens Combattants et Victimes de Guerre. Le ministère de la reconstruction et de l'urbanisme ainsi que l'autorité militaire se chargent des réparations et remises en état du parc immobilier et de l'affectation des boutiques commerciales. [55]

Kehl, inhabitée donc depuis novembre 1944, donne une impression d'abandon. Seuls environ 50% des locaux sont considérés comme utilisables en 1945. De nombreux immeubles sont délabrés, les jardins abandonnés, les rats

---

53 *«Zwischenzeit Kehl 1944-1953»*exposition du Hanauer Museum de Kehl, 2016

54 Xavier Thierry:*Il y a 50 ans «la réintégration» de Kehl à l'Allemagne.1944-1953* In D.N.A. 9 avril 2003

55 Archives de la CUS Habitat de Strasbourg

pullulent. Il est prévu que la réfection des logements se fera aux frais et à la diligence de l'Allemagne. En attendant, le chauffage est inexistant, d'où, pour les premiers occupants, la tentation de récupérer comme bois de chauffage les planchers en bois, voire les meubles des appartements encore inoccupés.

Les liaisons avec Strasbourg sont difficiles. Seul subsiste intact, sur le Rhin, le pont de chemin de fer. En 1946, le pont routier est détruit et remplacé, par les services des Travaux du Génie, par un pont de péniches à un mètre du niveau de l'eau, pont qu'il faut traverser en se tenant à une corde. Par la suite, un pont en bois permettra à une ligne de tramway régulière de la Compagnie des Transports Strasbourgeois de relier les deux villes. Sur la rive strasbourgeoise, un grand panneau indique « *Ici commence le pays de la liberté* » Et Kehl devient une ville française qui relève du seul régime d'occupation militaire propre à la Zone d'Occupation Française. Rues et places sont débaptisées, les immeubles reçoivent de nouveaux numéros, commerces et artisanats passent dans des mains françaises.

La ville est repeuplée d'abord par les familles de policiers, militaires ou douaniers stationnés sur place. Viendront s'installer ensuite des Strasbourgeois revenus d'exode ou dont le domicile a été détruit par les bombardements. Ce qui permet de résoudre une partie des problèmes de surpopulation de Strasbourg, lourdement sinistrée ! Entre mai 1947 et le 14 juin 1949 l'Office Public recense quelque 1.200 familles, dont 792 de civils, les autres étant constituées de militaires, dépendants de la 6ème région militaire,et des troupes d'occupation, soit au total près de 8.000 personnes. S'y ajoute un certain nombre d'occupants clandestins. En fait il s'agit là d'une population hétérogène peu stable, qui essaie en grande partie de tirer profit de la situation imprécise régnant dans l'agglomération pour se livrer à des trafics de tous genres.

Deuxième famille à arriver à Kehl en 1945, celle de Jean-René Laporte, alors âgé de sept ans. Son père, douanier à Rodez, avait accepté, à cause de son épouse alsacienne, une affectation en Allemagne, alors que celle-ci aurait de très loin préféré la seconde proposition, à savoir Toulon ! La famille s'installe d'abord dans un logement rue du Général Moreau (Ehrmannstrasse), puis dans une villa, ancienne clinique d'accouchement, en bordure du Rhin, rue A. de Musset (Ludwig Trickstrasse).[56]

Arrivés en 1946, les parents de Claude Bourreau, âgé alors de huit ans, bénéficient directement d'une villa au 21 rue Chateaubriand (Grossherzog

---

56 J.R. Laporte Témoignage à l'auteur, Strasbourg 12/05/2017

Friedrichstrasse), avec jardin et jet d'eau dans un bassin qui jouxte une passerelle menant à un lac formé par un bras du Vieux Rhin. Monsieur Bourreau, militaire originaire du Val de Loire et stationné à Nancy, avait rejoint les FFI et terminé la guerre à Périgueux avant d'être affecté à Strasbourg. La famille de Charles R., dont le père chauffeur de taxi assurait la liaison Strasbourg-Kehl, occupait, quant à elle, l'ancien presbytère de la Kinzigstr, où «*pour améliorer l'ordinaire on élevait des cochons dans le sous-sol*» A 300 m. de là, des Tirailleurs Marocains avaient l'habitude de faire des méchouis.[57]

Une première école accueille les enfants de tous les âges dans des classes souvent surchargées. Par la suite les élèves rejoindront, en vélo ou en tram, l'école primaire du Port du Rhin, puis le collège Kleber rue des Bonnes Gens et le lycée rue du Maréchal Foch à Strasbourg. Quatre boulangeries s'installent, dont l'une (l'actuel café Dreher) est tenue par une « Iséroise » mariée à un maquisard alsacien. Un cinéma ouvre ses portes, et même par la suite, une salle de bal. Mais les plus importants ce sont les Économats de l'Armée, grand lieu de retrouvailles quotidiennes et surtout temple de la consommation en ces temps de pénurie ! Là, ni rationnement, ni restrictions (le beurre par ex. y est vendu par mottes entières) Ce qui permet d'assurer non seulement le ravitaillement des Français présents mais aussi celui des familles et amis de l'autre côté du Rhin, voire même celui des familles des nombreuses bonnes allemandes, lesquelles, munies d'un laissez-passer, sont affectées aux familles françaises et parfois même logées sur place [58] Les épouses se retrouvent entre elles, souvent pour des travaux manuels, mais toujours en tenant compte de l'affectation et du grade du mari. De nombreuses fêtes sont organisées par les services de la douane ou de la gendarmerie. La Légion commémore chaque année la bataille de Cameron, laquelle se termine souvent par des bagarres avec les plus jeunes des Tirailleurs Marocains.

Jean-René Laporte et Claude Bourreau ont gardé de leur séjour un immense sentiment de liberté.

« *Le souvenir d'une enfance de rêve : des terrains de jeux entre blockhaus et maisons abandonnées, des maraudes et pas seulement dans les jardins, des baignades dans une piscine spécialement aménagée par l'armée dans le Vieux Rhin et dans la Kinzig, ou de traversées, bien qu'interdites, du Rhin afin de pouvoir rejoindre une petite île, de pêches à la grenouille ou*

57

R. Témoignage à l'auteur. Strasbourg 23/05/2017.

58

Xavier Thierry: «*Une enfance à Kehl sur le Rhin*»ne D.N.A. 18 avril 2003

encore de passages en catimini sous les barbelés, afin de retrouver des petits Allemands cantonnés de l'autre côté. »

Le Gouvernement Français entendait bien garder sous sa tutelle Kehl et surtout son port, complémentaire de celui de Strasbourg. Mais la situation internationale, du fait de la dégradation des relations entre les trois Alliés occidentaux et l'Union Soviétique et des débuts de la Guerre Froide, va en décider autrement. Une conférence Interalliée à Londres envisage, de février à juin 1948,une réorganisation politique de l'Allemagne. Et en mai 1949 naît la RFA.

Se pose alors le problème de la présence française à Kehl et du relogement de ses habitants français et des Allemands de retour. Dans cette optique, tous les biens situés dans la ville ainsi que les droits et biens privés, sont mis sous séquestre par le Délégué Général pour le Territoire de Kehl.

La Conférence de Washington, dès le 8 avril 1949, impose à la France la restitution de Kehl et de son port. Une opération réalisée en 42 étapes avec, à chaque fois, des barbelés entre les quartiers rendus aux Allemands et ceux restés français et en la présence simultanée de douaniers des deux pays. Les douaniers français seront d'ailleurs en 1953 les derniers à partir. Beaucoup resteront à Strasbourg. Au total, 1875 logements habitables seront restitués.

Le port de Kehl, sans véritable autorité chargée de son suivi, était devenu une plate-forme de trafics divers et multiples. Son sort sera plus long à régler. La France envisageait, soit son annexion, soit tout au moins une occupation de longue durée, car il ne fallait surtout pas risquer de concurrencer celui de Strasbourg. La Commission Consultative chargée du devenir de l'Allemagne nomme alors, pour faciliter les choses, un adjoint français auprès du Maire de Strasbourg. Le 19 octobre 1951 finalement, en dépit de violentes contestations du côté allemand cette fois-ci, un accord est conclu entre l'administration du Port Autonome de Strasbourg et le Land de Bade. Le port est rendu à L'Allemagne le 31 décembre 1951. Cette administration conjointe sera en vigueur jusqu'au traité « Quatre + Deux » signé en 1990 entre les deux Allemagne et les Alliés. Depuis les deux entités sont autonomes. Les deux polices fluviales exercent toutefois une gestion commune du fleuve, et des accords de coopération évitent de pouvoir tirer profit des limites de compétence.

Le 7 avril 1953, les autorités françaises, après avoir fait nettoyer rues et immeubles par des ouvriers municipaux de Strasbourg, restituent à huis clos le dernier secteur de la ville à son Maire. Le lendemain, 8 avril, une retraite aux flambeaux et un office religieux bi- confessionnel se déroulent dans le square du Monuments aux Morts. Le 17 mai enfin est célébrée une grande fête de « l'Aurevoir » (Auf Wiedersehen), en présence du Président du Land de Bade, Reinhold Maier et du Délégué Français pour Kehl.[59]

Pour reloger les habitants, la municipalité de Strasbourg entreprendra un vaste programme immobilier de près de 1.100 logements sociaux, d'abord dans le quartier du Neuhof (Allée Reuss) puis dans le quartier Des Quinze avec le Quai des Alpes, le Quai des Belges et surtout la Cité expérimentale Rotterdam. Les Tirailleurs Marocains seront évacués vers les casernes de l'Avenue de la Forêt-Noire.

L'occupation de Kehl a entraîné des réactions très mitigées des deux côtés du Rhin. Nombreux sont les Français qui ont regretté de devoir quitter la ville et sa vie si facile sur le plan matériel. Mais parfois aussi, comme pour cette boulangère « Française de l'intérieur » parce qu'on y parlait plus et mieux le français qu'à Strasbourg ! Certains anciens « jeunes » de l'époque ont toujours encore la nostalgie des merveilleuses années passées là-bas. Des liens subsistent de part et d'autre du Rhin : la sœur de Jean-René Laporte est toujours en relation avec la famille de leur première bonne habitant à Bodersweier. Les frères de Claude Bourreau, Christian né là- bas en 1948, mais aussi Yves plus âgé de 8 ans, retournent, régulièrement, comme beaucoup d'autres, voir leur ancienne maison.[60]

Pour les anciens habitants, le retour dans leurs logements, devant l'état des lieux, n'a pas toujours été très réjouissant[61]. Jean-René Laporte se souvient qu'avant leur déménagement les anciens propriétaires étaient venus demander la permission de constater de visu l'état dans lequel ils allaient retrouver leur logement.

Les Autorités françaises elles, témoignent au contraire, d'un fort ressentiment à l'égard des Kehlois. S'y ajoutent parfois même des positions très anti-allemandes, d'autant plus que les dégradations et dégâts subis du fait de l'occupation française font l'objet de demandes en indemnisation en tant que dommages d'occupation. Or ceux-ci diffèrent des dommages de guerre. Ils relèvent, dans un premier temps, d'un Tribunal des Indemnités, instauré le 20

---

59 Bernard Voler: «*Kehl retourne à l'Allemagne*» D.N.A. 5 avril 2003

60 Jean René Laporte : ibid.

61 Cf supra le témoignage de Madame Kohlstett

novembre 1947au siège de chaque Land, par un décret du Général Koenig. Lesquelles indemnités doivent être imputées au budget du Land. Par la suite de nombreuses contestations porteront aussi sur la question de savoir de quelle autorité relève tel dégât et occuperont des années durant le tribunal administratif d'Offenburg.[62])

Dans une partie de la population strasbourgeoise aussi des ressentiments dus à la guerre et à l'occupation allemande resteront très vifs. Les clubs sportifs allemands seront ostracisés un certain temps et des œuvres de compositeurs allemands absentes des programmes des concerts strasbourgeois. Mais la vie finira par reprendre son cours.

Mais c'est surtout l'idée européenne et l'entente franco-allemande qui vont favoriser le rapprochement entre les deux communautés et même les relier, comme en témoigne l'évolution des voies de communication entre les deux villes. En juin 1956, le pont de chemin de fer à une voie, construit par les Sapeurs de la 1ère Armée en 1945, est remplacé par un pont-rail à une voie financé par l'Allemagne, au titre des dommages de guerre. En 1960, le Pont de l'Europe, pont routier à quatre voies, permet également de part et d'autre des voies routières le passage des piétons et des cyclistes. En 1995, ultime pied-de-nez aux rivalités territoriales entre les deux villes séparées par un Rhin qui trop longtemps a fait office de frontière, germe l'idée d'un espace transfrontalier. Le Jardin des deux Rives relie depuis 2004 les deux bords du fleuve par la passerelle Mimram, une passerelle réservée aux piétons et aux cyclistes. Le 22 janvier 2003, Jacques Chirac et Gerhard Schröder lancent l'idée de l'Euro-District Strasbourg-Kehl. Depuis le 29 avril 2017 enfin, par un nouveau pont construit en commun par les deux municipalités, un tramway relie à nouveau les deux villes. Autour de son axe s'articule, de part et d'autre du Rhin, un nouveau quartier transfrontalier, le quartier des Deux Rives.

62

Jean -Marie Woerling témoignage à l'auteur Strasbourg 10 avril 2017

LES MEMBRES DES FORCES

Les Forces Françaises en Allemagne (FFA) représentent une population originale stationnée sur le territoire d' un État étranger allié et ami.

En l'absence de tout statut juridique nettement défini les FFA ont constitué une entité territoriale située ni en France ni hors de France. Leurs membres ne sont considérés ni comme des Français de France, ni comme des Français d'Outre- Mer, ni comme des Français de l'Étranger.
Sur le plan administratif ils dépendent tantôt de Paris, tantôt du chef-lieu de la région française limitrophe : Strasbourg ou Metz. Berlin, resté sous régime d'occupation connaît jusqu'en 1993 un régime particulier.
Sur le plan juridique, ils bénéficient d'un statut particulier par rapport aux règles de droit du pays sur lequel ils stationnent. En cas d'infractions, ce ne sont pas les tribunaux allemands qui sont compétents mais les tribunaux militaires. Celui de Landau, assorti d'une prison, est ainsi légitime pour juger les membres des FFA de la zone de stationnement centre ayant commis des crimes et délits sur cette partie du territoire allemand.
Le tribunal est composé d'un juge militaire (le président) assisté par quatre assesseurs, des officiers d'active, le procureur faisant lui aussi partie du corps de justice militaire. Après leur suppression en 1982 par Charles Hernu, le nouveau ministre de la défense de François Mitterrand, c'est le tribunal de grande instance de Colmar (un président et deux juges assesseurs) qui officiera.

« Or les sanctions furent plus sévères avec le remplacement du tribunal militaire par un tribunal civil, en particulier dans les affaires de désertion. En effet, les officiers qui composaient le tribunal militaire se montraient plus attentifs que les juges civils au contexte du délit reproché. Même si cela n'était pas le cas général, une analyse fine de ce contexte permettait à des connaisseurs avisés de l'institution de déceler des erreurs voire des fautes de commandement qui pouvaient conduire un jeune un peu paumé à déserter. Le tribunal militaire tenait davantage compte de ces circonstances atténuantes dans ses décisions que le tribunal civil ».[63]

Considérés comme non résidant sur le territoire français, ils ne le sont pas non plus sur le territoire de la République Fédérale, dont les municipalités ne les recensaient pas.Ils ont toutefois la possibilité, s'ils le souhaitent, de se faire enregistrer dans les différents consulats de France en Allemagne et de

---

63 Arnaud Sainte-Claire Deville courriel 17 février 2020

participer alors à l'élection du Conseil Supérieur des Français de l'Étranger. La participation aux élections nationales françaises nécessite, impérativement,une résidence administrative en Métropole.

Étrange situation. Seule une « carte d'identité FFA », délivrée par l'État - Major du 2ème Corps d'Armée justifie de leur présence en Allemagne,comme membres des Forces auprès des autorités militaires françaises et alliés et des autorités allemandes. Leurs véhicules automobiles sont reconnaissables par des plaques bleues immatriculées dans une série spéciale, en fonction de leur zone de stationnement.

Jusqu'à la fin des années 1980 leur nombre est resté relativement stable, entre 60 et 70.000 personnes, variant en fonction de la suppression de l'une ou l'autre garnison, ou des différentes restructurations militaires. Les chiffres de 1990 font état de près de 50.000 personnels militaires, 5500 civils membres des Forces et d'environ 18.000 membres des familles. Ce nombre va cependant rapidement diminuer suite à la décision de F. Mitterrand, de retirer les troupes françaises d' Allemagne après la chute du Mur de Berlin.
En 1994, ils sont encore au nombre de 32.700 dont 18.200 militaires, 3.700 personnels civils et 10.800 membres des familles.
C'est une population jeune, du fait de l'importance en son sein des appelés du contingent (36.000 en 1990) et active à plus de 65%. Les retraités y sont absents, le départ à la retraite entraînant automatiquement la fin de l'appartenance aux Forces et donc la perte de la carte d'identité FFA. Il s'accompagne généralement d'un retour en métropole, ou plus rarement, de l'installation en milieu allemand dans le cas de couples mixtes, ou d'un choix professionnel pour des militaires reconvertis .

Les appelés du contingent.

Près de un million de jeunes Français, soit un appelé sur six, ont effectué, depuis 1945, leur service militaire en Allemagne.
Les chiffres de 1990, font état de 34.100 deuxième classe, de 1.250 sous-officiers et 650 aspirants. Ils représentent alors 72% de l'ensemble de la population FFA.

Au départ, leur recrutement s'opérait dans toutes les régions militaires françaises, y compris en Algérie et en Outre-Mer. A partir de 1982 toutefois une tendance vise à faire effectuer le service militaire, dans la mesure du possible, à proximité du lieu de résidence. Conjugué avec un nouveau régime de

permissions, le recrutement se fait alors essentiellement dans les 6ème (Metz), 2ème (Lille) et 1ère (Paris) régions militaires.
Une nouvelle doctrine militaire, à partir de 1987-1988, fait elle coïncider plan de paix et plan de mobilisation. Sont alors affectés en Allemagne essentiellement des jeunes originaires du nord-est (58,5%), de la région parisienne (31,9%) et de la région Lyon-Méditérannée. (9,5%).

Le choix des garnisons s'opère après un certain filtrage de la part des autorités militaires ce qui, dans certains cas, a pu aboutir à des affectations non désirées.

Georges Kaufmann, volontaire pour le corps expéditionnaire en Indochine se retrouve affecté à Wittlich[64], Eric Didierjean lui, muni d'un CAP de cuisine souhaitait s'engager dans la marine et se retrouve en 1958 dans un régiment de cuirassiers à St Wendel en Sarre. Il y est toutefois affecté au service des cuisines.[65] Denis Riedinger Alsacien de Hoerdt, est affecté à Villingen, au sud de la Forêt -Noire, après avoir précisé qu'il ne voulait pas aller en Allemagne![66]Seuls peuvent choisir leur lieu d'affectation les volontaires pour le service national de 2 ans et les sous-officiers en fonction du classement au sein de leur promotion.
Dans la quasi totalité des cas, les différentes garnisons françaises ont occupé les anciennes casernes de la Wehrmacht, réquisitionnées en 1945, et réaménagées.
Le logement des simples recrues s'effectuent dans les bâtiments à l'intérieur des quartiers. Sous-officiers et engagés volontaires logent dans les « célibatorium », les foyers de sous-officiers à Trèves, en chambres individuelles parfois, ou encore à l'hôtel de garnison à Rastatt et Sarrelouis.

Pour gérer le transport des appelés, un important réseau ferroviaire sera mis en place par la Direction des Transports Militaires par Voie Ferrée, dont le siège est à Baden-Baden. L'arrivée et le retour à la vie civile des recrues s'opèrent par trains spécialisés entre les centres de de transit des personnels de Strasbourg et de Metz et les différentes garnisons en Allemagne, y compris Berlin.
Pour les week-ends, du vendredi après-midi au lundi matin huit heures, six trains plus particulièrement sont fréquentés: ceux reliant chacune des garnisons

64 Témoignage à l'auteur Strasbourg octobre 2017.

65 Témoignage à l'auteur, Sarrebruck février 2017.

66 Témoignage à l'auteur, Strasbourg décembre 2019.

allemandes à Paris, Lille et Lyon. Des lignes secondaires permettent de rejoindre Thionville, Forbach et Metz ainsi que Strasbourg, Mulhouse et Belfort. Pour les fêtes de fin d'année, les vacances de printemps, les congés de la Pentecôte et de la Toussaint, ou des événements particuliers telles les élections, des trains supplémentaires sont mis en service.
A partir de 1982, tous les appelés bénéficient de la gratuité sur le réseau ferroviaire allemand, d'un voyage gratuit par mois sur les parcours français et d'une réduction de75% sur les autres trajets. Depuis 1993 s'y rajoute un billet gratuit par semaine pour le week-end. Les Antillais seuls ne pouvaient profiter de ces avantages, du fait de l'éloignement. Ils n'avaient la possibilité de rentrer chez eux que tous les six mois, grâce à trois semaines de permission de longue durée.

« Pour les appelés du contingent de Stetten am Kalten Markt: la vie est un peu difficile. Ils sont loin de chez eux, ne parlent pas forcément allemand. Les distractions dans la petite ville sont assez limitées (2 bars). La première boite de nuit est à 25 km. Compte tenu de l'éloignement de la garnison et l'absence de gare, les soldats ne bénéficient que d'une permission de 96 heures par mois (départ le vendredi après-midi en bus avec pour beaucoup une arrivée tard dans la nuit, voire le samedi matin. Retour avec un train au départ de Paris le lundi soir à minuit et une arrivée à Stetten le mardi matin vers 9h00).
Il n'y a pas de gare ferroviaire et pour rejoindre Strasbourg, il faut aller à Immendingen (40 minutes de route) pour prendre le train. Et à partir de là, il faut compter 3 heures jusqu'à Strasbourg. Inutile de préciser que départ et retour de permissions pour les soldats appelés sont de véritables calvaires. Mais les activités militaires et sportives ne manquent pas. [67] »

Comme partout en France le service militaire débute par des « classes » de deux mois, un mois commun de formation (marche au pas, maniement des armes,discipline militaire...) et un mois de spécialisation en fonction de l'affectation dans les différents régiments.

Roland Schmidt, originaire de Strasbourg, est affecté en juin 1965 sans avoir demandé l'Allemagne, au Centre d'Instruction des Blindés à Trêves, installé dans d'anciens casernements allemands. Constitué de six bâtiments autour d'un grand terrain de sport, le centre comprend des casernes équipées de cuisines, réfectoires, salles de gymnastique et chambrées de six lits auxquelles on accède tout comme dans les couloirs en patins, et de deux bâtiments à part, l'un pour les sous-officiers, l'autre pour les officiers. S'y ajoutent un mess et un foyer du soldat.

---

67 Lt. Colonel Rémy Dubois. Témoignage à l'auteur août 2020

« Le service débute par quatre mois de classes, deux d'instruction au stand de tir et deux de formation aux chars Patton toutefois sans tourelle. Un stage de quatre samedis d'affilée à la suite d'un appel au volontariat, lui permet de devenir brigadier et moniteur de chars. « Lever à six heures du matin, footing dans la forêt, petit déjeuner et à partir de huit heure instruction des nouveaux appelés qui venaient apprendre à conduire les chars et repartaient dans les casernes correspondantes, voire pour les meilleurs, à Berlin. Après le déjeuner à la cantine où l'on mangeait très bien, reprise de l'instruction de quatorze à dix-huit heures. Les exercices se faisaient dans la forêt sur d'anciennes pistes tracées autrefois par les militaires allemands. Le matin, de l'autre côté du grillage, un Allemand venait nous proposer dans une fourgonnette aménagée des sandwichs et du chocolat chaud, très appréciés en hiver quand il fallait partir avec les chars sur 10 à 15 cm de neige. Le soir il fallait encore aller faire le plein, vérifier l'état des chars et noter les jeunes. Nous étions deux Alsaciens de Strasbourg et de Mulhouse et un Mosellan de St Avold. La plupart d'entre nous venaient soit du Midi soit de Corse et se demandaient, les Corses surtout, ce qu'ils pouvaient bien faire ici chez les Allemands, et certains se sentaient très malheureux ! J'ai connu des recrues originaires de la France profonde, dont l'un en particulier, un Corrézien, n'avait jamais été à l'école et ne savait ni lire ni écrire. Nous nous sommes chargés de son courrier et l'accompagnions toujours lorsqu'il sortait en ville. Johnny Halliday est passé par le centre en 1961 avant d'être muté à Offenburg. Mais il a laissé un très mauvais souvenir, car il mangeait au mess des officiers, bénéficiait d'un vaguemestre et d'une jeep avec chauffeur.
Ma première perm. de trois jours m'a été accordée après quatre mois. Par la suite j'ai pu rentrer à Strasbourg en train à dix-huit heures une fois par mois, en passant par Metz. Pour le retour, le train Metz-Trèves ne partait qu'à trois heures du matin mais dans la gare des relax séparés permettaient de se reposer. L'arrivée à Trêves se faisait à six heures du matin. Il fallait ensuite prendre un bus jusqu'au Centre. Les camarades venant du Midi ne partaient que toutes les trois ou quatre semaines, mais alors pour dix jours. En cas d'événements familiaux nous bénéficions de perms spéciales. J'ai même réussi, un 31 décembre, a m'accorder une fausse perm afin de rejoindre ma fiancée à Strasbourg! Un copain m'avait proposé sa chambre en ville afin de pouvoir me changer. Comme je n'avais pas rendu ma carte d'identité civile, j'ai pu prendre à la gare un billet Trèves Strasbourg. Dans le train après Metz monte la Police militaire. Je montre ma carte d'identité civile et en dépit de mes cheveux cours de la tenue militaire dans mon sac, tout se passe bien. Le lendemain, je repars cette fois-ci en tenue militaire. Nouveau contrôle de la police militaire. Cette fois-ci je montre ma carte militaire et peux, arrivé à Trèves rejoindre mon quartier sans problème »!
Les sorties en ville le week-end sont facilitées par l'existence d'un réseau dense de bus articulés. Elles se faisaient après vérification, par un gradé au poste de garde, d'ongles propres et de cheveux courts. Nous avions de très bons rapports avec la population allemande. La solde de 30 francs et 20 d.m. auxquels s'ajoutait une cartouche de cigarettes par semaine, monnayable auprès des fumeurs, a permis la fréquentation des restaurants et bistros de la ville, où nous étions très bien vus.Je faisais office de traducteur. Si les sorties au moment de carnaval nous

ont été déconseillées, nous avons pu assister à la fête des vendanges à Trèves mais sans y participer officiellement. De même, assister en tenue cette fois, à la fête du vin à Berncastel, rien d'officiel mais simplement pour montrer que nous étions là. Le transport aller et retour d'ailleurs s'est fait par un car allemand. Les journées Portes Ouvertes accueillaient les familles et la population allemande.Un autocar permettait de faire le tour des installations et des chars munis de bancs installés de chaque, côté proposaient des sorties en forêt. Il était possible de visiter les casernes et, pour les parents, de manger à la cantine. »

R. Schmidt garde le souvenir d'un service intéressant, sans grandes corvées à exécuter, d'une excellente ambiance, d'une atmosphère décontractée et de bons rapports avec les supérieurs.

« Un soir nous sommes sortis armés, ce qui était interdit et nous avons tiré un sanglier. Le lendemain le capitaine passe faire ses tournées, seul commentaire « un gigot et je n'ai rien vu!» Trois semaines avant la quille on ne faisait plus rien, sinon des balades en char dans la forêt. Je me suis posé la question de savoir si je devais m'engager, mais le centre fermait en1968 et déménageait à Carpienne, près de Marseille, ce qui ne m'intéressait pas.

Seuls bémols: «la découverte à Bitburg où nous devions changer des chars, d'une caserne vieillotte, d'un réfectoire sale et de bidasses passant leur temps à balayer la cour. J'avais aussi passé tous les permis qui étaient normalement validés dans le civil. Mais sur ce point nos supérieurs ont fait pression, seuls obtenant la validation avec une prime conséquente et un passage au grade supérieur ceux qui s'engageaient. Un seul l'a fait. Nous autres nous avons simplement reçu un diplôme signifiant que nous les avions passés »[68]

Lisian Busier arrive en mars 1968, au 11ème Régiment du Génie basé à Rastatt:

«Après être passés devant le médecin, nous avons reçu les traditionnelles piqûres, devant le coiffeur coupe identique pour tout le monde, reçu le paquetage, et nous étions près pour faire les classes. Réveil le matin à 6 h., toilette, lit au carré, parfois revue de chambre et nous étions prêts pour la journée. Vers les 8h. rassemblement dans la cour, levée des couleurs, ensuite nous faisions du maniement d'armes ou des marches avec le sac à dos et fusil, à la longue tout ce barda pesait lourd.Nous avons eu quelques manœuvres, toujours en Allemagne.

A la fin des classes je me suis retrouvé à l'école des ponts à Iffezheim, nous n'étions plus que quatre militaires. Bâtiment en béton armé avec de grandes fenêtres, bien sûr pas bien isolé, pas d'eau courante, éclairé avec des bougies. Après quelques mois il a été équipé d'un groupe électrogène. Nous n'avions pas de WC, il fallait aller dans la nature. Notre travail était d'assurer la sécurité lors des manœuvres sur le Rhin. Chaque matin à 8 h. nous prenions la vedette, traversions le Rhin pour relever les cotes d'eau. Le repas de midi et du soir était

68 Témoignage à l'auteur,Strasbourg janvier 2020

ramené chaque jour par camions et l'un de nous se dévouait pour le faire cuire, parfois nous améliorions l'ordinaire avec des escargots ou un lapin. »[69]

Jean-Paul Crouzet, de retour d'une période au Sahara après la dissolution de sa base militaire est envoyé, de décembre 1966 à juin 1967, à Donaueschingen dans un dépôt du service du Génie qui dépendait de Rastatt.

«Vingt à vingt-cinq hommes plus cinq gradés. Le travail consistait à recevoir et stocker différents matériaux et caisses de toutes dimensions de l'armée, d'en expédier à différentes casernes ou bases en France, ou ailleurs. On assurait la garde, en continu, du dépôt et nous étions contrôlés la nuit par la gendarmerie ».[70]

Vincent Knobloch, Mosellan, affecté d'office en 1984 comme brigadier au régiment du Train à Baden-Baden, est envoyé au parc des véhicules situé face à l'héliport de l'ALAT (aviation légère de l'armée de terre) à Baden-Oos.

« Le logement se faisait à la caserne de Lattre, au rez de chaussé pour ceux qui étaient affectés sur place, aux étages pour les appelés qui faisaient leurs classes de deux mois. Seul le capitaine logeait sur place. » Moniteur d'auto-école dans le civil, *«...je suis chargé d'assurer la formation aux permis automobile y compris les permis transports en commun et motos, permis tous validés dans le civil .Des tours de garde de 19h à 7h du matin (4h de garde, 4h de repos) étaient effectués à tour de rôle. S'y ajoutaient des marches sur le plateau de Stetten et des exercices de passage du Rhin avec deux chauffeurs, dont le conducteur en convois sur des ponts mobiles et la participation à des marathons. Des manœuvres avaient lieu avec les Allemands pour le passage du Rhin. Je bénéficiais de deux jours de congé par mois et d'une permission de sortie tous les soirs après 18h jusqu'à l'appel du matin »*[71]

Les militaires de l'armée du Train sont, eux, désignés avant leur départ sous les drapeaux pour servir à la Poste aux Armées. Après un mois d'instruction à Pforzheim, ils sont affectés dans les différents bureaux postaux militaires, dont ils constituent environ 50% des effectifs. Ils escortent et protègent les liaisons postales entre les garnisons, effectuent les travaux de tri et de manutention, apportent une aide pour les opérations aux guichets, participent au fonctionnement des différents services et sont chargés des permanences de sécurité de jour comme de nuit.

D'autres appelés souvent sont affectés comme cuisiniers ou serveurs dans les foyers du soldat et les mess, ou chargés de l'encadrement et des activités

---

69 Courriel janvier 2019

70 Témoignage à l'auteur Illkirch janvier 2019

71 Témoignage à l'auteur, Strasbourg mars 2018

culturelles, ludiques ou sportives des Maisons des cadets et Maisons des jeunes implantés dans chaque garnison.
Les plus favorisés étaient les aspirants du Service de Santé.

Serge Choquet se souvient de son arrivée en Allemagne en juin 1964.

« Ce jour là un train spécial avait été affecté pour transporter plus de deux cents bidasses du service de santé de Toul, où nous venions de terminer nos classes d'infirmiers, jusqu'à Bühl, un petit bourg proche de Baden-Baden (…) J'étais satisfait de mon affectation en Allemagne. Cela faisait même partie de mes souhaits.(…)En fin d'après-midi nous arrivâmes à Bühl, où les camions bâchés kaki nous attendaient face à la gare, pour nous emmener à la caserne, un peu à l'écart de la ville. La caserne avait belle apparence, contrairement à celles que nous avions connues dans l'Est de la France. Des bâtiments superbes, apparemment repeints depuis peu, entourant une vaste cour arborée. Les tristes fenêtres de Toul étaient remplacées ici par de grandes baies vitrées (...) En tout cas, ici, tout était net. Peut-être pour l'image de la France, qui devait évidemment être défendue au regard de la population locale...Ce qui se confirma au réfectoire, où on nous servit un repas très correct(....) Le soir j'eus beaucoup de plaisir à découvrir Bühl. Avec C., nous entrâmes dans un Gasthaus pour y déguster une bonne bière. A la table voisine , deux petits vieux bavardaient tranquillement devant leur chope.(....)Aussi, quand le caporal me demanda si je savais utiliser une machine à écrire, je sentis le danger. Je répondis par la négative et sur ma lancée, j'exprimais mon souhait d'une affectation dans une pharmacie hospitalière,(...) je me sentirais plus utile dans un hôpital, cela me permettrait de compléter mes connaissances professionnelles. Surpris, mon vis à vis hocha la tête en souriant. Comme si on avait le choix dans l'armée! Mais la chance était pour moi.Nous fûmes neuf à partir pour l'hôpital militaire de Beringen, une ville dont je n'avais jamais entendu parler jusque-la. »[72]

Roland Lévy, étudiant en médecine, est affecté en 1976 à l'âge de 27 ans en ORL à l'hôpital Francis Picard de Bühl

« après un différend avec mon supérieur lors de mes classes à Libourne. Mais je suis envoyé par mon colonel au secrétariat du dispensaire de Rastatt, ce qui me permet de rentrer tous les soirs à Strasbourg. Je me souviens cependant d'avoir assuré quelques gardes à l'infirmerie de la caserne de Rastatt. »Début 1977,après un retour à Libourne, il est affecté au 44ème régiment de Transmission à Landau. « L'hôpital assez mal desservi en chirurgie ne comptait guère que six médecins, deux ORL, deux dentistes et un vétérinaire.Là aussi il y avait des gardes à assurer à l'infirmerie et à l'hôpital. Mais logé au Mess des sous-officiers, j'étais libre de sortir tous les soirs, ce qui m'a permis de rencontrer en « boite » de nombreux jeunes Allemands. »[73]

---

72 Serge Choquet *in Rencontres Inoubliables* p 78-79

73 Témoignage à l'auteur Illkirch février 2019

Philippe Antoine, après quelques semaines passées en mai 1976 également à Libourne, porte son choix sur le poste de pharmacien qui vient de se libérer à Baden-Baden.

« Je passerai en fait la plus grande partie de mon temps sur les cours de tennis. » Après deux mois il demande sa mutation au laboratoire des subsistances de Bühl où il seconde le colonel responsable. Le service pharmacie était chargé des analyses quantitatives, c'est à dire de vérifier, avant leur distribution, si les différents produits alimentaires, tel le lait, étaient conformes aux normes imposées. « Une fois par semaine je participais à des exercices de tir, mais les fusils étaient montés puis nettoyés et démontés par des 2ème classes! Tous les soirs je rentre à Strasbourg. Ma solde de 550 francs me permettait toutefois de louer aussi une chambre à Baden-Baden, pour les bringues »[74]

Activités sportives et manœuvres sont de règle: participation à des courses à pied tels les 25 kilomètres de Berlin organisés conjointement par l'office des sports de Spire et les Forces Françaises de Berlin, marches sur le plateau de Stetten.

Pour J.Paul Crouzet marches également une fois par semaine, selon l'appréciation des supérieurs à Donaueschingen[75]

« *Nous avions un parcours de santé installé dans la forêt, juste derrière le camp. Puis l'officier responsable avait décrété qu'il fallait marcher toutes les semaines.Tous les vendredis nous partions par monts et par vaux avec un itinéraire prévu à l'avance, mais combien de nous se sont perdus, parfois ramenés par des paysans et arrivaient bien trop tard* ».

Des manœuvres s'effectuent périodiquement soit dans les camps d'entraînement de Champagne, Biscarosse ou Canjuers, soit en Allemagne dans les camps de Stetten ou Münsingen. Les déplacements se font alors par trains spéciaux, composés à la fois de wagons voyageurs et de wagons marchandises spécialisée dans le transport du matériel, avec un encadrement entièrement militaire.

Des activités de loisirs: activités sportives (abonnements à des piscines allemandes, tickets pour les remonte-pentes de ski, voyages à Berlin ou dans d'autres villes touristiques allemandes, billets de théâtre et de concert, sont proposées à l'intérieur des casernes. Mais elles ne concernaient que les garnisons les plus éloignées. Ailleurs la désaffection à l'égard des activités encadrées est quasi générale, sauf pour les séances de cinéma à l'intérieur des quartiers militaires.

---

74 Philippe Antoine Lyon décembre 2018

75 Jean-Paul Crouzet ibid.

Dans toutes les garnisons un Foyer du Soldat offre une possibilité de restauration et d'achats, hors taxe, d'objets de faible valeur. En revanche l'accès aux boutiques des différents mess est réglementé.
Les sorties en ville sont limitées la plupart du temps du fait de l'éloignement des casernes par rapport aux centres villes.
Mais d'autres facteurs également entrent en jeu. Le régime des permissions, qui accorde dix journées supplémentaires en tant que membres des FFA, vidait souvent les casernes à partir du vendredi soir. La modicité des soldes: (250 francs et dix paquets de cigarettes échangeables pour les non fumeurs en 1958 à St Wendel, 600 Fr. et 30 DM en 1990 à Villingen) ne permettaient guère de grandes folies dans les établissements allemands aux prix comparativement plus élevés.

Mais le frein le plus important est chez la plupart la méconnaissance de la langue allemande. Et ceci en dépit des efforts d'initiation entrepris par l'autorité militaire.Une incitation de deux à trois heures hebdomadaires, épaulée par un guide de conversation franco-allemande, est proposée pendant les heures de service et à l'intérieur des quartiers. Gradés et sous-officiers, peuvent bénéficier de cours dispensés par des enseignants des universités populaires allemandes rétribués par l'Office Franco-Allemand de la Jeunesse. Mais la participation restera toujours très modeste. En 1984, hors la zone de stationnement nord (Trèves), seuls soixante-quatre appelés ont participé à ces cours.Dans la plupart des « classes », l'effectif dans le cadre d'un régiment généralement, ne dépassa guère une vingtaine d'élèves assidus par garnison.
Les sorties, le week-end, se font à pied, car rares sont ceux qui possèdent une voiture, en groupe et en civil,

« *Avec la crainte de se faire arrêter par la police allemande en cas de débordements consécutifs à des tournées dans les bistrots.(Nous étions facilement reconnaissables avec nos coupes de cheveux au carré!)*».[76]

« A Fribourg, dans les années soixante les appelés portaient pour sortir en boite, une perruque, car les jeunes Allemands avaient les cheveux longs. Ils étaient très timides lorsqu'ils se retrouvaient parfois à la piscine[77] »

Très fréquentées sont les pizzerias ou les Gasthaus où l'on pouvait se faire comprendre en français.

René Neyertz stationné deux mois durant (fin 1959- début 1960),avant son départ pour l'Algérie, à Achern au 1er régiment du Train se souvient des

---

76 Vincent Knobloch; ibid.

77 Nausica Schmidt, témoignage à l'auteur . Strasbourg juillet 2018

« sorties en tram le dimanche vers les débuts de la Forêt Noire, les tournées dans les bistrots où l'on se retrouvait entre Français. Sinon, ailleurs, c'étaient généralement les Alsaciens ou les Mosellans germanophones qui prenaient le commandement des opérations. »[78]

Parfois aussi il est arrivé, comme le signale Denis Riedinger stationné d'octobre 1990 à octobre 1991 à Villingen au 11ème groupe de Chasseurs que :

« Certaines boites de nuit interdisaient l'entrée aux Français. Et un établissement précisait même sur un panneau « interdit aux chiens et aux militaires français »[79] Mais c'étaient des exceptions. A Karlsruhe certains établissements aussi étaient interdits aux Français mais à cause

« de leur fréquentation par les militaires de la base américaine voisine! Les rixes entre Français et Américains étaient fréquentes. Pour éviter les accrochages avec les G.I. ou avec les passagers allemands lors des départs en permissions, les appelés partaient en convoi jusqu'à la frontière à Lauterbourg, une jeep à l'avant, une autre à l'arrière. »[80]

Jean Stoss, stationné à Neustadt an der Weinstrasse de novembre 1961 à juin 1963, dans un régiment de chars, signale de son côté l'existence d'une certaine animosité de la part de la *population locale, hostilité plus particulièrement nette à l'égard des appelés d'AFN »*[81] *« Il y avait deux casernes à Neustadt. Dans la notre, beaucoup d'Algériens, dans l'autre des Marocains. C'était du temps de la guerre d'Algérie Ce n'était pas simple. Nous étions des corps étrangers. Nous avons essayé d'avoir des contacts mais nous étions des étrangers, des corps étrangers. »*

Marc Gemmerlé, stationné six mois durant à Constance en 1958, évoque avec un sourire en coin, des sorties, le dimanche, sur les bords du lac ou sur l'île de la Meinau:

«Nous sortions à trois ou quatre Alsaciens en uniforme, en chantant, un peu par provoc avec l'intention de surprendre, des Schlagers (chansons populaires) allemands. Mais aussi avec le sentiment un peu bravache que si nous sommes là avec une attitude désinvolte c'est que nous pouvons nous le permettre sans être sanctionnés comme en France. Ici en Allemagne à Constance, une ville au nom français , nous sommes chez nous, puisqu'on a été vos vainqueurs. Les appelés d'origine algérienne eux par contre ne comprenaient pas pourquoi ils étaient en Allemagne et ne sortaient jamais. »[82]

---

78 René Neyertz ibid.

79 Denis Riedinger ibid.

80 R.F.G. Témoignage à l'auteur février 2020

81 Témoignage à A. Lipp-Krüll Offenburg juillet 2018

82 Témoignage à l'auteur Hoenheim avril 2019

Seuls le carnaval et l'Oktoberfest donnent lieu à de nombreuses sorties en milieu allemand. Carnaval surtout, dont les festivités continues occupent la semaine allant du mardi gras au mercredi des cendres.Le « Schmutziger Donnerstag (jeudi sale) » les femmes se font un plaisir de couper les cravates des hommes croisés dans la rue. De nombreux appelés ont d'ailleurs rencontré leurs futures épouses lors de ces manifestations ou lors de bals.

Afin de faciliter leur insertion en milieu local, les municipalités allemandes ont pourtant multiplié les efforts à l'égard des appelés. De petites cérémonies d'accueil leur sont réservées, parfois organisées par le maire en personne. Ainsi à Offenbourg en 1986:

« *Messieurs, vous êtes arrivés à Offenburg pour faire votre service national. Ce n'est certainement pas la période la plus agréable de votre vie. Vous trouveriez bien sûr la ville plus attrayante si vous étiez en vacances, mais on ne peut pas comparer le service national avec des vacances et votre temps libre est compté.*

Malgré tout je voudrais vous proposer quelques occupations pour vos quartiers libres.
Notre théâtre vous offre un programme varié d'opéras, d'opérettes, de pièces anciennes ou modernes, de concerts. Pour les amateurs d'art, Offenburg vous donne la possibilité de visiter des expositions d'art. Si vous jouez un instrument ou si vous désirez apprendre à en jouer, le directeur de l'école de musique municipale se fera un plaisir de vous aider de son mieux.
Peut-être désirez-vous apprendre notre langue ou perfectionner vos connaissances linguistiques. Dans ce cas il serait possible d'organiser, pour un ou plusieurs groupes de soldats français, un laboratoire de langue à l'université populaire d'Offenburg.
Notre ville est fière d'avoir le renom de ville sportive. On peut y pratiquer tous les sports. Nos clubs sportifs se feront un plaisir de vous accueillir parmi leurs membres actifs ... Notre piscine couverte avec sauna est à votre disposition toute l'année ainsi que nos piscines de plein air.
Vous aimez vraisemblablement danser.Il y a à Offenburg beaucoup de belles jeunes filles. C'est en allant danser dans les nombreux dancings et discothèques que l'on peut faire leur connaissance le plus rapidement possible.
Vous pouvez nous faire d'autres propositions par l'intermédiaire de votre officier de liaison.
Nous vous souhaitons un agréable séjour dans notre ville et nous espérons que vous garderez, plus tard, un bon souvenir de votre service à Offenburg.
Si votre service national vous pose quelquefois de sérieux problèmes, pensez que les jeunes gens de la République Fédérale Allemande sont soumis aux mêmes obligations et de ce fait ont des problèmes similaires.

Je vous remercie pour votre attention »

Des familles allemandes ont accueilli, pour un repas,voire pour une journée entière, à l'occasion des fêtes de fin d'année, des appelés obligés par nécessite de service de rester dans leurs casernements. Ils furent sept-cent trente en 1983 mais plus d'un millier en 1988.

La perception du service militaire chez les différents appelés contactés varie en fonction de l'époque où il fut effectué et des différentes garnisons de stationnement.

Le souvenir de brimades de la part de sous-officiers parfois eux-même des appelés, est resté vivace chez certains.

Lisian Busier se souvient

«*qu'après l'extinction des lumières, il arrivait parfois, qu'à peine couché l'officier de permanence nous faisait lever et rassembler dans la cour pour faire des pompes*». Les permissions étaient parfois compromises.

R. Neyertz parle de *« permissions largement accordées au départ, puis supprimées au fur et à mesure, y compris à la dernière minute, lorsqu'en civil on s'apprêtait à quitter la caserne »*.

Mesures confirmées par M. Gemmerlé qui affirme que

«*le poste de garde pour les sorties du dimanche avait une liste de noms qu'il ne devait pas laisser sortir. A Noël, une permission exceptionnelle fut refusée aux Algériens de peur qu'ils ne désertent.* » Il évoque également les relations plus ou moins mauvaises avec les supérieurs qui « *se sentaient tenus d'humilier et de mettre au pas ces recrues chair à canon, destinées à être envoyées en Algérie.* »

Le contexte politique aussi pouvait jouer. Ainsi suite aux troubles de 1958 en France, tous les militaires de Wittlich, une grosse garnison de plusieurs régiments de près de 3000 hommes à l'époque, seront consignés dans leurs casernes.

En cas de désobéissance ou de manquements graves, on passait la nuit au « trou », présent dans le bâtiment de tous les postes de garde, tout en vaquant aux occupations habituelles dans la journée. Les fautes plus lourdes entraînaient le passage devant le tribunal militaire de Landau. V. Knobloch fut condamné à huit jours de quartier disciplinaire à cause *d'« un retard de deux heures au retour d'un congé,* po*ur m'être endormi dans le train et avoir de ce fait raté la station de Baden-Baden. »*

Certains Antillais parfois désertaient et ce même à plusieurs reprises. Incarcérés à la prison de Landau, il leur arrivait de faire, non pas le temps de service militaire prévu, mais parfois quatre ou cinq ans, étant obligés de prolonger leur service de la moitié du temps passé au cachot.[83]

---

83 Denis Riedinger ibid.

Au Tribunal militaire la justice n'était pas toujours claire pour les appelés, Elle pouvait parfois même être incompréhensible pour certains protagonistes.

« A la fin des années 90 parmi les prévenus qui comparaissent devant le Tribunal militaire deux appelés en garnison à Wittlich. Dans le sombre ennui d'une soirée de garnison, ces deux individus sans doute avinés agressent une jeune fille près d'un arrêt de bus, la plaquent au sol et tentent de la violer, Mais à Wittlich l'ordre règne: un détenu allemand qui prenait le frais entre les barreaux s'aperçoit de la scène, les deux appelés n'avaient pas vu qu'ils étaient devant la prison de la ville. Le détenu appelle la garde qui prévient la police allemande, laquelle ne tarde pas à interpeller les deux agresseurs qui s'enfuyaient, Ils comparaissent devant le Tribunal. Les juges sont détachés à tour de rôle de la juridiction de Metz, le procureur est un magistrat militaire (l'un des derniers en exercice depuis la suppression des tribunaux militaires). Les prévenus sont assistés par des avocats de leur choix, la langue des débats est bien sûr le français, ce qui exclut les parents et la victime qui passent par le truchement de leur avocat. L'audience se déroule dans l'atmosphère teintée d'ironie qu'affecte le juge, La jeune femme constate qu'on a extrait d'un sac en plastique son collant, preuve matérielle récupérée sur les lieux.
Lorsque la sentence tombe, les sourires s'effacent, les agresseurs en ont pris pour sept ans. La victime et les siens semblent déroutés par une procédure dont ils ignorent tout, malgré les efforts de leur avocat pour traduire les débats. A l'issue de l'audience, on leur restitue la preuve matérielle du délit !»[84]

Un sentiment de perte de temps ou d'ennui a souvent subsisté. R. Neyertz se remémore, à cette occasion, les sorties hebdomadaires sur le tombeau du Maréchal de Turenne à Sasbach « *où le gradé* de *service reprenait toujours le même discours sur sa vie et ses exploits* ».[85]
Une impression de gaspillage aussi parfois : « *Lorsque le quota d'essence n'était pas consommé, on mettait les camions sur le pont et on les faisait tourner jusqu'à épuisement*[86] »

---

84 Hervé Brouillet-Rohmer. Témoignage à l'auteur août 2020

85 Nommé Maréchal par louis XIV, Henri de la Tour d'Auvergne vicomte de Turenne fut tué par un boulet de canon lors de la guerre de Hollande, au cours de la bataille de Sasbach en 1675. Une stèle lui fut élevé en 1760 par le cardinal de Rohan, seigneur du fief, sur une parcelle dont il fit don à la France, bénéficiant de l'extra -territorialité. En 1782 un premier monument construit par le successeur et neveu du cardinal, fut reconstruit en 1829 sous l'impulsion du gouvernement français. Détruit par les nazis, un nouvel obélisque en pierre avec à la base l'effigie en relief du capitaine fut élevé par le Gouvernement Militaire en 1945. Le domaine, agrandi par des achats de terrains successifs a été vendu, à l'exception du monument a la commune de Sasbach. L'extra-territorialité a été alors supprimée. En 2001 la Haus der Geschichte du Bade-Wurtemberg a inauguré à côté du monument le Musée Turenne érigé en collaboration avec la commune de Sasbach et le Consulat Général de France à Stuttgart. Ce nouveau musée, logé dans la maison historique du gardien, retrace la vie du Maréchal, ainsi que l'histoire mouvementée du monument.

Tous créditent l'obtention des permis de conduire, validés par la suite dans le civil. Ou pour certain l'opportunité de découvrir l'Allemagne et Berlin. Affecté à la section géographique au quartier de Lattre de Tassigny à Baden-Oos, Michel Richard a pu visiter, dans le cadre de ses activités, le Bade-Wurtemberg et la Bavière et à titre personnel la Forêt- Noire et Cologne.Il se souvient cependant d'une certaine animosité de la part des habitants, dans les campagnes et même dans les villes lors de ses déplacements en uniforme.[87]

Nombreux sont ceux qui, aujourd'hui encore, continuent de se retrouver sur les réseaux sociaux, ou sur différents forums spécialisés crées dans ce but. Ils permettent non seulement de se rappeler les bons moments passés en Allemagne mais aussi de prendre des nouvelles d'anciens camarades perdus de vue. L'un d'eux sur le forum des Anciens de Trêves conclut ainsi:«Cette période s'est avérée utile et nécessaire dans la vie d'un homme, et puis ,passer son service dans une ville comme Trêves, riche d'histoire, de passé et aussi de plaisirs, disons-le, est un privilège.[88]

Les militaires de carrière.

Contrairement aux appelés du contingent, le recrutement des militaires de carrière est un recrutement national, plus difficile à connaître.Quelques régions toutefois semblent avoir été un peu mieux représentées que d'autres: le Nord, la Bretagne, la Corse et bien sur l'Alsace-Lorraine. Les Alsaciens et les Mosellans constituaient un quart des effectifs de la gendarmerie, pour des raisons essentiellement linguistiques d'ailleurs, car appelés à travailler régulièrement avec leurs collègues allemands.

L'affectation s'est faite le plus souvent dans le cadre d'un plan de carrière.

« *A l'issue de ma formation militaire à l'école d'application du génie et en fonction la spécialité et du classement au sein de la promotion, une liste de garnisons pour affectation était présentée, avec un ou plusieurs postes en France métropolitaine, en outre-mer et en Allemagne. Ayant le choix entre plusieurs garnisons en RFA (Speyer, Trier, Kehl, Rastatt) mon choix s'est porté sur Rastatt, pour sa proximité avec la France. C'est comme célibataire que je rejoignais ma nouvelle affectation en juin 1971. Jusqu'en 1977 j'ai été logé à l'hôtel de*

---

86 V. Knobloch ibid.

87 Témoignage écrit à l'auteur janvier 2017

88 Bernard Sandeman, posté le 23 février 2011

garnison dans une chambre individuelle.Quelques années plus tard, de 1988 à 1992, je fis une deuxième période en Allemagne, mais comme célibataire géographique à Speyer. Un logement fut alors mis à ma disposition dans une cité-cadre »[89]

Georges Kaufmann, engagé volontaire pour rejoindre le Corps Expéditionnaire en Indochine, est envoyé « contre son gré » à Wittlich. Il reviendra à Villingen de 1974 à1979 tout « simplement parce qu'un poste y était disponible[90] »

Arnaud Sainte-Claire Deville, fraîchement sorti de Saumur en septembre 1981, rejoint le régiment de Hussards stationné à Pforzheim.

« Très vite, je suis plongé dans le bain de la vie de chef de peloton de cavalerie légère, partagée entre le temps au quartier et de nombreuses chevauchées à travers l'Allemagne. Pour autant à côté de ces activités classiques et somme toute correspondant parfaitement à mes attentes, je suis très vite désigné pour une mission pour le moins particulière et surprenante pour le jeune lieutenant que je suis, celle d'avocat au tribunal militaire de Landau. Les justiciables, en grande majorité des appelés, sont libres de choisir un avocat mais lorsque pour des raisons qui leur appartiennent (souvent financières) ils n'utilisent pas cette possibilité, il leur est attribué un avocat commis d'office. Mon travail consiste à aller au greffe du tribunal pour étudier les dossiers de mes « clients ». Je suis autorisé à les rencontrer à ma demande, certains pouvant être incarcérés à la prison de Landau. La plupart des cas concernent des problèmes de désertion ou de stupéfiants, voire de vols. Je répète mes plaidoiries à la maison le w.e. précédant les audiences. Celles-ci se tiennent 3 ou 4 fois par an à Landau. L'audience se déroule de façon classique : lecture de l'acte d'accusation, questions du président (et des membres du tribunal) au prévenu, intervention du procureur, puis pour finir, plaidoirie de l'avocat avant que le tribunal se retire pour délibérer et revienne ensuite pour communiquer sa décision. Je note en particulier que *pour les affaires spécifiques au milieu militaire (désertion, insubordination) les sanctions sont souvent mesurées.... Après la suppression des tribunaux militaires en 1982 un procureur militaire est toujours présent au tribunal de grande instance de Colmar. Les justiciables peuvent toujours choisir un avocat commis d'office, qui relève désormais d'un réservoir d'officiers volontaires. Après ma première expérience j'ai répondu présent à l'appel au volontariat. C'est dans ces conditions que se déroule le fait suivant. En cette année 82-83, le 2ème CA*[91] *est commandé par le GCA Philipponnat, officier de Légion très rigoureux, particulièrement exigeant sur les problèmes de discipline et le respect des règlements. Il a ainsi donné des instructions très précises pour traduire devant le tribunal tout militaire qui sera porteur d'un couteau à cran d'arrêt dont la lame est supérieure à la largeur*

89 Alain Bourgeois Témoignage à l'auteur avril 2017

90 Témoignage à l'auteur, Strasbourg, février 2017

91 2ème CA: 2ème Corps d'armée. GC: Général de Corps d'Armée

de la paume de la main. Au retour d'une permission de mon peloton, j'apprends ainsi que le hussard de 1° classe H, mon pilote inverseur[92], *a été contrôlé par la Polizei allemande dans le train avec ce type de couteau. H est bourguignon comme beaucoup de mes appelés, dur à la tâche et excellent soldat. Il est catastrophé car il connaît les conséquences possibles de son acte : sanctions pénales dont la fameuse inscription au bulletin n°2 du casier judiciaire qui, de fait, revient à se voir interdire l'accès à la fonction publique, sans compter la perspective d'une lourde amende. Mes soldats savent que je m'absente de temps en temps pour aller au tribunal remplir ma mission d'avocat. Aussi c'est tout naturellement que H me demande d'être son avocat. Sans hésiter un seul instant, je me lance à fond dans la préparation de sa défense. C'est un de mes hommes, il a certes commis une erreur, mais sa manière de servir est excellente et je dois convaincre le tribunal de lui accorder le maximum de circonstances atténuantes. Je fourbis mes arguments ; je répète ma plaidoirie à la connaître par cœur ; je peaufine mes effets de manche jusqu'à en fatiguer mon épouse, qui supervise mes répétitions.*
Le jour-J, nous nous retrouvons dans la salle d'audience. H a du mal à trouver ses mots et est déstabilisé autant par le décorum de la justice que par les questions perspicaces du président. Il va falloir que je sois au top ! Le fait de défendre un de mes hussards me donne des ailes ; je m'implique comme jamais, demandant au tribunal de faire preuve de la plus grande clémence, en évitant la fameuse inscription au bulletin numéro 2. Le tribunal se retire et revient quelques instants plus tard pour annoncer sa décision. H est uniquement condamné à laisser l'objet du délit (le fameux couteau à cran d'arrêt) aux mains de la justice ! Mon peloton ne me posera aucun problème jusqu'à sa libération et H m'écrira tous les ans pendant plus de 10 ans. »[93]

Aziz Méliani, né à Guellal en Algérie, est l'arrière-petit-fils d'un Caïd, venu avec 77 membres de son douar participer à la bataille de Woerth. St-Cyrien, officier de l'armée française en Algérie, il est affecté, de 1960 à 1965 en tant que lieutenant, au 4ème R.T.M. Après un séjour à Metz, il revient en 1968 à l'état-major de la IIIème DB à Fribourg. Après un séjour à Donaueschingen, il est nommé chef de bataillon à Landau en 1978, puis sous-chef d'état-major. Lors d'un séjour à Nancy (1980-1985) il découvre le sort des harkis en France et, de retour à Fribourg fonde le Conseil National des Français Musulmans. Après son départ de l'armée comme lieutenant-colonel en 1987 il exerce plusieurs fonctions dans les domaines de la Défense, des Anciens Combattants et des

92 Pilote à l'arrière d'un engin blindé de reconnaissance. Cela permet au véhicule de pouvoir très vite se déplacer dans un sens comme dans l'autre.

93 Arnaud. Sainte-Claire Deville Témoignage à l'auteur février 2020

Rapatriés. Fixé à Strasbourg, il participe activement à la vie politique locale, tout en continuant à s'occuper du problème des Harkis[94]

Le choix est fait parfois entre garnisons françaises ou allemandes.

M. Vyckmans civil dans les transmissions à Rabat, mais rattaché à l'armée depuis 1945, demande l'Allemagne lorsque, en 1958, les Français travaillant dans l'armée doivent, deux ans après l'indépendance, quitter le Maroc.[95]

Henry Grand par exemple choisit Trèves « *Comme cela, pour voir du pays* ».[96]

Daniel Portier, venant de Chalons sur Marne, choisit Wittlich

« Début du paradis militaire, comparé à la France où régnaient des problèmes de discipline, et parce qu'on y était mieux habillés, mieux entraînés et mieux payés, avec la possibilité de sortir à trois en uniforme. [97] *»*

Raymond Nardy arrivé en Allemagne en 1945, militaire de carrière mais aussi scientifique, universitaire, conférencier, y effectuera la plus grande partie de sa carrière.

D'abord enseignant à l'école d'Application d'Artillerie d'Idar-Oberstein, il devient de 1949 à 1951 membre de la Haute Commission Alliée pour le Land de Rhénanie-Palatinat et Délégué du Cercle de Birkenfeld. Attaché militaire à l'ambassade de France à Bonn de 1956 à 1959, il participe à la mise sur pied des forces armées de la RFA et de la Bundeswehr. Affecté à l'état-major en tant que responsable d'un groupement d'assaut amphibie à la base navale de Bizet puis, en 1961, à l'école militaire de l'énergie atomique à Cherbourg il revient à Baden-Baden en 1963 comme conseiller scientifique auprès du Commandant en Chef des Forces Françaises en Allemagne. En 1966 rattrapé par l'âge il quitte l'armée. Mais pourvu de diplômes universitaires et de l'équivalent de l'agrégation il choisit de devenir professeur de sciences naturelles. La Direction de L'Enseignement Français en Allemagne lui propose alors un poste au lycée Ausone de Trèves. Un an plus tard il obtient sa mutation pour le lycée Charles de Gaulle de Baden-Baden où il enseignera jusqu'à sa retraite et son départ définitif de RFA en 1974.[98]

---

94 Aziz Méliani - témoignage à l'auteur, janvier 2020

95 Témoignage de sa fille Odile Muller, Strasbourg janvier 2017

96 Henry Grand Riveris novembre 2018,

97 Daniel Portier, témoignage à l'auteur. Trèves novembre 2018

98 Jean-Baptiste Nardy in *«Des Cités pas comme les autres» La voix des enfants des Forces Françaises en Allemagne».* Essai témoignage. L' Harmattan 2015 p.26 à 37

Il peut aussi s'agir du choix d'un retour en Allemagne, soit après un premier séjour comme prisonnier de guerre ou d'une enfance passée auprès de parents eux-mêmes membres du Gouvernement Militaire ou anciens FFA, soit à cause d'une origine allemande plus ou moins proche de l'un des membres de la famille.

Le père de Catherine Beau, officier dans les Transmissions, « très germanophile déjà avant la guerre », est nommé à Rastatt en 1948. Il séjournera à Baden-Baden en 1962, puis à Trêves de 1964 à 1965 avant de revenir à Baden-Baden.[99]

M.Lagrange a été prisonnier à Dell, enfermé à Tanks George à l'époque, une usine d'armements. Bien que dans l'armée il a été très vite en faveur l'entente franco-allemande comme en témoigne sa fille.[100]

« Après un séjour de trois ans en Indochine il est muté à Achern en 1952. « Nous passons la frontière le 1/10/1952 en écoutant sérieusement tous les cinq : « Nous arrivons en pays étranger, nous représentons la France. Pas de noms comme les Boches, de disputes avec les enfants allemands, surtout du respect et de la politesse ». Nous logeons d'abord à Illenhau une ancienne maison de retraite pour handicapés fortunés, puis pendant un séjour de Papa en Algérie nous nomadisons à Offenbourg, seuls avec maman, puis six mois après à Wollmatingen sur les rives du Lac de Constance. Nous rentrerons à Tours en mai 1958 »

Henri Saraguetta arrive en 1948 à Bieberbach à l'âge de deux ans.

« Mon père, qui servait dans un bataillon de Chasseurs Pyrénéens, avait été fait prisonnier en 1940 à hauteur de Breisach, et il a rejoint une ferme à Sanzenbach à côté de Schwäbisch-Hall. Son patron, fermier et restaurateur, qui avait fait la 1ère guerre mondiale, était contre le régime nazi et les deux s'entendaient comme deux frères. A la fin de la guerre, après cinq ans de captivité, mon père qui parlait l'allemand n'a pas repris le travail dans sa ferme au Pays Basque mais il est rentré dans la gendarmerie pour aller en Allemagne. » Lui-même y effectuera de nombreux séjours en fonction des différentes garnisons de son père, puis comme *« engagé dans l'armée en 1964, pour revenir en Allemagne car j'aimais ce pays et les Allemands »* [101]

Daniel Zimmermann est né à Oberkirch en 1970, dans une famille franco-allemande.

« Mon père Pierre Zimmermann, Allemand, naît à Alzey petite ville à proximité de Mayence. Son père Philippe enrôlé dans la Wehrmacht, décède durant la 2ème guerre mondiale contre la France. Devenue veuve, sa mère Paula épouse en deuxième noce Alfred

---

99 Catherine Beau , Strasbourg mars 2017

100 Christiane Lagrange- Marcelli. Perpignan Courrier janvier 2018

101 Montpellier juin 2017

Jallat membre des FFA, travaillant aux Économats de l'armée. Par ce remariage, elle et moi par la suite, obtenons la nationalité française. Mais n'ayant pas été adopté officiellement, Pierre gardera son patronyme de Zimmermann.
Après quelques années passées dans la Creuse afin d'apprendre le français, et des séjours dans diverses garnisons au gré des mutations de son beau-père, Pierre termine sa scolarité au Lycée Charles de Gaulle de Baden-Baden. Après son service militaire dans l'armée française, il devient informaticien au Ministère de la Défense et sert à l'état-major de Baden-Baden. Durant son service militaire à Oberkirch, il rencontre à Freistett, où, sa famille fuyant les Pays de l'Est s'était réfugiée, une jeune Lituanienne, Ruth Barkus. Celle-ci à son tour devient française par mariage.
Quant à moi Daniel leur fils, après mes études au Lycée Charles de Gaulle, j'ai fait mon service militaire dans la Gendarmerie des FFA à Fribourg, puis après la dissolution de la garnison, dans celle des FFSA à Baden-Baden. Devenu gendarme de carrière en 2001 je suis affecté en prévôté à la gendarmerie d'Immendingen. En 2005 ma fille naît à Tuttlingen.La deuxième, par contre, naîtra en Bretagne, au hasard d'une affectation. »[102]

Une limitation de séjour de trois à cinq ans pour les officiers supérieurs, de six à huit ans pour les sous-officiers, de huit ans pour les gendarmes, imposait, théoriquement, une rotation et un retour en métropole relativement rapides. Mais il était possible d'effectuer deux, et même trois séjours en Allemagne, entrecoupés simplement par des départs Outre-Mer ou de courts retours en France, voire entre les différentes garnisons et Berlin.

Le général Jean Brette a servi à quatre reprises en Allemagne pendant près de huit ans au total:

«D'octobre 1949 à mars 1950 comme St Cyrien Chasseur de 2ème classe à Rastatt puis à Langenargen au lac de Constance. De septembre 1963 à juin 1966 au 2eBureau de l'état-major du Commandant en chef des FFA, comme capitaine chargé du suivi de l'Armée de l'Est. De juillet1976 à septembre 1978, comme colonel, chef de l'état-major de la 3ème Division à Fribourg. De mai à juin 1989 à Baden-Baden, comme général de corps d'armée, commandant le IIème Corps d'armée et Commandant en chef des Forces Françaises en Allemagne[103] »

Le père d'Henri Saragueta gendarme, est affecté successivement à Biberach (1948-1950), Lindau (1950-1952), Coblence (1952-1957) Mayence (1957-1960). Lui aussi effectuera l'essentiel sa carrière en Allemagne: nommé au 110ème Régiment d'Infanterie de Donaueschingen en novembre 1965 à 1977, il

---

102 Témoignage écrit

103 Discours à Baden-Oos à l'occasion de la commémoration du 20e anniversaire de l'entrée des troupes françaises à Baden-Baden le 24 juillet 2015

revient de 1978 à 1983 à Villingen, rejoint Baden-Oos de 1988 à 1993 et enfin Müllheim de 1993 à 1997.

Henri Schwindt, alors célibataire, est affecté à Radolfzell de 1962 à 1965.Il effectue ensuite, cette fois-ci en famille, quatre ans à Stetten am Kalten Markt de 1969 à 1973 puis six ans à Baden-Baden de 1989 à 1995.

Des statistiques effectuées chaque année au Lycée Ch. De Gaulle de Baden-Baden confirment le phénomène :10 à 20% des enfants de militaires sont nés en Allemagne.

Contrairement aux appelés, les militaires de carrière bénéficient de logements dans des « cités cadres », logements dont la situation et la taille sont fonction du grade du chef de famille. [104]

Pour une partie d'entre eux, les contraintes de la vie professionnelle, la limitation du temps de séjour, l'éloignement souvent des centres villes, la méconnaissance, voire le peu d'intérêt pour la langue allemande ont limité, plus encore que pour les appelés, les contacts avec la nation hôte. Contacts qui n'ont pas toujours non plus été facilités par la population locale.

« Mon père Jean-Michel Lege, qui s'était engagé en Allemagne à l'âge de 18 ans dans les transmissions, est arrivé à Rastatt en novembre 1970 au 42ème Régiment de Transmission, après avoir fait ses classes à Montélimar pendant 9 mois au 45ème régiment d'instruction des transmissions.Il y est resté jusqu'en 1976, et apparemment, d'après ses dires, la vie en arrivant en Allemagne n'a pas été si facile. Il y avait en 1970 cinq casernes à Rastatt et les militaires français arrivés n'étaient pas les bienvenus. En effet mon père m'a raconté que c'était l'époque de la Bande à Baader (des révolutionnaires) et que dans certains endroits et lieux publics à Rastatt il y avait carrément des pancartes qui signalaient « interdit aux militaires et aux chiens », et en plus ils valaient mieux ne pas être seul lors d'une sortie en ville en dehors de la caserne(...)mais heureusement que cela s'est amélioré avec le temps et surtout lors de notre 2ème séjour en 1985.[105] *»*

Georges Kaufmann.

« parti sur ordre n'a pas regretté son séjour. » Mais il garde vis à vis de l'Allemagne des sentiments ambigus : *« l'impression générale est d'avoir vécu en bons termes avec les quelques Allemands fréquentés, mais subsiste un certain ressentiment face aux nombreux objecteurs de conscience allemands alors que les militaires français étaient chargés eux de défendre la RFA face au Bloc de l'Est, mais aussi l'appréciation des efforts de reconstruction réalisés par le pays, la puissance de travail, la réussite. »* Des raisons d'ordre familial interviennent également : *« Mon père professeur de lettres à*

---

104 Cf. infra p.76 et suivantes.

105 Patricia Lege courriel février 2020

Strasbourg avant-guerre, fait prisonnier, a dû travailler lors de sa captivité dans une ferme allemande. » *Les vacances, voyages et randonnées se passent toujours en France.* » Et contrairement à une majorité de frontaliers alsaciens, les courses ne se font jamais de l'autre côté de la frontière.

D'autres au contraire ont gardé des relations étroites avec la RFA. En témoignent : les mariages binationaux fréquents, même si, dans la majorité des cas, les époux s'entretiennent uniquement en français, les jumelages entre garnisons telle l'Amicale Franco-Allemande de la Garnison de Weingarten, ou les rencontres annuelles de la Section André Maginot des Anciens FFA de la garnison de Trèves et leurs amis. D'autres enfin ont décidé de s'y établir au moment de la retraite tel Daniel Portier qui s'est fixé à Mertesdorf, près de Trèves « *à la demande de mes amis allemands* » et retourne rarement en France « *où j'ai peu de famille et d'amis*[106] »

Les personnels civils

Ils constituent la grande originalité des FFA
Saisis dans les statistiques sous le terme général de Personnels Civils Français (P.C.F.) ils viennent d'horizons divers: fonctionnaires ou agents sous contrat dépendant de départements ministériels autres que la Défense, employés et agents d'organismes privés à caractère commercial maintenus sur le territoire de la RFA pour répondre à des besoins ne pouvant être satisfaits par des entreprises allemandes, tels les personnels des économats de l'armée, [107]maîtres-artisan et ouvriers, tailleurs ou bottiers, personnels des services de nettoyage et de blanchisserie. Leur recrutement s'opérait directement par les services concernés. Mais très souvent aussi de façon purement « locale » : personnels habitants déjà en zone de stationnement, soit dans le cadre d'une famille dont le chef possède lui-même la qualité de membre des Forces, c.à d. épouses ou enfants de plus de seize ans, veuves de personnels militaires ou civils, cas sociaux. Il pouvait également se faire directement. Avec ses 58 points de vente répartis sur l'ensemble du territoire de la Zone, le Comptoir des Économats constituait leur principal employeur : plus de 2000 en 1960 et encore 1625 en 1990.

---

106 D. Portier ibid.

107 Le Comptoir de l'Économat de l'Armée FFA est un comptoir à l'Étranger dont la zone d'activité était délimité par le ministère des armées.

Oscillant entre 2500 et 3400 personnes selon les années, leurs effectifs ont toujours varié en fonction de l'évolution de la population militaire présente en Allemagne, plus nombreuse en zone de stationnement Sud, plus étendue géographiquement qu'en zone Centre ou Nord. Sur le plan local leur nombre varie selon l'importance de la garnison : 31% par exemple à Bühl, siège du comptoir central des économats, 29% à Baden-Baden, centre du commandement militaire, mais 3% à peine dans une petite garnison telle Saarburg.
Dits « A la Suite des Forces », les PCF sont placés sous l'autorité du Général CCFFA[108] qui définit les modalités de leurs droits auprès des Forces, mais n'a aucun pouvoir sur le statut du personnel. Ils bénéficient de la carte FFA et du droit au logement.

Les personnels civils avaient l'avantage par rapport aux personnels militaires de ne pas être soumis à une quelconque limitation de séjour.
Un certain nombre d'entre eux purent ainsi effectuer la totalité de leur carrière en Allemagne et n'avoir jamais vécu ailleurs qu'en Zone Française.
Dans les années 80 encore on pouvait rencontrer dans les différents bureaux des personnels en place depuis les débuts du Gouvernement Militaire : soit des militaires reconvertis dans le civil à la fin de la guerre, soit des employés recrutés par tel ou tel service du Gouvernement Militaire et restés sur place. Un employé de l'atelier d'imprimerie de l'Armée de Terre à Baden-Baden, qui terminait sa carrière en 1984, a été recruté par appel d'offres à Paris en 1946.

Marcel Fritsch originaire de Brunstatt, dans le Haut-Rhin est chargé, de 1946 à 1987, des relations avec les autorités judiciaires de la RFA avec lesquelles il développera une collaboration étroite. Collaboration qui lui vaudra d'être nommé à la fois, Officier du Mérite et membre du *Bundesverdientzkreutz* 1ère classe[109] :
Étudiant en Lettres Classiques à l'université de Strasbourg repliée à Clermont-Ferrand, il est arrêté lors de la rafle opérée au Foyer de la Gallia, dans la nuit du 24 au 25 juin 1943. Déporté à Buchenwald et Dora, il réussit, après l´évacuation du camp et un long périple de neuf jours, à rejoindre Paris. A Paris, informé des recrutements par les autorités militaires françaises, il rejoint Baden-Baden. Envoyé par le Gouvernement Militaire faire des études de droit à l'université de Strasbourg, il est nommé ensuite à Neustadt, où il exerce, de 1946 à 1952, les fonctions de collaborateur administratif près des autorités judiciaires françaises

---

108 Général Commandant en Chef les Forces Françaises en Allemagne

109 Relaté par sa fille Martine. Strasbourg février 2020

(Personnel civil du Ministère de la Défense) de Rhénanie-Palatinat. De 1952 à 1954 il siège au Tribunal Militaire, qui fonctionne au château de Rastatt. C'est là, en achetant ses cigarettes, qu'il rencontre sa future épouse allemande, originaire de Muggensturm, laquelle travaille aux économats de l'armée. A partir de mai 1955 il exerce au Bureau des Affaires Juridiques et Judiciaires des FFA à Baden-Baden. Jusqu'à sa retraite en novembre 1987, il collabore étroitement avec les autorités judiciaires de la RFA « Marcel Fritsch, a toujours été un collaborateur ouvert et coopérant pour les autorités judiciaires et administratives des ministères allemands. « Pôle de tranquillité » de la section juridique française il a œuvré de longues années durant à transformer, en l'espace d'une génération, l'inimitié séculaire entre nos deux peuples, en une réelle amitié »[110]

Lucien Schlosser, né à Berlin en 1929, fils d'un père alsacien et d'une mère berlinoise, de souche a vécu, sauf durant un court intermédiaire, toute sa vie en Allemagne[111] :
Après l'*Abitur* (baccalauréat allemand) il effectue son service militaire à Vannes dans les parachutistes et sert deux ans en Indochine (1950-1952) A son retour il entre dans les Transmissions et épouse, en 1953, une Berlinoise originaire de la partie est de la ville, ce qui ne sera pas sans avoir des implications sur sa carrière. L'aînée de ses filles naît en 1954, la seconde en octobre 1961 peu après la construction du Mur. Elle se souvient des dimanches où les rendez-vous avec les grands-parents maternels se limitaient, à partir d'une tour, à agiter des mouchoirs de part et d'autre du Mur. La maman, en tant qu'épouse d'un membre des Forces Françaises n'aura plus jamais la possibilité de retourner à Berlin-Est. Une deuxième fille naît en 1961 toujours à Berlin. La famille quitte Berlin en 1967 pour Fribourg où naît en 1968 la troisième fille, avant de rejoindre la toute petite cité française de Sinzheim, à côté de Baden-Baden, où L. Schlosser est affecté en 1973. Il décède à Bühl en 1986, ce qui entraîne pour la famille la perte du statut FFA et un déménagement à Kehl. Josiane, la seconde fille, épousera un Alsacien, employé dans une entreprise allemande qui travaillait pour les FFA et rencontré à Bühl.

Jean Claude Fugeray, secrétaire administratif est né en août 1954 à Freiburg en Allemagne, en zone française, sous le statut des forces d'occupation (TOA) passées sous statut de forces de stationnement en 1955. En principe, avec plus de 64 ans de qualité de membre (PCE pendant 18 mois et service militaire

---

110 Discours du Procureur Général du Parquet Général de Karlsruhe lors de la remise de la Croix de l'Ordre du Mérite Fédéral de 1ère classe in «*Badisches Tagblatt*» du 21 octobre 1987

111 Témoignages de ses deux filles, Strasbourg janvier 2020

exclus), il doit être le ressortissant le plus ancien ayant vécu en cités cadres (66 ans) sous les statuts successifs des FFA, FFSA et FFECSA. Avec plus de 46 ans de carrière en Allemagne il peut être considéré comme l'agent de l'état français ayant à son actif le plus d'années de service effectué au sein des institutions militaires implantées en Allemagne.

« Mon père, originaire de Metz, ancien FFI, s'était engagé en 1944 dans la brigade Alsace Lorraine commandée à l'époque par le très célèbre A. Malraux et pénètre en Allemagne avec la 2ème D.B. Avant sa démobilisation du service actif le 15 mars 1945, son régiment occupa la petite commune, de Waldkirch, petite bourgade du pays de Bade. Après la fin des hostilités il fut affecté à la résidence du commandeur militaire régional en qualité de cuisinier.

Libéré de ses obligations militaires, mon père fit la connaissance, vers la fin des années 40 d'une charmante jeune ressortissante allemande originaire de Waldkirch, commune d'à peine 6000 habitants à l'époque, située en pleine Forêt Noire au pied de la montagne Kandel, à une quinzaine de kilomètres de Freiburg. Ses habitants se remettant lentement du joug des persécuteurs allemands commençaient alors à subir les désagréments de l'occupation alliée.

Ses parents, d'origine très modeste, avaient élevé 4 filles. Son père, originaire de Waldkirch et sa mère avaient subi la domination nazie, les angoisses et les privations de la guerre qui ont aussi, et plus qu'on ne le croit, ébranlé le peuple allemand de l'époque. Sans jamais adhérer à l'idéologie qui animait l'oligarchie au pouvoir dans les années 30, ils subirent les effets néfastes du régime et de la domination de ses laquais qui n'avaient pas épargné Waldkirch. Comment prendre des risques quand un parent, en l'occurrence mon arrière-grand-père, affichait ouvertement sa sympathie pour la mouvance bolcheviste, à tel point qu'il fallut le cacher aux autorités locales pendant toute la durée de l'ère nazie afin d'éviter les représailles sur le reste de la famille.

Ce fut le coup de foudre, ils se marièrent en 1953 et eurent trois garçons. Après sa démobilisation il reçut une proposition d'embauche aux économats des armées. Sa première affectation l'amena alors à diriger une petite succursale, située à proximité de la place du marché en plein centre de Waldkirch.

Après ma naissance, en 1954 à la maternité « Sankt Elisabeth » de Fribourg, mon père a poursuivi sa carrière au service des économats de l'armée, ce qui contraignit la famille à le suivre au cours de ses différentes et nombreuses mutations. Après Waldkirch ce fut Fribourg où nous habitions Admiral Spee-Strasse, dans l'immeuble qui abritait la première succursale des économats construite en Allemagne pour cet usage et que mon père dirigeait avec le grade de chef de rayons.

Après Fribourg, mon père a été affecté dans une petite garnison située à l'est du Pays de Bade sur les bords du Rhin. Il s'agissait de Breisach où une cité-cadres française, flambant neuve, nous accueillit. En 1957, la direction des économats de Bühl décide cette fois de muter mon père de Breisach à Weingarten, petite bourgade située au sud-est du Land du Bade-Württemberg non loin du lac de Constance.

Notre passage à Weingarten ne fut que de courte durée puisqu'en 1959, mon père reçu un ordre de marche pour Lahr, une commune plus banale située à proximité de la frontière française, et lieu d'implantation de la plus grande base de l'armée de l'air des Forces Françaises en Allemagne. En 1967 le président Charles de Gaulle décide de quitter l'OTAN. Les conséquences furent la dissolution de la garnison de Lahr et notre mutation au 3° RH de Pforzheim. En 1970, le CEA affecta finalement mon père aux entrepôts centraux des économats de Bühl mais comme il n'y avait pas de logements disponibles dans cette garnison, la famille s'est vue attribuer un pavillon individuel à Baden-Baden situé « au firmament » dans la Cité Paradis à Baden-Baden.

En octobre 1974, débute ma propre carrière de qualité de Personnel Civil Étranger au service des fournitures de bureau du GEQG de Baden-Baden.

Et je retrouve devant le bâtiment 01 du 41° GEQG où comme par hasard nous avions été recrutés, à quelques mois d'intervalle comme personnel civil étranger, ma future épouse Danielle, connue sur les bancs du lycée Charles de Gaulle . Nous nous marions en 1982

Le papa de Danielle, était originaire de Nancy et c'est également la guerre qui l'a amené à servir en Allemagne. En effet, mobilisé au sein d'une section de la DCA française il fut fait prisonnier par les Allemands après la débâcle de 40 puis transféré à Besigheim/Neckar où il a vécu chez l'habitant (les grands-parents maternels de Danielle) et y a travaillé comme les autres prisonniers chez « Farben Kienzle » une usine de colorants. Du fait de ses connaissances en langue allemande, ses camarades l'avaient élu leur « homme de confiance ». Il représentait ainsi les prisonniers de guerre, en servant d'intermédiaire entre ses camarades et les autorités de la ville, rôle parfois difficile et qui intégrait le respect de la convention de Genève. C'est chez ses parents qu'il fit la rencontre de leur fille, veuve de guerre, qui avait perdu son premier mari sur le front Ukrainien, avec laquelle il se maria en 1946. Les habitants de cette petite ville avaient toujours bien traité les prisonniers de guerre, ce qui favorisa par la suite un jumelage avec la ville d'Aÿ en Champagne dont le 50ème anniversaire fut célébré en 2016 à Besigheim avec une délégation française.

De Besigheim, nous déménageâmes à Stuttgart puis à Baden-Baden où Danielle était née en 1955.

Son père, employé après la guerre par le FBI au service américain des sépultures était chargé de retrouver et d'identifier les dépouilles des soldats US tués et enterrés pêle-mêle au cours de l'avancée des troupes alliées en Allemagne. Ensuite il entra au consulat comme chauffeur puis employé consulaire pour finir sa carrière avec le grade de vice-consul.

Danielle et moi nous nous mariâmes en avril 1982. En septembre naquit notre fille Mélanie. Notre séjour à Baden-Baden se poursuivit jusqu'en septembre 1999, date de la dissolution des FFSA. Les autorités militaires nous proposèrent de rester dans notre pays d'origine à condition d'accepter un poste, en août, au sein des éléments composant la brigade franco-allemande de Müllheim.

Nos débuts au sein de la Brigade n'ont pas été très enchanteurs et valorisants car nous avons eu du mal à nous adapter à l'ambiance particulière régnant dans cette petite garnison.

Probablement du fait de l'accueil qui nous a été réservé, car nous avions été considérés comme « les pistonnés de Baden », et donc mis à l'écart. Danielle travaillait dans le « social », et moi-même à la gestion stressante des logements.
Notre fille Mélanie suivit ses études à Mulhouse puis à Guebwiller. A l'issue de son parcours, elle fut affectée en qualité d'enseignante bilingue dans le Sundgau. Durant cette même période, elle rencontra Eric qui était gendarme, et leur mariage fut célébré en 2010.
En 2018, après la naissance de leur fille en 2017, Mélanie et son mari décidèrent de saisir l'opportunité d'une d'affectation au sein de la Brigade franco-allemande.[112] *»*

Parfois le bouche-à oreille a pu jouer.
Ce sont des contacts dans la police allemande qui apprennent en 1994 à Bernard Imhoff, alors membre de la police judiciaire à Strasbourg, qu'un poste de Protection et de Sécurité de la Défense se libère à Baden-Baden à la suite d'une mutation en France. Il obtient le poste grâce à ses connaissances en allemand ![113]

De nombreux militaires, à la fin de leur temps de service, trouvent un emploi à leur convenance et décident de rester en zone de stationnement.

Henri Grand par exemple a travaillé à Trèves, après avoir quitté l'armée en 1977, au sein des Économats jusqu'en 1999.

Georges Bentolila chef de Service Administratif des Services Déconcentrés du Ministère de la Défense, né en Algérie, vient en Allemagne à la suite d'un choix délibéré.
Il découvre le pays à 15 ans à l'occasion d'un voyage en Autriche et en Allemagne dans la région du Lac de Constance, organisé par un club de jeunes

« J'ai tellement aimé que j'ai demandé à faire mon service militaire en RFA. En signant un contrat plus long que le service normal on m'a accepté et je m'étais engagé pour le service photographique(...) Je suis allé à Reutlingen pour faire mes quatre mois de classe et après j'ai été affecté à Wittlich près de Trèves.
Après deux ans je retourne à Oran, mais il y avait la guerre d'Algérie. N'ayant pas de famille en France et ne connaissant pas la France, je retourne à Wittlich. A Wittlich je vais au Mess... Et au gérant du Mess j'ai dit « il faut que je quitte l'Algérie ». J'avais préparé une valise, et je savais que je ne retournerai pas. Il m'a dit « mais tu es fou, il n'y a pas de travail ici. Il faut aller à Baden-Baden. » J'avais écrit une lettre avec l'appui d'un Capitaine que j'ai revu en Algérie après mon service et qui m'a dit « je vais écrire au général de Wittlich pour qu'il te trouve du travail en Allemagne. » (…) Je suis allé à Wittlich et j'ai loué une chambre dans un Gasthaus. Cette lettre disait :A la Sécurité Sociale Militaire on recherche

---

112 Jean-Claude Fugeray. Témoignage à l'auteur septembre 2020.

113 Témoignage à l'auteur décembre 2019.

un jeune, alors éventuellement écrivez pour demander. Quand j'ai eu cette lettre j'ai pris le train et donc j'arrive à Baden-Baden sans rendez-vous. Je vais à la Sécurité Sociale Militaire et je dis « voilà j'ai une lettre et je cherche un travail ». Alors le Monsieur qui m'a reçu m'a dit qu'il va demander au Directeur s'il peut me recevoir. Il me reçoit et me dit asseyez-vous. Je lui donne la lettre et d'un coup il me dit « mais, sur cette simple lettre vous avez fait 2000 km sans être sûr d'avoir le travail ? Vous êtes fou ou vous êtes téméraire ». Il m'a dit d'attendre dans le couloir. J'ai entendu sa discussion avec le chef de service et il m'a embauché. Et j'ai travaillé aux FFA. L'inconvénient aux FFA c'est qu'on n'y apprend pas l'allemand, c'est un des problèmes pour tous les gens comme moi. Au bout de 5 ans je faisais toujours la même chose c'est-à-dire étudier des dossiers médicaux concernant le remboursement etc, je me suis dit il faut que j'aille ailleurs, et j'ai cherché et trouvé un poste à Lichtental, à Geroldsau, mais toujours aux Services du Génie des FFA. Le Génie s'occupe de tout ce qui est immobilier. Et on m'a donné un petit poste sympathique. Je m'occupais des finances. J'ai passé des concours. Puis j'ai été muté à Strasbourg. Marié avec une jeune fille qui travaillait à la Bundeswehr j'ai fait tous les jours le trajet Lichtental-Strasbourg. A Strasbourg un monsieur m'a dit « l'avenir des civils est dans l'armée. Il y a beaucoup de postes qui vont être donnés aux militaires… » Il s'en est occupé à Paris et au bout de deux ans le Ministère de Paris a envoyé un papier à l'état-major disant que j'étais remis à la disposition des Forces Françaises....Pendant quatre ans et demi j'ai été affecté à Oberkirch. Entre temps j'avais passé plusieurs concours et crée à l'état-major la formation continue, qui avant ne se faisait pas pour les civils(...)Fin mai 1980 je suis convoqué à Baden-Baden auprès du Général Brasard qui me dit « J'ai vu le travail que vous avez fait en trois ans, sans moyens, et je veux que vous me mettiez de l'ordre dans les Personnels Civils »

Il faut savoir que le personnel civil de l'époque découlait du fait de la guerre, des gens qui après la guerre ne sont pas rentrés chez eux parce que peut-être ils n'avaient plus de famille, ou des problèmes, ou simplement envie de rester. Et quand on était Chef du Personnel on avait toutes les libertés. Je suis devenu responsable du personnel et sous-chef d'état-major. En Allemagne il y avait 10.000 personnels civils, 4.000 qu'on appelait à la Suite des Forces, mais je ne les gérais pas, je les contrôlais simplement au niveau des cartes d'identité qu'on donne ou donne pas(…)Il s'agissait des enseignants, des dirigeants des Économats, du Foyer Central etc. Il y avait donc 4000 personnes, et nous on gérait les 6000 restants. Dans les civils il y avait moins de 2000 contrats français, et le reste c'était ce qu'on appelait des personnels civils étrangers. C'est-à-dire sous statut allemand. Et là ce qui était passionnant c'est que j'ai eu à négocier les contrats de travail au Ministère Fédéral des Finances avec tous les Alliés, les Américains, les Canadiens, les Belges et les Britanniques et Hollandais, et on avait tous le même Tarifvertrag,[114] *on négociait tout ça à Bonn. Ce qui m'a frappé comme expérience, j'avais avec moi Mons. Oser, juriste, qui s'occupait du droit dans le service du*

---

114 Conventions tarifaires.

personnel, c'est que les Américains et les Anglais trouvaient naturel, déjà, de baisser les salaires ou de supprimer du personnel. Il a fallu se battre (...) mais cela m'a valu le « Bundesverdientstkreutz »[115] *allemand et la Croix du Mérite français. En 1988 lors d'un déjeuner à Paris un haut haut-fonctionnaire me propose alors de prendre le Foyer Central. « Le Foyer est un organisme qui est complètement en ruines. Vous avez 2 ans, si ça ne marche pas, ce n'est pas grave, vous trouverez toujours un poste de fonctionnaire, mais j'ai vu ce que vous avez fait à l'état-major, je vous connais maintenant. Et là-bas il faut tout changer » Et c'est comme ça que j'ai pris la direction du Foyer Central. J'ai eu l'idée de l'appeler « Maison de France » au lieu de « Foyer de Garnison », car les foyers de garnison, à l'époque, ça sentait les pommes frites et tout, et il y avait un Monsieur qui avait été arrêté par la police parce qu'il avait des faux Deutschemarks. Il était complice d'un employé du restaurant d'en bas, et là on a trouvé un revolver, il y avait vraiment des choses à remettre en ordre, mais j'avais un petit problème avec Mme Lang, Oberbürgermeisterin de Baden-Baden à l'époque. Mme Lang était aussi Présidente du Cercle Franco-Allemand. Le Cercle Franco-Allemand se réunissait à l'étage du dessus, ça sentait pommes frites, mais peu importe. Les gens du Club pouvaient boire du cognac pour 1 DM, ils ne venaient plus que pour cela, il n'y avait plus d'activités culturelles.. Alors un jour on a fait une réunion. Madame Lang m'a dit « ça fait des années qu'il y a des jeunes qui viennent danser là haut, on ne peut pas tout démolir, on est content comme cela » Je lui ai répondu « Madame maintenant je suis Directeur du Foyer Central, donc j' en ai la responsabilité, et je n'accepterai jamais que moi responsable on trouve des revolvers et de la fausse monnaie ou toute autre chose dans ces lieux. » Elle m'a regardé en disant que ce n'était pas elle, bien sûr que non, mais j'ai dit « je veux que ce soit clair, je veux structurer, on va tout refaire, mais on ne fera pas le haut sans que je vous consulte pour vous demander de la moquette bleue ou verte, on se réunit, mais tout le bâtiment je le refais (....) En 1998 j'ai quitté Baden-Baden pour Aix en Provence, bel appartement, mais après trois ans et demi je suis revenu, parce que je ne me plaisais pas là-bas. C'est une autre culture, je n'ai jamais vécu en France et pour ça je suis revenu, j'adore Baden-Baden ».*[116]

D'autres sont arrivés aux FFA, en famille ou dans le cadre d'un projet professionnel.

Régine Wolfgang arrive à Wittlich en 1962, à la suite d'une mutation de son père militaire.

« J'avais six ans. Nous somme restés à Wittlich jusqu'en 1968. Mon père a été muté à Baden-Baden deux ans plus tard. Après le bac passé en 1974, je suis revenue comme surveillante au lycée Ch. De Gaulle en1976, puis comme maîtresse auxiliaire d'anglais. En

---

115 Croix du Mérite allemand.

116 Propos recueilli par Angelika Lipp-Krüll, Baden-Baden avril 2017.

1977 je me suis mariée au Consulat de France de Baden-Baden et mes deux filles sont nées à l'hôpital militaire Francis Picaud de Bühl. Mais après la chute du Mur nous ne voulions pas attendre la fin des FFA. Une opportunité s'est présentée en1994, lorsque mon mari qui travaillait à la DEFA obtint un poste administratif à l'académie de Poitiers. Mais nous revenons régulièrement à Baden-Baden. L'aînée de mes filles est devenue cadre traductrice interprète pour Airbus. »[117]

Nicole Oser, née à Pnom Penh où son père était magistrat, a passé ensuite, jusqu'en 1972 date de la révolution, toute son enfance à Madagascar. Elle y apprend, à la demande de son père, l'allemand en deuxième langue. Revenue en France, elle s'inscrit à Grenoble en langues étrangères appliquées et en droit. Lors d'échanges dans le cadre d'un jumelage entre la faculté de droit de Grenoble et celle de Fribourg en Brisgau, elle rencontre son futur mari Jürgen Oser. En 1986 elle est engagée par le chef de service de celui-ci, G. Bentolila, qui était en train de recréer le service juridique des FFA[118].

« *Nous n'étions pas dans le même service, Jürgen et moi. Je m'occupais de l'interprétation des accords de stationnement, d'accords qui régissaient le statut des FFA, statut militaire, statut civil, statut judiciaire, statut juridique, donc ma matière était complètement différente de celle de Jürgen. Nous on conseillait énormément d'unités stationnées un peu partout en Allemagne - Berlin avait un statut un peu particulier à cause des quatre alliés – il y avait la zone sud et la zone nord, la zone centre, donc des Généraux un peu partout, des brigades, des unités, de la gendarmerie, des douanes, vraiment tout, et aussi l'enseignement des FFA, et moi j'avais surtout pour tâche de régler les points juridiques qui pouvaient se soulever du fait de la mise en œuvre de ces accords, parce que ces accords prévoyaient dans certains secteurs l'obligation de respecter le droit allemand par ex. le code de la route, les règles de construction, comment construire ou réaménager quelque chose, et là c'étaient les règles du droit allemand. Ou encore toutes les règles de la sécurité incendie étaient des règles allemandes puisque c'était le service des pompiers allemands qui devait intervenir s'il devait y avoir un incendie, donc il y avait de nombreux domaines. Dans la mesure où le droit français était aussi sévère que le droit allemand on avait le droit d'appliquer le droit d'origine. Et puis il y avait des domaines qui restaient entièrement soumis au droit de l'État d'origine, par ex. l'enseignement scolaire des enfants. Là ce n'était pas les règles du droit allemand à appliquer mais celles du droit français. Notre service a fermé en 1999, on avait commencé cette fermeture petit à petit, trois ans avant, comme toutes les garnisons qui fermaient les unes après les autres. J'ai eu à ce moment beaucoup de soucis. A l'annonce du rapatriement des FFA, en effet, je ne savais pas ce que j'allais devenir, je n'avais pas le statut de fonctionnaire, j'étais agent sur contrat donc un contrat qui se renouvelait de trois ans en trois ans et, la*

117 Régine Wolfgang courriel.

118 Supra p. 64

dernière année l'administration m'a fait un contrat d'un an seulement pour me mettre la pression. Et je ne savais pas non plus où j'allais trouver un emploi. Mais j'ai eu la chance, vraiment une très grande chance, lorsque j'ai été négocier à Bonn où je représentais les intérêts français vis-à-vis du Ministère des Finances allemand. A l'occasion de la restitution des biens immobiliers j'ai fait la connaissance d'un colonel qui travaillait au Service du Génie responsable du Patrimoine immobilier mis à disposition par les autorités allemandes, qui était mis en gestion par les Forces Françaises. Ce colonel a eu la gentillesse de me retrouver un emploi à Strasbourg auprès de l'établissement du Génie. Et là j'ai dû apprendre un tout autre métier » [119]

Jean-Luc Joliwald a accepté, dans le cadre de son plan de carrière, une affectation à l'état-major du 2ème Corps d'armée à Baden-Baden en novembre 1986. A la dissolution de la garnison fin décembre 1999, il rejoint l'Antenne de commandement des forces françaises et de l'élément civil stationnés en Allemagne (FFECSA) à Villingen d'abord, puis à Donaueschingen après le transfert de celle-ci. Enfin, en juillet 1995, après la dissolution de cette dernière garnison, il rejoint Breisach devenu leur nouveau siège.[120]

De nombreux personnels des économats ont d'abord été recrutés en tant que Personnels Civils Étrangers.Cela a été le cas, douze ans durant, de Julien Diebolt et de trois ans pour Oscar Prévot

Julien Diebold est affecté en 1966, en tant qu'appelé, au service de l'Intendance.En 1967 il entre comme PCE au comptoir central des économats de Bühl. Nommé PCF en 1978 il est alors muté aux économats de Kehl, puis à ceux de Müllheim.[121]

Oscar Prévot, originaire de Haguenau est boucher-charcutier de métier.

« *A la suite d'une petite annonce parue dan les D.N.A. en octobre 1973 j'ai été recruté en tant que PCE. à Bühl comme boucher-charcutier. Devenu PCF en 1976 je suis nommé chef de fabrication, puis sous-directeur commercial pour l'ensemble des abattoirs français de la Zone. Connaissant l'allemand, je suis amené à fréquenter les abattoirs locaux allemands. Membre d'une société de tir j'y rencontre fréquemment des policiers allemands et deviens ainsi interprète pour des ressortissants français , arrêtés par la police allemande et ne parlant pas la langue. Revenu à Haguenau depuis 1992, j'ai adhéré à l'amicale des Anciens des Économats. Fondée en juillet 1973 elle a pour but d'établir un contact permanent entre*

119 Propos recueilli par A. Lipp-Krüll Baden-Baden avril 2017.

120 Témoignage à l'auteur Breisach janvier 2017.

121 Julien Diebold Témoignage à l'auteur Septembre 2020

les différents membres et les faire bénéficier d'informations sur l'entreprise. Au nombre de 320 membres à l'origine elle en compte encore 160 à l'heure actuelle, dispersés non seulement en France mais aussi en Australie et à Taïwan, ainsi qu'une quinzaine d'Allemands, anciens PCE.

Son siège a été transféré en 1999 de Bühl à Hoenheim. Chaque année ses membres se retrouvent lors de deux repas à Strasbourg, l'un au printemps, l'autre en automne, et lors d'une fête à Noël »[122]

La Direction de l'Enseignement Français en Allemagne (D.E.F.A.) a constitué, parmi les organismes civils à la suite des Forces, une catégorie à part. Une enquête réalisée par la DEFA en 1985 montre que seuls 63,3% des enseignants du second degré nouvellement arrivés étaient originaires de France métropolitaine, 31,5% venant d'Afrique ou des DOM-TOM et 5,2% de l'étranger. Parmi eux les épouses de militaires représentent 2,3% du total. Ce furent elles les plus mobiles, du fait de la carrière de leurs époux.
Les enseignants originaires de métropole viennent de l'ensemble des départements avec toutefois, depuis 1985 une légère prééminence des départements frontaliers.

Richard Wach, originaire du Bas-Rhin, après des études à Strasbourg, effectue un premier séjour comme professeur de SVT de 1979 à 1984 au lycée Ausone de Trèves, puis un deuxième de 1988 à 1992 comme directeur adjoint de la DEFA à Baden-Baden.[123]

Christine Gérardin vient en Allemagne parce que son poste à l'école Normale de Metz a été supprimé.

« La logique était de revenir dans mon ancien établissement, le lycée Faber, mais je n'avais aucune envie de revenir où j'avais été. Donc c'est l'envie d'autre chose qui m'a fait demander l'étranger. Je lisais régulièrement Le B.O.[124]*J'ai succédé à Baden-Baden à un professeur de français nommé inspecteur*[125]. »
Mais l'origine géographique ne signifie pas grand-chose. De nombreux enseignants n'ayant jamais enseigné en France, se choisissaient un département de rattachement en fonction de critères très personnels (liens de famille, résidences de vacances...) Dans le primaire surtout, il est arrivé aussi que l'administration impose le choix d'un département déficitaire.

---

122 Oscar Prévot Témoignage à l'auteur Septembre 2020

123 R. Wach Strasbourg - janvier 2019.

124 *Bulletin Officiel de l'Éducation Nationale.*

125 Témoignage à l'auteur février 2017.

Les premiers venus sont originaires de familles militaires ou civiles présentes en Allemagne dès le temps de l'occupation et restés sur place. Dans le second degré de nombreux enfants d'instituteurs ont fait par la suite carrière à leur tour en Allemagne.
D'autres sont venus en Zone Française au fur et à mesure des étapes de la décolonisation : Indochine, Afrique Noire, Maghreb, Liban, ou après un séjour plus ou moins long aux Affaires Étrangères en Amérique du Sud, Europe Méditerranéenne, ou à l'issue de leur service militaire.

Hervé Brouillet-Rohmer est affecté pour son premier poste en 1975 comme professeur agrégé d'histoire au lycée Ausone de Trèves.

« Simultanément, par accord avec la DEFA et les autorités allemandes, j'ai effectué plusieurs heures hebdomadaires de mon service dans un lycée allemand de la ville, pour y enseigner la civilisation française en classes terminales allemandes. J'ai quitté Trèves en 1983 après avoir été admis dans le corps des personnels de direction. Après deux années en France, j'ai été à nouveau affecté en 1985 à Trèves comme proviseur-adjoint. Je suis ensuite devenu proviseur du lycée Hoche de Landau (1987-1991), puis du lycée Charles de Gaulle de Baden-Baden (1991-1995) C'est à cette date que j'ai quitté définitivement la DEFA pour exercer des fonctions de proviseur dans des lycées à classes préparatoires en France »[126]

Bien représentés (15%) sont également les membres de couples franco-allemands, certains arrivés déjà mariés, d'autres surtout dans le primaire, après avoir enseigné à l'Office Franco-Allemand pour la Jeunesse dont on a pu dire à un certain moment qu'il était le meilleur centre de recrutement de la DEFA! Ils pouvaient ainsi concilier vie professionnelle et vie familiale. La plupart de ces enseignants ont accompli une grande partie, voire la totalité de leur carrière en Allemagne.

Michel Chaussemy, originaire de Nice, est venu en Allemagne en 1970 pour épouser une enseignante allemande rencontrée deux ans auparavant en stage OFAJ. Il avait participé déjà à deux séjours organisés par le Sénat de Berlin (1964 -1965) et rendu visite deux fois à un jeune Allemand connu lors d'un stage. Il effectuera toute sa carrière en Allemagne : dans le cadre de la DEFA d'abord, Stetten, Pforzheim, Fribourg, puis en 1992 après la fermeture du lycée Turenne au lycée franco-allemand. Il sera élu membre du Conseil Supérieur des Français de l'Étranger puis de l'Assemblée des Français de l'Étranger (1992-2014). Il habite toujours Fribourg. [127]

---

126 H.Brouillet-Rohmer - Témoignage à l'auteur janvier 2017.

127 Témoignage à l'auteur juin 2017.

Mireille Schmitt découvre l'allemand en classe de troisième au lycée du Fayet (Savoie) grâce à un maître auxiliaire allemand, embauché en surplus par son père, proviseur. Celui-ci, persuadé que l'allemand, langue élitiste, attire les bons élèves, réussit à faire admettre dans son établissement l'allemand comme langue II à partir de la seconde.

« Très intéressée par la construction européenne et le rapprochement franco-allemand j'ai effectué plusieurs séjours en Allemagne. Au cours d'un voyage d'étudiants Heidelberg-Berlin j'ai fait la connaissance de mon futur conjoint, étudiant en droit à Heidelberg. Après notre mariage en 1966, j'enseigne dans un lycée allemand à Wiesloch, tout en préparant le CAPES d'allemand par le télé-enseignement. En 1970, à la fin de mon année de stage à Strasbourg, j'obtiens un poste de professeur certifié d'allemand au lycée Charles de Gaulle de Baden-Baden. Après la fermeture de celui-ci en 1999, nommée au collège de Drusenheim, je reste habiter à Baden-Baden ».

Retraités tous deux, elle et son époux résident alternativement durant l'année à Baden-Baden ou à St. Gervais. [128]

Claudine Cornélius, désireuse de perfectionner son allemand dont les cours ne sont plus assurés au CREPS (centre de ressources, d'expertise et de performance sportive) participe en 1964 à un jumelage entre Dijon et Mayence. Elle rencontre son futur conjoint lors de l'échange d'étudiants. Après son mariage et l'obtention du CAPEPS (certificat d'aptitude au professorat d'éducation physique et sportive) elle sollicite un poste auprès de la DEFA en Allemagne. Un poste lui est proposé en 1968 au lycée Charles de Gaulle de Baden-Baden. Mais le proviseur sachant qu'elle allait être en congé de maternité, préfère l'envoyer à Trèves au lycée Ausone, où un poste était vacant. Elle l'occupera jusqu'à sa retraite anticipée. Devenue veuve elle réside toujours à Trèves.[129]

A côté des P.C.F., l'armée a employé de nombreux Personnels Civils Étrangers (P.C.E.), dont le statut découle de la Convention OTAN commune à l'ensemble des Forces de stationnement alliées présentes sur le territoire de la RFA[130] Leurs emplois relèvent d'une convention collective de droit privé allemand et, par le biais des comités d'entreprise, ils sont majoritairement représentés par les syndicats allemands.

---

128 M. Dève-Schmitt, récit Baden-Baden avril 2017.

129 Témoignage à l'auteur.

130 Convention Entre les États Parties au Traité de l'Atlantique Nord sur le Statut de leurs Forces signée à Londres le 9 juin 1951.

Signé à Bonn entre la RFA et les branches concernées du DGB, ÖTV et DAG.[131],le statut des PCE, entre en vigueur le 1er février 1955. Il reconnaît la législation et les conventions collectives allemandes ainsi que la compétence des tribunaux allemands en matière de droit du travail.
Sur le plan local les PCE, sont représentés par les syndicats français CFTC et surtout FO[132]. Une autre originalité des Forces françaises en Allemagne, est la présence sur le territoire fédéral de ces syndicats nationaux qui y jouent exactement le même rôle qu'en métropole.[133]
Ils obtiendront en 1976 que les services effectués en tant que PCE soient reconnus comme services rendus à l'État, qu'ils puissent intervenir en vue d'une titularisation et être pris en compte pour le classement dans un corps de fonctionnaires.
Les PCE seront particulièrement nombreux au Foyer Central, organisme propre à l'armée française en Allemagne, chargé de la gestion des centres d'accueil pour les appelés militaires du rang, et au Comptoir des Économat de l'Armée, établissement chargé de la fourniture de denrées et de marchandises diverses aux corps de troupe et parties prenantes individuelles ou pour les implantations d'éléments militaires hors de métropole ou en pays étrangers. Avec ses 58 points de vente répartis sur l'ensemble du territoire de la Zone, il constituait leur principal employeur : plus de 2000 en 1960 et encore 1625 en 1990.

Mais les FFA, appliquant leurs propres règles ont, au fil des ans, devant la désaffection des personnels allemands beaucoup mieux payés dans l'économie locale, recruté de plus en plus de personnels français, frontaliers ou non. Ils représenteront selon les années jusqu'à plus de 50% du total.
Une situation qui se révélait très intéressante pour tout le monde : personnels parlant français pour l'administration, salaires et avantages sociaux plus importants à qualification égale que pour les PCF. Une dactylo débutante touchait ainsi, par exemple, le même salaire qu'une secrétaire française en fin de carrière, tandis que passer du statut PCE à celui de PCF entraînait généralement une perte de salaire d'1/3.

---

131 DGB «Deustcher Gewerkschaftsbund», ÖTV «Öffentliche Dienste, Transport und Verkehr », DAG «Deutsche Angestellten Gewerkschaft».

132 CFTC: Confédération Française des Travailleurs Chrétiens, FO: Force Ouvrière.

133 Hélène Engels « *Histoire du syndicalisme français en Allemagne de 1945 à nos jours* » Éditions «Le Petit Pavé» 2002.

Jürgen Oser, originaire d'une famille francophile de Bühl, a travaillé onze ans durant au Bureau du Personnel de Baden-Oos.

« *J'ai été embauché en 1982 par le chef du service administratif des Services Déconcentrés du Ministère de la Défense grâce à mes connaissances en français et à mon épouse française rencontrée lors d'un voyage à la faculté de droit de Grenoble, laquelle travaillera au service juridique. Responsable de la gestion des quelque 7000 PCE (contre 3000 PCF) mon bureau s'occupait aussi des accords tarifaires. Parmi les PCE il y avait de nombreux Alsaciens, jalousés tant par les fonctionnaires militaires que civils, car leurs salaires étaient beaucoup plus élevés. Sentiment qui n'existait pas à l'égard des Allemands qui, eux, payaient des impôts plus élevés. On leur reprochait d'autre part leur sentiment d'avoir parfois besoin de se montrer « bons Français et de vouloir être plus français que les Français »! D'ailleurs, en général, les Allemands étaient mieux considérés. On appréciait par exemple qu'ils viennent travailler les jours fériés allemands telle la Fête-Dieu. Moi-même j'ai toujours éprouvé le besoin de faire preuve, en tant qu'Allemand, d'une très grande loyauté. Ce qui m'a permis de pouvoir souvent participer lors de promenades dans le jardin thermal le dimanche, à des échanges avec des officiers ou des fonctionnaires assimilés ou à des discussions importantes lors de la pause qui suivait, soit au Café König soit au Foyer.*

La plupart des Allemands affectés par le départ des Français ont été aidés à refaire carrière. Un agent de la Paierie de France de Trèves est ainsi devenu secrétaire de la section parlementaire de la CDU au Bundestag. Moi-même, mon chef voulait me faire employer à l'euro-corps de Strasbourg mais j'ai préféré entrer dans l'administration du Land de Bade-Wurtemberg où je me suis spécialisé dans les relations franco-allemandes[134] »

Parmi les personnels civils étrangers employés par l'armée française il faut noter la présence de Supplétifs de l'armée française en Algérie, les Harkis. 6 200 d'entre-eux ont été recrutés en 1962, dans les camps du Larzac, de Rivesaltes ou Souge où ils avaient été internés et installés par petits groupes de 30 à 40, avec leurs familles dans les garnisons de Trèves, Fribourg, Baden-Baden et, pour une cinquantaine, à Berlin. A Landau s'installera même un régiment entier, le 13ème Régiment des Tirailleurs Algériens.

Dotés d'un emploi militaire, ils sont affectés principalement dans les services d'entretien: chauffagistes, cuisiniers jardiniers, chauffeurs ou vaguemestres dans les établissements scolaires et les Foyers de Garnison. D'autres sont restés dans l'armée.

Leur dispersion à travers les différentes garnisons a eu le mérite, contrairement à ce qui s'est passé en France, de permettre la bonne intégration de leurs enfants, scolarisés avec les enfants des autres militaires. Ils sont en grande

134 Témoignage recueilli par A. Lipp-Krüll. Baden-Baden avril 2017.

majorité bilingues, certains ont intégré les écoles de sous-officiers ou l'école de l'armée de l'air de Salon de Provence. Et tous citent avec fierté la réussite d'Isabelle Adjani.[135]

Encore au nombre de 4500 en 1990, le retrait des troupes françaises d'Allemagne a été vécu par eux comme une nouvelle tragédie.

Afin de préparer le retour en France de 160 familles, l'adjudant-chef Hocine Bouarès fonde en septembre 1989 à Baden-Baden l'Association des Français rapatriés d'origine nord-africaine en Allemagne (AFRONAA), stimulée à l'origine par le Major régional des FFA le général Lemoine, puis soutenue par le général Chazarain, commandant en chef des FFA.

Bien qu'agissant et travaillant en Allemagne, l'AFRONAA a aujourd'hui son siège à Strasbourg.

Tous toutefois n'ont pas voulu rentrer en France. La vaguemestre du lycée Charles de Gaulle de Baden-Baden a dû renoncer au poste qu'on lui proposait à Wissembourg, son mari refusant de partir habiter dans un pays par lequel il s'était senti trahi. Elle travaille aujourd'hui, tout comme son mari, en secteur allemand.

« *Mais les plus anciens parlent toujours encore entre-eux l'arabe ou le kabyle, sont mal intégrés dans le secteur allemand, et ne connaissent pas ou très mal la France. Pour eux l'armée restera leur unique famille*[136]… »

---

[135] Propos recueillis auprès du Président de l'Association des Français rapatriés d'origine nord-africaine en Allemagne, l'adjudant - chef Hocine Bouarès. Strasbourg mars 2020.

[136] H. Bouarès ibid.

DES CITES FRANCAISES EN ALLEMAGNE

Le problème de la vie en Allemagne, ainsi que celui du logement des personnels français présents en Zone d'Occupation, s'est posé dès les débuts aux autorités militaires.

Jusqu'en 1949 le droit de réquisition [137]permettait de satisfaire facilement les problèmes d'hébergement des personnels militaires et civils présents en zone française.
Sont requis les biens de la Wehrmacht, casernements ou immeubles habités par ses officiers (par exemple à Karlsruhe), les biens du Reich, des Länder, des communes et enfin des biens privés.

En l'absence d'un gouvernement allemand jusqu'en 1949, les réparations et reconstructions des biens détruits ou endommagés, l'entretien des immeubles est, sous la forme de dépenses imposées, à la charge des collectivités publiques des différents Länder de Rhénanie, Palatinat, Bade, Wurtemberg et Wurtemberg-Hohenzollern.
A partir de 1949 il faut, à l'exception des casernements, progressivement libérer les différents biens immobiliers occupés. Cette obligation entraîne la création d'un important programme immobilier. Celui-ci va, en fonction de l'importance numérique de chaque garnison, modifier plus ou moins profondément le paysage urbain des villes allemandes concernées.

Le Gouvernement Fédéral met à la disposition des Forces Françaises 90% des surfaces destinées à être bâties (17 300 ha, au total, dont 585,8 pour les logements). Les terrains restants seront fournis par les Länder voire par quelques particuliers, tels à Friedrichshafen, la firme Zeppelin ou le duc de Wurtemberg.
En échange, l'armée française, par le biais des Services du Génie et du Commissariat de l'Armée de Terre qui, en 1984, remplace le Service de l'Intendance, se charge de la gestion et de l'entretien du patrimoine. Le paiement de l'impôt foncier et des taxes municipales sont également à la charge de l'Armée.
Les biens immobiliers et la gestion des logements dépendent de dix-huit Bureaux Administratifs Locaux créés, dès le huit mai 1955, pour le compte du

137 En application de la Convention Internationale de la Haye de 1907 concernant les lois et coutumes de la guerre sur terre.

Commissariat de l'Armée de terres. L'entretien lui, relève du Service des Travaux du Génie.

Un urbanisme militaire : les « cités-cadres »[138]

Si les premiers travaux de construction des cités-cadres[139] démarrent dès 1948 à Trèves, la majorité d'entre eux s'étale sur la période 1950-1960 et se fait sans plans préalables d'occupation des sols, ni de véritables plans d'urbanisme.

Le choix des localisations va dépendre le plus souvent de la proximité des casernements occupés par les troupes françaises, qui elles-mêmes se sont implantées dans d'anciennes casernes de la Wehrmacht. Ainsi à Trèves la petite cité Belvédère sur le Pétrisberg [140]est construite à proximité de l'ancienne Kemmel Kaserne[141] datant de 1937, (rebaptisée Quartier Belvédère) et du Camp du Petrisberg, l'ancien Stalag XII-D qui, durant la guerre abritait un camp de prisonniers français.

La présence en centre-ville du Quartier Wiehre, à Fribourg, s'explique par le fait qu'il s'agissait alors, en 1945, du seul quartier épargné par les bombardements alliés du 27 novembre 1944.

Le coût des terrains à bâtir, l'attitude de leurs propriétaires ont également joué.

A Baden-Baden les autorités militaires avaient porté leur choix sur la vallée verdoyante de Lichtental, à l'orée de la Forêt-Noire, là où se trouvaient déjà les Services du Génie. Mais les terrains convoités appartenaient à l'évêché de Fribourg, dont l'évêque refusa la vente. Il proposa en échange des jardins qui appartenaient aux sœurs cisterciennes du couvent de Lichtental. Situés sur le versant nord du Fremersberg à Baden-Oos, un petit village incorporé en 1928 à la ville thermale, leur localisation était plus intéressante car proche de la caserne de Lattre et de l'ancien pavillon de chasse des grands-ducs de Bade, devenu la résidence du Gouverneur Militaire en Allemagne, puis du Général Commandant en Chef les Forces Françaises.

Mais quel que soit leur emplacement, les cités présentent, dans leur grande majorité, le même ensemble architectural composé d'un alignement

---

138 Annexe: cartes: Plans de garnisons (III;Fribourg, IV: Trèves, V: Baden-Baden) VI : vue aérienne de la cité de Trèves-Feyen.

139 Ainsi nommées car destinées aux militaires non encasernés, aux personnels civils et à leurs familles.

140 Nom donné à la colline qui domine Trèves

141 Ainsi nommée en mémoire d'une victoire allemande de 1918.

parallèle d'immeubles identiques, facilement reconnaissable dans le tissu urbain local. Seuls s'y intègrent plus facilement, les bâtiments postérieurs à la fin des années 1960 érigés dans le cadre d'accords de compensation, par lesquels la RFA offre à l'armée des biens de remplacement plus satisfaisants. Par la suite des immeubles allemands viendront se rajouter dans les espaces intercalaires, mais sans que ne s'instaure vraiment des relations de voisinage entre les deux communautés.

La construction en série de quartiers entiers et d'immeubles neufs pour lesquels l'administration ne regarde guère à la dépense, va favoriser l'utilisation de nouvelles techniques telles l'emploi, dès 1949, de préfabriqués ou de la brique de verre. La tour d'escalier de l'hôpital de Fribourg, sera la plus grande façade de ce genre en Europe, au début des années cinquante.

Les premiers plans s'inspirent de plans standard établis en 1948 entre les autorités américaines et le Ministère Fédéral des Finances. Mais dès juin 1950 la direction du Service du Génie impose ses propres conceptions, tenant compte du grade des futurs occupants[142].

« A Wittlich la cité était construite autour de la caserne. Les bâtiments des sous-officiers entouraient le mess des sous-officiers et de l'économat. Les bâtiments des officiers étaient situés dans ce que l'on appelait « la côte » et donc dans une rue au-dessus des blocs des sous-officiers. Tout un symbole [143]. »

Réservés aux officiers, les bâtiments comportent quelques détails architecturaux particuliers, tels des fins grillages en croisillon, moucharabiehs ou claustras[144], inspirés du patrimoine d'Afrique du Nord, d'où étaient originaires, ou avaient servi, un grand nombre d'officiers du Génie. Dans certains immeubles destinés aux sous-officiers courent, de part et d'autre d'un escalier central, quatre galeries en berceau sur lesquelles s'ouvrent quatre appartements de petite taille.

Chaque cité, chaque bâtiment appelé couramment « bloc » porte un nom français. Il évoque soit la province ou la ville dont était originaire les personnels du Génie responsables, tel l'immeuble Corse à Spire ou la cité Gascogne à Neustadt an der Weinstrasse, soit l'ancien empire colonial, tel le bloc Alger à Saarburg. A Landau on trouve les cités Dagobert, ou Île de France. Berlin rappelle les héros militaires avec le Quartier Napoléon ou la cité Guynemer.

---

142 Infra l'exemple de Baden-Oos.

143 Régine Wolfgang. Courriel novembre 2019.

144 Baptisés ironiquement grillages de harem par le public allemand.

Jusqu'en 1985 ces logements seront entièrement équipés.

« Nous arrivons à Kehl le 1er janvier 1957, après le retour d'Indochine fin 1956, de mon père. Les cités-cadres sont déjà construites : des immeubles cossus, comme dans beaucoup d'autres cités avec des loggias à croisillons et d'autres immeubles plus simples ... Un logement a été attribué à notre père en fonction de son grade et de sa situation de famille. Il est entièrement meublé, équipé : vaisselle, batterie de cuisine, linge de maison. N'étant arrivés qu'avec nos affaires personnelles, une évacuation soudaine aurait été facilitée ! Jouxtant la cité c'est la campagne, au sud et à l'ouest. A l'est, entre la cité et la rue principale, de grosses bâtisses et quelques fermes où notre mère s'approvisionnait sans doute en œufs frais. Au nord, la rue passait devant la villa du colonel, devant l'hôpital, et on arrivait au « lac » (sans doute un petit bras mort du Rhin) qui gelait en hiver [145] *».*

Les loyers, déduits directement de l'indemnité de séjour, représentent environ 8% du traitement de base quelle que soit la taille de l'appartement et augmentent en même temps que le traitement de l'affectataire. Leurs montants reviennent au Trésor Public. Les charges sont calculées directement par l'autorité militaire compétente en fonction de la taille du logement et du nombre d'occupants. Seuls sont à payer à titre individuel le gaz, l'électricité et le téléphone.

Les cités-cadres sont toutes, par ailleurs, dotées des infrastructures commerciales, scolaires et sanitaires nécessaires à assurer à leurs habitants des services analogues, sinon identiques à ceux existants en métropole.

« *Ce n'est d'ailleurs pas un des moindres problèmes de l'occupation en Allemagne, que celui de rendre normale la vie des familles de militaires et des fonctionnaires, qui se doivent au service de la France*[146] »

Si l'enseignement primaire est partout assuré, celui de la totalité du secondaire n'est présent que dans quatre garnisons : Trèves, Landau, Fribourg et surtout Baden-Baden[147]. Des internats y accueillent les élèves des garnisons les plus éloignées et ceux de Berlin. Pour celles plus proches, un service par cars militaires, de ramassage quotidien voire biquotidien, assure le transport des élèves vers les établissements du second degré.

---

145 Nicole Mossmann. Courriel février 2018

146 André Cassette. Revue d'Information des TFO en Allemagne. Numéro 2 novembre 1945 p.15. André Cassette était alors membre du Gouvernement Militaire.

147 Le lycée de Constance a une classe de seconde et des classes secondaires existent dans les annexes de Wittlich, Speyer, Neustadt, etc.

« Il est remarquable de constater la symbolique des noms donnés aux cités et l'affectation dans les cités des personnels civils ou militaires en lien avec l'importance de la fonction ou du grade[148]. »

« A Landau trois cités étaient réservées aux personnels civils et militaires : les cités Dagobert, Île-de -France et Monclar. S'y trouvaient les économats, partie alimentation et achats ménagers, le bureau postal militaire, le collège, une école maternelle et élémentaire, une paierie générale, un hôpital militaire, un mess officiers et sous-officiers, un bureau logements, une gendarmerie prévôtale et la prison militaire avec son tribunal ainsi que les annexes communes »

« A la Cité Belvédère à Trèves se côtoient un économat, un bureau postal et l'hôpital A.Genet anti nucléaire, autour duquel s'articulent de petits immeubles et 4 villas pour les médecins. Elle sera utilisée par la suite, jusqu'en 1999, par les Chasseurs du 16ème B.C. de Saareburg et c'est là que l'on verra les dernières plaques[149] *bleues de Trèves.*

Le plus bel exemple de cet urbanisme militaire est indiscutablement le secteur français de Baden-Oos :[150]

« *La garnison se trouvait comme une grande enclave française (de plus de cinq mille habitants) au milieu de la population allemande*[151]. »

Elle comporte cinq « cités »[152] bien distinctes.

« Si certaines garnisons ou cités françaises étaient imbriquées en milieu ou tissu urbain allemand (Fribourg) celles de Baden-Baden (comme celles de Neustadt et Tubingen) étaient, hormis les cités Thiérache et Paradis, sur le plan géographique, situées principalement à l'extérieur de Baden-Oos, l'Oos étant la rivière venant de la ville thermale et la traversant. Cela concerne les trois cités Bretagne, Normandie et Paris. ».

Elle comporte cinq « cités »[153] bien distinctes.

Deux d'entre-elles sont insérées dans la ville allemande :

« Paradis », sur les premières pentes du mont Merkur, parsemées de villas, est réservée aux généraux et commandants des principaux services militaires et

148 François Pichot ancien élève de l'école Paris et du Lycée du Charles de Gaulle courriel mai 2020

149 Alain Giletta courriel février 2022

150 Annexe : carte VII Les quartiers français de Baden-Oos

151 Dominique Lucius-Ollier courriel mai 2020

152 Le terme de cité peut désigner tantôt l'ensemble des immeubles de la garnison tantôt un secteur bien différencié.

153 Le terme de cité peut désigner tantôt l'ensemble des immeubles de la garnison tantôt un secteur bien différencié.

civils. Pas loin d'eux il y avait les délégations étrangères. Elle abritera également jusqu'en 1991 « cette villa, entourée de barbelés et aux volets fermés, enclave russe » qui n'est autre que le siège de la mission militaire soviétique de liaison auprès du Général Commandant en Chef les Forces Françaises.
« Thiérache », coincée entre une bretelle d'autoroute et la principale voie de circulation vers le centre-ville de Baden-Baden, accueille principalement les gendarmes et sous-officiers. Elle dispose d'une succursale des économats et d'un mess des sous-officiers. Bien que destinée, avec de grands appartements, à des familles nombreuses elle n'a pas d'école primaire. Les enfants sont amenés deux fois par jour en cars militaires dans les cités voisines.
Une petite passerelle qui enjambe l'Oos permet de rejoindre le gros du quartier français, qui, lui, tourne le dos à la ville allemande.
Trois ensembles, étirés entre la pente nord du Fremersberg et la vallée de l'Oos s'y juxtaposent :
« Paris », est réservée aux officiers supérieurs et civils assimilés. Les bâtiments à deux étages de couleur crème et toits en ardoises, avec deux entrées sur deux niveaux et chambres de bonne sous les mansardes, zigzaguent le long d'une interminable rue : la Vogesenstrasse. Un peu à l'écart, une dizaine de petites maisons jumelles destinées à des généraux et grands chefs de service s'étirent le long d'une petite bifurcation baptisée la Vallée des Rois, qui aboutit à une très longue montée, la Hubertusstrasse. A son extrémité se situe la Résidence du Général commandant les Forces Françaises, un superbe pavillon de chasse au milieu des bois[154]. Très aérée, la cité possède trois courts de tennis. S'y trouvent également le dispensaire militaire et la pharmacie.

« Nous habitions cité Paris, bâtiment Chaillot. C'était juste en face des tennis : 3 terrains en terre battue et un mur pour s'entraîner. J'entends encore le bruit des balles contre le mur ou lors d'un match, ainsi que les applaudissements, surtout le week-end. Derrière cet immeuble il y avait une zone d'herbe et de chemin en asphalte, genre piste pour kart. Notre chienne Princesse pouvait courir à vive allure sans problème[155] *».*
« Nos appartements étaient meublés (par le BAL[156]*), spacieux, entre 120 et 150 m2, à volets extérieurs en bois, couleur chêne foncé, une belle entrée avec porte vitrée et son petit carreau, ancêtre de notre juda ou œil de Moscou, 3 chambres (pour les rez-de-chaussée) dont la plus petite faisait 15m2, salle de bain éclairée par la lumière naturelle du jour à travers les*

---

154 Cette résidence a été rendue célèbre, « par les événements de mai 1968, lorsque s'était réfugié pour quelques heures, avec son épouse Yvonne le Président de la République le Général de Gaulle, chez le Général Massu»

155 D. Lucius-Ollier ibid.

156 Bureau Administratif Local.

carreaux donnant sur la loggia, toilettes, couloir, salon séjour et cette fameuse porte coulissante qui séparait le salon de la salle à manger, entièrement recouvert de parquet, avec notre cuisine dont les placards étaient séparés par un recoin couloir vitré, cuisine qui donnait sur l'extérieur vers une loggia aux alvéoles bétonnées en forme de losange où on pouvait faire sécher le linge où entreposer un vélo par exemple »[157]

La cité « Normandie », au centre, la plus proche des modèles architecturaux allemands locaux, accueille à la fois officiers et sous-officiers. Elle regroupe la plupart des services: le principal centre commercial des économats, une maison de la presse responsable aussi de toutes les fournitures scolaires, une école primaire, le collège et lycée Charles de Gaulle, un centre paroissial avec une chapelle catholique, une salle de culte protestante et un lieu de culte israélite, un mess des officiers, une maison des cadets et une maison des jeunes.

« Bretagne » en bordure des jardins et pépinières de Baden-Oos héberge dans de petits voire très petits appartements[158], les sous-officiers, personnels civils, couples sans enfants ou en bas âge.

« Célibataire, on m'a affecté un deux-pièces près de la voie rapide donc très bruyant. Dans la cuisine, il fallait déplacer la cuisinière pour donner de la place aux queues de casserole. Pas de volets aux fenêtres[159] *»*

Pour les célibataires également et le personnel féminin des studios sont prévus à l'hôtel Bellone. Un home d'enfants, une crèche, une école maternelle accueillent les enfants de toutes les cités, et une école primaire complète l'ensemble. On trouve également un terrain de tennis.

« Les personnels civils, enseignants, personnels administratifs ou employés des économats étaient affectés dans l'une ou l'autre des cités en fonction de leur catégorie : cadre A, B, C ... Les civils et les militaires étaient peu mélangés, pourtant nous vivions tous côte à côte[160] *. »*

A l'écart des immeubles d'habitation un bureau postal militaire jouxte la caserne de Lattre de Tassigny. Spécialement conçu pour abriter les directions de toutes les administrations françaises présentes en Allemagne, en particulier le Trésor Public, ainsi que les trois représentations syndicales CFTC, FO et CFDT, le Bureau Administratif de Baden-Oos (BABO), est le seul building de dix étages dans les environs.

---

157 Fr. Pichot ibid.

158 51 et 54 m2.

159 Christine Gérardin Strasbourg février 2017.

160 D. Lucius-Ollier ibid.

Administrativement, tous les aspects de la vie quotidienne des garnisons, tant sur le plan civil que sur le plan militaire, relèvent d'un général commandant d'armes en la personne du Général CCFFA lequel délègue ses fonctions à un commandant d'armes délégué. Un « Rapport de place » diffusé auprès de chaque bureau ou service, informe des textes publiés dans le Bulletin Officiel des Armées et précise les informations d'intérêts communs pour la vie dans les cités. Des revues mensuelles : le Mercure du Pays de Bade, les Carnets du Rhin, les Carnets de la Moselle et de la Sarre, tiennent lieu de carnet mondain, renseignent sur les événements festifs ou sportifs à venir, consacrent un article plus ou moins long à un personnage militaire ou à une bataille célèbre et offrent des espaces publicitaires à des commerçants français, frontaliers et allemands.

Bien que les infrastructures et l'organisation locale soient donc semblables, voire parfois supérieures à celles de bien des petites villes de métropole, il n'existe sur le plan local dans l'ensemble de la zone française en Allemagne, aucune administration de type municipal, ni aucune émanation représentative de la population. Une situation qui a « *contribué à centrer les habitants sur un milieu en vase clos et peut-être, d'une certaine manière, à les déresponsabiliser*[161] ».

Quand la vie s'organise[162]

La vie dans les cités-cadres s'apparente à

« .. Un monde à part, une espèce de bulle dans laquelle on pouvait facilement s'enfermer. Un monde qui n'était pas vraiment français, ni allemand pour autant. Une sorte de no man's land entre deux cultures, un territoire qui n'avait pas de frontières du fait de l'éparpillement des cités françaises, un monde refermé sur lui-même[163] *»*

Plusieurs facteurs se sont conjugués pour générer ce monde clos :
La présence, plus ou moins importante sur place selon les garnisons, d'infrastructures indispensables à la vie quotidienne.

« Au cœur des cités nous pouvions faire nos courses aux Économats, envoyer du courrier par la poste aux armées, apprendre à l'école Paris ou à l'école Bretagne pour les plus jeunes et au lycée Charles de Gaulle pour les plus mûrs, nous distraire au cinéma ou à la

161 Réflexion à l'auteur du Colonel Jean-Claude Borianne commandant d'Armes Délégué en juillet 1996.

162 Annexe. cartes VIII:Le Comptoir de l'Economat, IX La D.E.F.A. X: Le secteur hospitalier

163 J.B. Nardi ibid. page 55.

Maison des Jeunes, nous informer à la Maison de la Presse, se faire plaisir à la Boutique, se maintenir en forme aux tennis, nous faire soigner au dispensaire et prendre nos médicaments à la pharmacie, prendre une chambre à l'hôtel Paris, se restaurer au mess de la Tour d'Auvergne, rendre les honneurs au quartier de Lattre de Tassigny, acheter des pâtisseries ou petits nounours et serpents Haribo (avec pleins de colorants, un vrai régal) chez Brehm[164], *et le samedi soir ou le dimanche se rendre à la messe à l'église Notre Dame et être accueilli par l'aumônier militaire du moment*[165]. »

« *Pour l'alimentation générale nous allions aux économats Paris, les plus près de notre appartement. Il y avait aussi un magasin hi-fi, où nous achetions des cassettes pour nos magnétophones. Un rayon optique se trouvait là, j'y ai choisi mes premières lunettes. La Boutique cadeaux était un peu plus loin, nous trouvions des eaux de toilette, des foulards, des bijoux et d'autres cadeaux chics. J'aimais particulièrement la Boutique, et son atmosphère feutrée où les vendeuses faisaient des paquets cadeaux très élégants. Entre la Boutique (près de la Cité Bretagne) et les économats Paris il y avait la maison de la presse. Nous achetions des fournitures scolaires, de la papeterie ou des journaux. Nous pouvions y commander des livres. Papa aimait particulièrement les nouveaux stylos genre feutre en plastique vert avec capuchon, il y a aussi acheté les premiers Stabilo Boss jaunes ! ... (Pour d'autres courses) la base canadienne avait ses magasins. Nous aimions quand nos parents faisaient les courses au P.EX. Tous les français aimaient y faire leurs courses.*

Certains de nos amis disaient aller chez les « Kanaks ». Notre Père nous interdisait fermement d'utiliser ce terme. Les kanaks habitent Nouméa : c'était bien trop loin pour y aller juste faire quelques courses....

J'ai un souvenir de mille et une variétés de corn flakes en tout genre : ronds, avec ou sans sucre, avec fruits séchés, avec marshmallow en couleur ... et souvent avec un cadeau dans le paquet ... Le beurre de cacahuète faisait l'unanimité chez nous. Les glaces étaient très bonnes avec des morceaux de noix ou noisettes, ce qui était nouveau pour nous. Pour le matériel hi-fi il y avait un grand choix. Mon premier baby-sitting d'été m'a permis de m'offrir un double appareil à cassettes que j'ai gardé très très longtemps.

En plus du PX nous allions souvent au restaurant de hamburgers ou au cinéma de cette base. L'hymne national du Canada était diffusé avant chaque film, nous étions tous debout.

C'était assez impressionnant.

Quelques fois, le dimanche nous allions au Cercle Mess des officiers : La Tour d'Auvergne. C'était un bar et un restaurant ouvert aux officiers et à leurs familles. Mettre les pieds sous la table et avoir un bon déjeuner était un vrai repos pour notre Mère. Quand cela nous semblait trop long nous jouions avec les enfants des autres familles dans le jardin du Cercle. Sur place

---

164 Seul boulanger-pâtissier allemand, installé à près des cités, il a laissé un souvenir impérissable à tous les élèves!

165 Fr. Pichot ibid.

il y avait parfois des ventes-expositions d'objets. Mes parents y ont acheté une encyclopédie Larousse entière en 10 volumes. Je me souviens de la couverture rouge de ces gros volumes. Il pouvait y avoir des manifestations au mess comme des pièces de théâtre, des bals ou des mariages[166]. »

« Le magasin des économats situé au centre-ville de Lahr, Friedrichstrasse 68, desservait la cité de LAHR Ménard située plus en amont de la ville. La succursale était répartie sur trois aires bien distinctes ; la boucherie, l'alimentaire, et l'espace liquide, fruits et légumes. Son personnel était composé essentiellement de ressortissantes allemandes mais aussi de quelques français. Le boucher tout d'abord, qui avait le physique de l'emploi, les 4 vendeuses, une secrétaire et un manutentionnaire constituaient l'équipe chargée de faire fonctionner le magasin. Une librairie indépendante était installée dans un petit local situé au rez-de-chaussée de l'immeuble voisin. M. Clochon sénior en était le responsable. Cette petite librairie, était très importante pour moi, car je m'y procurais chaque jeudi le journal de Mickey puis plus tard la revue Pilote que je dévorais sitôt de retour à la maison. Ah quel plaisir, il faut dire que j'étais un fervent lecteur de bandes dessinées. Je disposais pour cela des quelque 10 ou 20 centimes nécessaires à l'achat et que mon père me remettait chaque semaine pour l'occasion.

La succursale était pour moi un véritable terrain de jeu notamment les sous-sols remplis de marchandises diverses ; essentiellement des produits non périssables comme la lessive, les produits destinés à la toilette etc. Il arrivait que notre père nous sollicite pour décharger ce que nous appelions les camions de Bühl. Des camions « Berliet » peints aux couleurs grises des économats immatriculés en plaques rouges, et qui pénétraient une fois par mois le mercredi dans la cour de la résidence pour approvisionner le magasin.

Mon frère aîné et moi étions alors chargés d'aider au déchargement des marchandises, essentiellement conditionnées dans des caisses en bois munies d'un système triangulaire de fermeture en ferraille que l'expéditeur prenait le soin de plomber.

Ce n'est que bien plus tard que j'ai compris l'appellation camions de Bühl ». En fait les marchandises provenaient du demi-gros des économats situé à Bühl, également siège de la direction du CEA/FFA. »[167]

L'éloignement plus ou moins important de la métropole a joué un rôle non négligeable:

«A Stetten pour les familles, l'éloignement ne facilite pas le travail des conjoints, mais à cette époque, il y a encore de nombreux clubs ouverts aux familles (sport, randonnées, visites touristiques, peinture sur porcelaine, encadrement, tapisserie, etc…tir). Si pour les plus petits,

---

166 D. Lucius-Ollier ibid.

167 CEA/FFA désigne le comptoir de l'Économat de l'Armée FFA. J.Claude Fugeray ibid.

il y a jardin d'enfants et école primaire française, les collégiens et lycéens sont pensionnaires au lycée de Freiburg (départ le dimanche après-midi 17 h 00 en été – 15 h 00 en hiver et retour le samedi après-midi après les cours, arrivée à Stetten à 15 h 00 au mieux). Cependant, je n'ai pas de souvenir que les personnes se plaignaient…mais j'étais célibataire j'avais peu de discussions avec les mères de familles. Militaires et familles sont soignées à l'infirmerie de garnison. Les enfants y sont, par exemple, vaccinés. De nombreuses activités de garnison étaient organisées – il y avait un cinéma à l'entrée de la caserne où étaient diffusés des films récents en français. Des causeries de garnisons avaient lieu une fois par mois. Elles permettaient à un officier de faire une petite conférence sur un sujet donné. Des pièces de théâtre étaient jouée de temps à autre et tout était prétexte à une petite fête (14 juillet, Noël, Pâques, portes ouvertes, date anniversaire de création du régiment, Volksmarch, challenges franco-allemands en tout genre, bal régimentaire…Je ne me souviens pas si on avait les chaînes de télé françaises (je n'en avais pas) mais probablement que oui. Et puis les mess officiers et sous-officiers offraient des cartes prestigieuses dignes des meilleurs restaurants le soir. Finalement l'ambiance était plutôt bonne. »[168]

La situation géographique des garnisons explique, pour les plus proches de la frontière, les déplacements réguliers vers les villes françaises situées à proximité. Leurs commerçants offrent d'ailleurs la possibilité d'achats hors TVA. Pour les garnisons les plus éloignées, elle justifie le repli sur soi.

Le problème de la langue a limité voire empêché une participation à la vie locale allemande même si, comme pour les appelés, des cours de langue sont proposés par l'autorité militaire et qu'il est possible d'en suivre dans le cadre des universités populaires.

« *Mon père recevait parfois des officiers allemands mais les contacts étaient assez limités, du fait de sa hiérarchie. Peu de brassages. Les épouses de leur côté se recevaient entre elles et participaient aux activités proposées par les nombreux clubs féminins surtout à Baden ou à l'Association Nationale des Femmes des officiers de carrière ... La vie en cités-cadres a été indiscutablement un frein aux contacts avec le milieu allemand et permettait de vivre en vase clos, dans la mesure où celles-ci offraient un cadre de vie semblable à celui existant en France et que la frontière n'était pas loin. De plus existait la possibilité de faire des achats soit dans les bases canadiennes, soit dans les PX américains. S'effectuaient en secteur allemand les gros achats hors taxes ou les services non présents en cités* »[169]

L'importance des cités et leur situation géographique par rapport au milieu local ambiant intervient également.

« *La communauté de Baden Baden était beaucoup plus hiérarchisée et donc plus guindée que celle de Trèves, plus simple et plus conviviale. Cela est sans doute dû à la*

---

168 Lt Colonel Rémy Dubois Ibid.

169 Catherine Beau Ibid.

proximité de Strasbourg. Trèves étant loin de la frontière, les gens étaient plus sédentaires notamment le week-end, ce qui favorisait davantage la vie en communauté.[170] *».*

« A Wittlich j'allais à l'école à pied, en m'arrêtant souvent en chemin auprès du boulanger où j'achetais bonbons, berliners et autres viennoiseries. Sur le chemin également il y avait un restaurant où nous allions manger régulièrement le dimanche soir de la Bratwurst. Le concierge de l'école était allemand. Son fils Peter a fait sa scolarité avec moi et il a appris le français. Les Français fréquentaient davantage le milieu allemand qu'à Baden[171]*. »*

Mais quelle que soit l'importance de la garnison, la succursale des économats qui offre partout, hors fruits et légumes, les mêmes produits aux mêmes prix, lieu de rencontres privilégiées, fait aussi office d'espace de convivialité où s'échangent les dernières informations et les potins de la garnison. De cette façon « radio économat » participe à l'élaboration du lien social entre les membres de la communauté.

Michel Wallon, professeur de français au lycée Charle De Gaulle décrit ainsi une journée ordinaire dans la cité de Baden-Oos[172] :

« C'est le matin ; les voitures de service qui vont chercher à leur domicile les officiers de haut rang ont commencé leur ballet. Les bus qui amènent au lycée les élèves qui habitent à Rastatt, Achern et Bühl arrivent dans la garnison. Dans les trois écoles primaires et le lycée, les cours reprennent. Le BPM (Bureau Postal Militaire) rouvre, ainsi que les bureaux de la caserne et du BABO. Au dispensaire médical, les salles d'attente commencent à se remplir. Ceux et celles qui se verront prescrire des médicaments pourront aller se fournir à la pharmacie voisine. Si le médecin juge nécessaire un examen médical plus approfondi, il sera pratiqué à l'hôpital militaire de Bühl. Dans les trois économats, ces magasins, où les produits sont moins taxés qu'en France, ne sont accessibles qu'aux seuls titulaires de la précieuse carte FFA. Ce sont des lieux de rencontre (pratiquement les seuls). On y papote beaucoup. Les femmes de sous-officiers y trouvent matière à la détestation qu'elles éprouvent à l'endroit des femmes d'officiers. Selon elles, celles-ci s'y montrent arrogantes et se prévalent du grade de leur mari pour passer devant elles aux caisses ... Midi, le ballet des voitures reprend. Les deux mess de garnison se remplissent. Celui des officiers, qui est situé à l'orée de la forêt est un peu guindé. Dans l'autre qui se trouve au cœur de la cité Thiérache, le plus populaire, l'atmosphère est plus détendue, bon enfant. On s'y sent un peu comme dans un restaurant de quartier ou un relais de routiers et il y règne un petit air de « France profonde ». Deux heures de l'après-midi. Les activités reprennent. Une distraction très prisée par les dames : aller faire

---

170 R. Wach ibid.

171 R. Wolfgang ibid.

172 Michel Wallon: «*Rencontres Inoubliables*»ibid. p.120-121.

des achats à la base canadienne de Söllingen. Il y a là notamment du beurre danois, du pain américain et...des apéritifs français moins chers qu'aux économats. Mais il faut être rentré pour le retour des enfants. Fin d'après-midi. Les bus scolaires ont ramené chez eux les élèves des garnisons voisines. Pour la quatrième fois de la journée, les voitures de service reprennent leur ballet. On passera la soirée devant la télévision, à moins qu'un « dégagement » ne soit prévu chez un collègue ou qu'un film attrayant ne soit proposé au cinéma de la caserne. De loin en loin, le cercle franco-allemand propose quelque chose, mais il se trouve en ville, Place Robert Schumann. Or sortir de la garnison demande un tel effort ... Voilà résumée à grands traits la vie que l'on menait autrefois dans cette petite ville, qui n'était ni en France, ni vraiment en Allemagne, qui n'avait pas de maire et pas de bistrot. Une ville peuplée uniquement de personnes payées par l'État français, ne comptant ni personnes âgées, ni « économiquement faibles ». Bref une ville largement « artificielle »

Cette vie en vase clos a, pour certaines, été pesante :

« Je n'ai pas beaucoup aimé les 7 ou 8 ans passés en Allemagne, pas à cause des Allemands, mais de l'ambiance dans ce milieu un peu fermé des Français en Allemagne civils et militaire, elle était détestable. J'étais contente d'aller vivre en France (Pays que je ne connaissais pas) [173] *»*

La vie sociale joue un grand rôle, mais hiérarchisée en fonction du grade chez les militaires et de la fonction occupée dans l'administration civile, sans parler d'un autre certain clivage, celui entre militaires et civils.

*« Afin de séparer les officiers supérieurs des autres catégories de personnels, le commandement français avait décidé de scinder les sites d'habitation prévus pour son personnel militaire et civil. Aussi les officiers supérieurs se virent attribuer des logements plus spacieux par exemple de type salle à manger avec salon. Afin donc d'éviter une cohabitation des deux statuts, les autorités firent bâtir dans l'ensemble des garnisons françaises implantées en Allemagne, des cités avec des quartiers réservés aux officiers supérieurs et les autres destinés aux sous-officiers ou assimilés. Sur le terrain cette séparation avait des prolongements dans les relations entre les familles. Les uns ne se mêlant pas aux autres, la « classe supérieure » exprimant parfois ostensiblement sa différence. La séparation était également souhaitée lors de la prise des repas, car avant la création des mess mixtes, il existait dans chaque garnison un mess officier et un mess sous-*officiers et assimilés. *Cette distinction fut abolie dans les années 90 par le Général commandant les FFA de l'époque.* » [174]

Seuls les civils fréquentent les Foyers du Soldat réservés en principe aux appelés du contingent mais où l'atmosphère est beaucoup plus décontractée.

---

[173] Odile Muller-Vyckmans ibid

[174] J.Cl. Fugeray ibid

Les relations entre les différents membres présentent souvent un caractère officiel, dû aux différentes obligations des uns et des autres : réceptions, thés, bridges, dîners, soirées dansantes. Dans les petites garnisons certaines femmes d'officiers supérieurs d'ailleurs, ont pu ressentir comme

« une corvée les obligations mondaines, les fêtes le plus souvent franco-françaises, l'organisation d'activités pour les femmes de la garnison, le fait que tout se passe à l'intérieur de la caserne[175]*. »*

« Pour les conditions des femmes de militaires il faut dire qu'elles n'avaient pas trop le choix, je crois, que de rester à la maison et d'élever leurs enfants, vu qu'elles ne travaillaient pas ou n'en avaient pas la possibilité. Elles se retrouvaient seules et loin de leurs familles pour la plus part. Ce n'était pas facile et je me souviens de quelques rassemblements entre elles et manifestations mais toujours entre françaises[176]*. »*

Lors d'un hommage rendu à « Nos compagnes », par le général d'armée B. Lemattre, alors président national de l'Epaulette[177], dans son éditorial du 4ème trimestre 1983, un poème est publié dans un article du Mercure des Forces Françaises en Allemagne de novembre 1992.

« Sans la diversité, la vie austère
Disait joyeusement la femme d'un militaire,
Privée d'un foyer fixe, sans jamais de répit,
Elle s'arrête partout où il pend son képi
Dans une garnison ne reste que le temps
De faire quelques bonnes œuvres et d'avoir un enfant.
Défait mille paquets et quel que soit le temps
Pose la moquette entre deux accouchements,
Elle déplace les meubles ou prépare les lits.
Chaque fois qu'elle déménage pendant qu'il caracole
Bébé a la coqueluche ou alors la rougeole.
Rien ne l'étonne plus car elle a tout appris,
Se faire belle, avoir du charme ou de l'esprit.
Récite les traditions et chants du Régiment,
A bientôt en mémoire sa gloire et ses victoires.

---

175 R.Fr. G. Confidences à l'auteur. Septembre 2018.

176 Patricia Lege courriel mars 2020.

177 Association d'officiers, née en novembre 1979, à partir d'une amicale des Anciens Élèves Officiers d'Active (1964) qui regroupe les officiers d'origine autre que Saint-Cyrienne.

Danse avec les lieutenants parfois entreprenants,
Avec le colonel empli de sentiments.
Avale cent breuvages : gin ou whisky ou bières
Modérément bien sûr prend garde à sa carrière.
Elle doit savoir chez elle accueillir à toute heure
Peu importe le nombre d'amis, de visiteurs.
Tantôt a domestiques et vis comme une princesse
Et tantôt elle est seule à mener sa grossesse.
Et par-dessus tout ça quand il part au combat,
Le vrai, car aujourd'hui ça arrive parfois,
C'est elle qui fait marcher la maison, les enfants
Et supporte sans plainte ce souci lancinant
D'apprendre une nouvelle qui mettrait fin à ce qui est leur route.
Mais tout se finit bien et au soir de sa vie
Reste le boute-en-train de toute la compagnie.
Vieille dame énergique et jamais fatiguée
Tout de même usée par trente années d'armée
Et au bout du compte lorsque la fin approche
Elle ne regrette rien.
Reçue au front des troupes au mérite, au malheur
Ou à l'ancienneté, malgré notre valeur
C'est elle qui la mérite cette Légion d''Honneur[178]

Dans toutes les garnisons, un cinéma à l'intérieur des quartiers présente les films sortis peu de temps avant à Paris.

De nombreux clubs, surtout dans les garnisons les plus importantes, offrent un choix d'activités multiples.

Les clubs sportifs sont omniprésents : athlétisme et sports collectifs, marche, mais aussi équitation, tennis, pétanque, chasse et pêche, ski en Forêt Noire. Ils sont complétés par la pratique d'activités artistiques et manuelles les plus diverses destinées en particulier aux épouses, femmes au foyer.

Mais la participation aux activités est plus importante, comme le fait remarquer S. Guth[179], chez les épouses d'officiers ou de civils, alors que les épouses de sous-officiers témoignent d'une certaine gêne de se retrouver sur un pied

---

178 Auteur inconnu in «Mercure Revue des Forces françaises en Allemagne» novembre 1992 -page 15

179 Suzy Guth «*Les Forces françaises en Allemagne. La citadelle utopique*». Éditions de l'Harmattan 1991 220 p.

d'égalité à l'intérieur d'un club avec des femmes qui sont et restent avant tout les épouses des supérieurs hiérarchiques de leurs maris[180].
Plus favorisées de ce point de vue sont celles qui occupent un emploi au sein de la DEFA, dans l'un des services à la suite des Forces, ou, dans le cas de nombreuses épouses de gendarmes ou de sous-officiers, au sein des économats.
Pour les jeunes aussi les loisirs tiennent une place d'autant plus importante qu'une partie de leur temps est occupé les mercredis et samedis après-midi par l'achat de fournitures en France le plus souvent, et qu'une grande partie des vacances scolaires se passent hors d'Allemagne.
Dans toutes les garnisons l'autorité militaire met à leur disposition des locaux pour des activités collectives et ludiques et facilite la pratique des sports. Dans les garnisons les plus nombreuses deux institutions leur sont plus particulièrement consacrées. Une Maison des Cadets accueille les enfants de six à onze ans, les mercredis et samedis après-midi en période scolaire et tous les après-midis pendant les congés. La Maison des Jeunes s'adresse à ceux de onze à vingt ans (si scolarisés). Elle est ouverte tous les jours sauf les lundis en période scolaire et du lundi au samedi lors des vacances. Toutes deux sont équipées de salles de jeux, de lecture, de télévision. Elles permettent, en fonction de l'âge, l'initiation à de nombreuses activités manuelles et sportives, à des cours de danse et de natation, organisent des excursions en France ou en Allemagne et proposent sorties et stages de piscine, ski et parfois voile. Les deux établissements sont dirigés par des permanents civils. L'encadrement en revanche se fait par des soldats du contingent détachés, ou pour les plus jeunes, par des épouses volontaires.

« En hiver nous profitions du climat continental pour pratiquer le ski. Nous étions transportés en car militaire dans les hauteurs, vers de petites stations (Untersmatt ou Mehliskopf), courtes pistes équipées de tire-fesses. Pour d'autres activités nous avions (à Baden-Baden) la Base Canadienne, enclave nord-américaine avec notamment sa patinoire pour les mordus de hockey[181] *».*

« Le centre Équestre était au fond du quartier de Lattre de Tassigny. J'y ai pratiqué l'équitation de nombreuses années. Même en étant étudiante à Strasbourg je faisais du dressage les samedis matin dès 8h., en y allant en vélo.
Le Cinéma de garnison était aussi au Quartier. Mon premier souvenir fut Star Wars sorti en octobre 1977. Tous nos amis y étaient, le cinéma était très grand et la musique merveilleuse.
Le collège nous y emmenait aussi. Je me souviens du film des Fourberies de Scapin.

---

180 H.Engels-Perrein ibid. p. 250 et suivantes.

181 Fr. Pichot ibid.

A ce moment-là, pas de magnétoscope dans les familles, la sortie au cinéma était donc une distraction majeure[182]. »

Selon les époques et les garnisons, le ressenti de la vie en cité diffère.

« A la fin des années 1950 à Kehl, mes deux frères de 7 et 9 ans jouaient souvent à l'extérieur. « Ils se souviennent avoir fouillé dans les blockhaus en bordure du Rhin pour récupérer des douilles, avoir volé des cerises sur le chemin ... Ils se souviennent avoir vu les copains se bagarrer et y participer, avec des « carabines à patates ». C'était la guerre des boutons, mais en face il y avait des petits Allemands. Ils ont découvert un ressenti antiallemand qu'ils ne connaissaient pas jusque-là[183]. »

Dominique Lucius Ollier aînée d'une famille de 4 enfants arrive à Müllheim en 1972

« Nous venions de l'Alsace voisine. Notre père, dans la cavalerie, était muté au 12ème Cuirassiers comme capitaine. Nous fréquentions la petite école de la garnison. J'ai appris à lire avec un maître de classe très sévère qui avait peu de patience avec les gauchers comme moi ... Il était très impressionnant. Nous écrivions à la plume et j'ai encore un souvenir très précis des encriers à remplir avec un gros pot d'encre, cela se faisait par un élève digne de confiance, l'opération étant délicate.

J'ai suivi le CP et le CE1 dans cette école. Nous habitions près des économats. Il y avait deux grands bâtiments alignés le long de la route. Les maisons allemandes étaient proches de nos « blocs ». De l'autre côté il y avait des espaces verts et d'autres bâtiments de cette cité française. Notre appartement était au 4ème étage sans ascenseur, il me semblait très grand. Nous allions à pied à l'école, où d'autres français habitaient aussi. Ma grande amie Corinne logeait dans l'autre bâtiment (aligné au nôtre) mais au rez-de-chaussée. Nos parents étaient amis ... Avec Corinne nous nous retrouvions en bas de nos immeubles très souvent. Quand les jardiniers tondaient la pelouse nous aimions jouer à faire des cabanes dans l'herbe fraîchement coupée. Quelle odeur délicieuse ! Au moment de Noël nous admirions les jouets en grand nombre venus remplir les étalages des économats. J'ai compris alors que le Père Noël avait les ressources de mes parents ... Le cinéma de la garnison était près de l'école. Mon tout premier film fut les Aristochats de Walt Disney ... Nous n'avions pas de télévision mais les parents de nos amis commençaient à en acheter aux économats. Certains dimanches il n'y avait pas de voiture dans les rues. Toute la ville était concernée et vivait au ralenti. C'était très calme et nous pouvions jouer sur la route à notre plus grand bonheur.

Nous étions catholiques pratiquants et je me souviens très bien de la chapelle de la garnison où le Padre (l'aumônier militaire) célébrait. A la sortie de la messe nous jouions avec nos amis pendant que nos parents discutaient. Nous étions ravis que nos mamans soient bavardes. Les routes de la région étaient assez dangereuses surtout par temps de verglas. Je me souviens que

---

182 D. Ollier ibid.

183 N. Mossmann ibid.

Christine, une de nos amies de classe, a perdu sa maman d'un accident de voiture tragique. Le Padre l'a annoncé à la messe qui a suivi ... C'était bien triste. La garnison étant petite, il me semblait qu'on se connaissait tous. Quelque temps après notre Maman, avec mes 2 frères et ma sœur ont eu un accident de voiture assez grave ... Maman restera deux mois hospitalisée et Alain un mois dans l'hôpital allemand de la ville. Les 2 autres enfants n'avaient rien ... Une solidarité s'est très vite organisée autour de notre famille et je suis allée quelques jours chez mon amie Corinne, son Papa a pris en charge notre boxer Dick, en le confiant au centre équestre du quartier. Notre grand-mère et une amie de Maman sont venus la remplacer chacune un mois. Nous avons pu rester chez nous ... Quelques mois avant l'accident, notre père était parti comme Casque Bleu de l'ONU au Moyen Orient. Il ne rentrera que trois mois après, pour venir nous chercher car nous allions vivre à Jérusalem. Maman était tout juste remise. Nous avons déménagé en milieu d'année[184] *.»*

Témoignage corroboré par celui de Corinne Serge.

« Fille de militaire, mon enfance a été ponctuée de nombreux déménagements. Mes souvenirs les plus anciens datent de Müllheim et sont un peu flous ... Müllheim, 1972-1974. Nous quittons la garnison de Lure pour emménager à Müllheim. J'ai 6 ans et j'entre en CP. C'est une année scolaire terrible qui m'attend ... nous apprenons à écrire à la plume et je suis gauchère. Ma main emporte avec elle tous les mots fébrilement écrits à l'encre ... je suis punie chaque jour et passe mes récréations à effectuer des tours de cour. Ma grande amie Dominique, gauchère elle aussi, subit les punitions et les cris de l'instituteur. Müllheim c'est le temps de l'apprentissage du ski. Les mercredis d'hiver nous allons passer la journée sur les skis. Nous partons, en car militaire les pistes *avec quelques « appelés » pour nous encadrer. La piste est traversée par un petit cours d'eau. Quel défi du haut de mes 6 ans de passer cet obstacle ! J'en garde un souvenir formidable de descentes, de chutes, trempée mais réconfortée par les nonnettes que maman glissait dans mon petit sac. Müllheim, c'est ma grande amie Dominique. Nous habitons dans deux blocs différents mais côte à côte. Nous étions souvent l'une chez l'autre, nous faisions à peu près les mêmes activités. Cette belle amitié s'est arrêtée courant 1974 lorsqu'elle a déménagé à Jérusalem. Je me souviens l'avoir accompagnée à la frontière, et du chagrin éprouvé à ce moment précis. Il se passera 10 ans avant que le hasard nous réunisse de nouveau au moment des épreuves du bac au lycée Fustel de Coulanges à Strasbourg. Müllheim, c'est la fête du régiment : une journée extraordinaire dans ma mémoire, passée avec mon frère et ma sœur à descendre en tyrolienne et faire des tours de chars, « les chars de papa »! Malgré les nombreux déménagements des uns et des autres, cette garnison aura fait naître des amitiés profondes*[185]. »

De 1956 à 1960 la famille de Jacques Lenguin réside à Landau, dans le Palatinat. *« Une apothéose, tant la vie était belle. Un mess, des économats où tout était*

---

184 Dominique Lucius-Ollier. courriel avril 2020.

185 Corinne Serge. Courriel mai 2020.

détaxé, un cinéma français, une piscine. Une fin d'adolescence bien enviable pour moi. Ah! la piscine de Landau ! Rendez-vous incontournable de la jeunesse dorée que nous formions l'été ; c'était le lieu de tous les superlatifs ... La piscine et sa piste de danse étaient un endroit magique. Que du beau monde joyeux ! Et les bals ! Il fallait cautionner la sortie nocturne de ces demoiselles en envoyant le garçon considéré comme le plus digne de confiance les chercher chez elles. Mais bien sûr que l'on veillerait sur elles, que l'on ne rentrerait pas tard ! Au mess, champagne et repas de fête servis par de jeunes militaires appelés, orchestre jouant des tangos, pasos, valses, chachacha, rock, rumba, samba ... les cigarettes achetées au foyer 0,50 fr. le paquet de Players ... Quel paradis ! Ça, c'était pendant les vacances scolaires, trop courtes ! Puisque le reste du temps je vivais en France, pensionnaire puis enseignant. En 1960 fini la commedia, retour à la vie civile d'origine de nos parents, leur village pyrénéen de Bidache où ils étaient nés, qui avait été leur point de départ et devenait le point d'arrivée de la famille. C'était encore l'époque que l'on a coutume depuis de qualifier de « Trente Glorieuses ». Pour nous, ce devint le temps de serrer le budget. Nous remettions les pieds sur la terre[186]. »

Jean- Luc Videlaine a vécu à Baden-Baden de 1964 à 1968 :

« A la manière de G. Perec : JMS (Je me souviens ...) qu'il y avait quatre cités au nom de provinces françaises et que j'habitais l'immeuble Barfleur le plus proche du lycée où j'effectuerai la sixième après trois années en primaire ; JMS qu'il y avait une maison de la presse et que les albums de BD y étaient moins chers qu'en France (TVA ?)

JMS qu'on ne voyait quasiment pas les Allemands sauf la femme de ménage; une posture étrangement quasi coloniale

JMS des plaques bleues que nous repérions en vacances et qui étaient assez nombreuses au moins en Bretagne

JMS qu'un prêtre nouvellement installé avait dû faire un prêche assez étrange pour aller directement à l'hôpital psychiatrique (à Tübingen ?)

JMS qu'il y avait une kermesse annuelle qui était un événement, promu et géré par la femme du général Massu. JMS qu'en face de chez moi il y avait un gros transformateur électrique et que le grillage recourbé pour en interdire l'accès était orienté de manière aberrante (empêchant de sortir plutôt que d'entrer)ce qui suscitait des remarques malveillantes sur la culture maintenue des camps de concentration JMS que dans ces années (64- 68) le souvenir de la guerre d'Algérie était fortement présent parmi les militaires.

186 Jacques Lenguin ibid.

JMS qu'en mai 68 un camarade de sixième nommé Valentin et dont le père était un haut gradé nous a dit (la grève n'était pas très suivie au lycée!) " De Gaulle est venu voir Massu ce matin" et que je n'en ai pas vraiment jaugé l' importance[187]*. »*

Franck Serge arrive à la veille de noël 1975 à Baden-Baden avec son frère, son aîné d'un an.

«Cité Normandie Ortenaustrasse, bloc Le Havre 4ème étage à gauche, sera notre appartement jusqu'en juillet 1998. C'est ma mère qui est militaire de carrière, adjudant-chef dans les transmissions et qui est mutée à Baden-Baden. Nous habitions jusqu'à présent à Paris où mon père était électricien. Baden-Baden a une connotation particulière pour mes parents puisque ma mère y a vécu vingt ans plus tôt avec ses parents et a fréquenté également le Lycée Charles de Gaulle avant de travailler en tant que « péfate » (personnel féminin de l'armée de terre devenu par la suite les « sofates » sous-officiers féminins de l'armée de terre). C'est aussi à Baden-Baden qu'elle a rencontré Bernard Serge jeune appelé qui réalisait son service militaire et qu'elle épousera à son retour de la guerre d'Algérie. Je suis dans ma neuvième année et je vais découvrir ma nouvelle école primaire cité Paris, classe de CM2. Arriver en cours d'année et dans une nouvelle ville n'est pas chose simple. Passer du rythme parisien et ses interdits à la vie en cité militaire et ses libertés. Tout d'abord je dois apprendre à me débrouiller seul pour aller jusqu'à l'école. Après les cours je dois faire mes devoirs seul et je peux jouer dehors dans la cité sans surveillance particulière. Pour des raisons de programme scolaire et d'adaptation je rejoins l'école primaire cité Normandie. Nous sommes initiés à la langue allemande (ce sera mon unique formation). Mon bagage linguistique allemand est donc très faible. Mes amis sont tous des enfants de militaires, d'enseignants, de personnels civils français mais aussi de quelques allemands qui travaillent pour les français en tant que personnels civils étrangers ou qui ont épousés un français et qui ont leurs enfants scolarisés dans les écoles françaises.

Mes souvenirs de cette période sont de pouvoir circuler et jouer dehors librement, de pouvoir faire des activités d'adultes seul. Jouer au foot en bas de l'immeuble. Aller à la Maison de la Presse ou porter les verres consignés aux Économats pour se faire un peu d'argent de poche. Aller à la rencontre d'autres jeunes à la Maison des Cadets (que j'ai en réalité peu fréquenté). Faire des courses de vélo dans les rues. Se promener dans la forêt derrière le lycée et monter jusqu'à la maison du Général ou s'arrêter à l'étang aux têtards. En hiver faire de la luge sur les pentes de l'église. Avec le recul, nous avions une vie « de village comme à la campagne » entre le cours d'eau l'Oos et la forêt, en vase clos. Rien ne venait perturber nos activités d'enfant. A noter que les militaires étaient mutés pour un séjour d'environ 3 ans contrairement aux enseignants et autres civils qui pouvaient rester autant qu'ils voulaient.

187

Jean-Luc Videlaine Courriel mai 2020.

Ma mère ayant changé d'armes en rejoignant, après quelques années, le dispensaire et puis ensuite une affectation à l'hôpital de Strasbourg et mon père étant personnel civil français, ont fait que nous avons pu rester 23 ans à Baden-Baden. J'ai donc fait une grande partie de ma scolarité au collège - lycée Charles de Gaulle que j'ai quitté en fin de seconde (1982) pour rentrer au Lycée National Militaire de la Flèche. Je revenais pour les vacances à Baden-Baden. J'ai fini mes études supérieures à Strasbourg où j'ai vécu jusqu'en 1991. Je rendais donc visite régulièrement à mes parents le week-end avec mes enfants. Je m'y suis fait des amis bien sûr mais je n'ai gardé de réels contacts qu'avec la famille Ollier: Marc avec qui j'ai fait toutes les classes de la 6ème à la seconde et Dominique, sa sœur aînée. Mon épouse, Corinne Dubouchet, est une amie d'enfance des Ollier et nous leur devons sans doute notre rencontre. Les amitiés se formaient par le voisinage et l'école.

Nous étions logés tous dans des cités mais pas tous « à la même enseigne ». Ainsi la cité de Marc cité Paris, était la cité des officiers. La cité Normandie était destinée aux sous-officiers et assez mélangée avec des immeubles d'allemands. La cité Bretagne était plus pour les enseignants. Mais, cela importait peu pour des enfants et les barrières tombaient facilement. Il faut dire que les distances entre les cités étaient courtes et l'on passait de l'une à l'autre rapidement pour aller au dispensaire, aux économats, à la maison de la presse, à l'église, etc. Il y avait cependant une cité un peu à part, plus à l'écart, la cité Thiérache (dont je ne comprenais pas le nom car ce n'est pas une région administrative de France). Au collège et lycée on côtoyait aussi les enfants d'autres villes des FFA (Rastatt, Bühl, Achern, etc.) pensionnaires et demi-pensionnaires. Parmi les événements on trouve également les marches de 10, 20 ou 30 km organisées le week-end par les différents régiments français en Allemagne, mais aussi les bases canadiennes et américaines (J'aimais, lorsque nous allions faire des courses ou des marches dans ces bases. On était dans un autre monde, un autre folklore). Je crois me souvenir que la marche annuelle de Baden se nommait la « Gipfelmarch[188] » et passait par le Altes Schloss. Ces marches se faisaient en famille. Juste l'occasion de rencontres, de se retrouver après l'effort dans une ambiance kermesse : bières-frites, musiques et démonstration de matériels militaires. Mais c'était aussi pour nous, enfants, l'occasion de collectionner des médailles qui étaient distribuées après chaque course en bronze, argent ou or selon la distance parcourue et le temps réalisé. Baden-Baden c'était aussi l'accès à plusieurs cours de tennis en terre battue, cité Paris ou Bretagne, la piscine extérieure de Hardbergbad et toujours les promenades en forêt seul ou entre amis derrière le lycée. Difficile de parler des FFA sans citer les Économats et ses produits détaxés : vêtements, hi-fi, vidéo, bijoux de luxes. Il y avait également ce petit magazine local dont je ne me rappelle plus du nom. Un mensuel qui nous informait de la vie des FFA.[189] Les bureaux étaient près de la

188 La «marche des sommets.»

gendarmerie. Mais l'événement pour moi reste ma rencontre avec Corinne née Dubouchet et mon mariage. Du Mac Do de Baden-Baden où elle travaillait l'été 1984 pour se payer une chaîne hi-fi, au Consulat de France le 28 juillet 1989. Le 29 juillet c'est dans l'église, cette ancienne salle de cinéma transformée en lieu de culte, qu'est célébré notre mariage. Nous nous rendons ensuite à pied à la Tour d'Auvergne suivis par nos invités. Mes deux aînés ont pu profiter encore quelques temps des jeux en bas de l'immeuble Le Havre »[190]

Claire Javori, fille de militaire habite en cité Paris de 1980 à 1985.

« Nous avons mené une vie très communautaire. Nous nous retrouvions entre amies, au pied de l'immeuble, pour aller au lycée. Le tennis de la cité était également un lieu de rendez-vous. Nous allions au cinéma à la caserne. En bande, une dizaine environ, nous organisions des fêtes le samedi chez les unes ou les autres, ou dans les chambres de bonnes. Des sorties shopping avaient lieu à Strasbourg ou à Kehl. J'ai pu faire de l'équitation à la caserne. Nous avons vécu dans un cocon fermé, des adolescents toujours en bande [191]*... »*

« Durant l'année, en dehors du 31 décembre, nous allions à quelques soirées dansantes chez les uns ou les autres, ou aux quelques conférences organisées dans les salles situées sous l'église Notre-Dame. Sortis de ces rencontres incontournables, il y avait nos réunions hebdomadaires assez régulières chez les copains dont les parents occupaient le 2ème étage et qui pouvaient profiter de chambres de bonne (pour être au calme c'est à dire sans les parents). Là, autour d'un verre, écoutant les tubs musicaux du moment et noyés sous les fumées de cigarettes, nous refaisions le monde en repassant les événements de la semaine écoulée, égratignant au passage, parfois mais pas toujours, profs ou personnes que nous n'aimions pas assez (à l'époque). Finalement et avec le recul, et avec 30 ans d'avance, les premiers réseaux sociaux étaient créés sous l'appellation Radio Chambres de Bonne[192] *».*

Denise Gault entre en 6ème au lycée Charles de Gaulle en 1977.

« Nous venions de Constance. Mon père, jeune militaire de carrière, y avait rencontré ma mère dans une droguerie allemande, où elle travaillait. Leur mariage, en décembre 1965, fut longtemps retardé du fait que ma mère étant originaire de Prusse Orientale, l'armée avait fait effectuer des enquêtes sur d'éventuelles possibilités d'espionnage de la part des services secrets de l'Est. Je vins au monde, prématurée, un mois plus tard ... Ma grand-mère demeurant à

---

189 «Mercure du Pays de Bade» revue mensuelle imprimée par l'Atelier d'Impression de l'Armée de Terre et diffusé dans les garnisons de Baden-Baden, Bühl, Rastatt, Karlsruhe, Sinzheim, Pforzheim, Renchen, Achern, Kehl, Oberkirch.

190 Franck Serge courriel Février 2020.

191 Claire Javori témoignage à l'auteur. Mai 2020.

192 Fr. Pichot ibid.

Constance, nous avions, à part un court séjour à Haguenau, continué à y habiter lors des mutations de mon père. Peu après leur arrivée à Baden-Baden, mes parents divorcèrent. Ma mère put garder, pour mon frère et moi, notre appartement en cité Normandie, face au lycée. Mon père obtint quant à lui un appartement pour célibataire. Lorsqu'en 1982 il est muté à Chalons-sur- Marne, il fallut rendre les 2 appartements. Ma mère trouva un logement dans un immeuble allemand au bout de la même rue, face à la cité Normandie, à proximité de la Maison de la Presse. En 1984 après mon bac je m'inscris d'abord à la fac à Constance. Au bout d'un an toutefois j'intégrais l'université de Strasbourg et j'obtins un poste de maîtresse d'internat au lycée Charles de Gaulle que j'occuperai de 1986 à septembre 1993. Par la suite les week-ends et les vacances se passeront à Baden-Baden jusqu'en 1995, au décès de ma mère. Bien qu'habitant en secteur allemand, j'ai continué à partager entièrement la vie de mes camarades du lycée. Nous nous retrouvions au pied de l'échangeur électrique devant le lycée avant les cours. C'est là que la plupart des élèves ont fumé leur première cigarette ! Mes ami(e)s venaient souvent chez moi à la maison après les cours. En 1ère et terminale nous allions jouer au ping-pong en ville et chaque année il y avait pour les élèves de ces deux classes une boum au cercle franco-allemand. Les contacts avec le milieu allemand étaient assez limités. Pendant les vacances j'ai travaillé à Mac Do et à la Poste allemande en ville. Ma mère n'avait pas vraiment d'amis dans le milieu allemand et nous vivions complètement côté français. Je l'ai ressenti un peu comme un ghetto où je me sentais bien, tout en y étant pas tout à fait, mais avec plutôt l'impression d'être un peu à cheval sur deux milieux. Aujourd'hui encore plupart de mes amis sont des anciens du lycée[193]. »

Tous les jeunes évoluant dans les cités ne sont toutefois pas membres des FFA. Certaines familles françaises établies en RFA pour des raisons professionnelles ont choisi de scolariser leurs enfants dans le système scolaire proposé par la DEFA. Ceux-ci sont ainsi amené à partager la vie de leurs camarades résidents dans les cités.

Jean-Frédéric et Marc S., dont le père vient d'être nommé directeur d'une entreprise allemande rachetée par une société française, découvrent ainsi, en 1979, les cités de Baden-Oos. La famille résidant en secteur allemand à Baden-Baden Lichtental d'abord, puis dans la commune voisine de Sinzheim les deux garçons empruntent, avec une carte de transport payante, les cars de ramassage scolaire militaires.

Jean-Frédéric entre au CE1 de l'école Paris :

« Essentiellement fréquentée par des enfants d'officiers ou de civils assimilés, je n'ai jamais vraiment réussi à m'y intégrer, pas plus qu'au lycée plus tard. S'il n'y avait pas de

193 Denise Gault entretiens téléphoniques juin 2020.

problèmes au niveau de la classe je me sentais bien seul en dehors. La fréquentation de l'aumônerie pour la préparation de la Communion, la Maison des Cadets puis de la Maison des jeunes, et même des terrains de tennis ne m'ont pas permis d'intégrer véritablement le milieu FFA. Je l'ai entre-aperçu en partie, grâce à Stéphane E., le fils d'une vieille amie de ma mère, professeur au lycée et qui était d'un an mon cadet. Avec lui j'ai partagé des camps de louveteaux et, en 1982, une colonie de vacances organisée par l'armée à Schönwald au Feldberg, dans un chalet lui appartenant. Tout le monde se connaissait sauf nous, il a beaucoup plu et nous nous sommes royalement ennuyés ! Les dimanches nous allions de temps en temps déjeuner avec ses parents au Cercle Mess de Bühl, où le sentiment de hiérarchie était moins pesant. Je n'ai eu que deux autres copains FFA, l'un fils d'un couple voisin, qui n'habitait pas dans la cité française de Sinzheim et l'autre à Winden, tout près de chez nous. Nous prenions le car ensemble. Mais contrairement à mon frère Marc, plus âgé, les contacts pour moi n'ont pas non plus été plus faciles du côté des jeunes allemands qui me considéraient comme « Français » ! D'où le désagréable sentiment d'être quelque part « entre, au milieu. [194] »

Marc lui entre en 4ème au lycée Charles de Gaulle,

« J'ai apprécié le côté un peu fermé, un peu cocon du milieu du lycée. J'ai noué rapidement d'excellents contacts avec des copains fils de militaires ou civils FFA, dont M. Poirot, le fils du surveillant général, ce qui me permettait de monter chez eux lors des récréations ou des permanences. Avec quelques filles aussi, souvent mal dans leur peau, du fait de leur vie en milieu fermé. Grâce à eux j'ai pu fréquenter la Maison des Jeunes et même les Économats et aller faire la fête au cercle franco-allemand de Baden-Baden. Nous partagions diverses activités sportives, le tennis ou l'équitation au quartier de Lattre. Si j'ai ressenti au début une certaine appréhension de la part des parents de certains de mes copains, je n'ai jamais ressenti de gêne franche à mon égard. Et j'ai gardé d'excellentes relations, aujourd'hui encore, avec certains d'entre eux.

Par contre j'ai été effaré de constater que certains élèves n'avaient jamais mis les pieds en secteur allemand. Pour eux sortir du cocon des cités était une véritable aventure, pas forcément intéressante, puisque tout se trouvait sur place. Ils se sentaient coupés du monde avec l'impression que rien n'existait en dehors d'eux »[195].

194 Jean-Frédéric S. Témoignage à l'auteur Strasbourg mars 2018.

195 Marc S. Témoignage à l'auteur. Strasbourg mars 2019.

Berlin et la Berlinite[196]

Par le protocole de Londres du 12 septembre 1944 parallèlement à la création de trois puis quatre zones d'occupation en Allemagne, le territoire de Berlin, devient une région spéciale occupée conjointement par les quatre puissances signataires, États-Unis, Grande-Bretagne, France pour la partie ouest, Union Soviétique pour la partie est.

Le secteur américain, le plus étendu des trois secteurs occidentaux, occupe la partie sud et sud-ouest de la ville. Il jouxte le secteur soviétique. S'y trouvent les seuls points de passage, Check Point Charlie ouvert pour les Alliés, entre les secteurs occidentaux et oriental, et Check Point Bravo au poste de contrôle de Wannsee unique point de transit routier vers la RFA, depuis la construction du Mur en 1961. Il abrite également l'aéroport de Tempelhof.

Le secteur britannique s'étend sur le centre de la ville, la partie la plus prestigieuse avec le Kurfürstendamm, le château de Charlottenburg et le stade olympique, ainsi que l'aéroport de Gatow.

Le secteur français au nord-ouest couvre les deux districts de Reinickendorf et Wedding, cédés en 1945 par les Britanniques[197]. C'est le secteur le plus aéré, un tiers de la surface étant constitué de forêts et de lacs. Surtout c'est là que se trouve l'aéroport de Tegel construit en trois mois lors du blocus de Berlin par les Soviétiques (juin 1948- mai 1949), et depuis 1975, seul aéroport international en activité.

Le statut de Berlin est défini par un ensemble de textes et d'accords conclus entre les quatre puissances en 1944 et 1945.

La mise en place de l'administration conjointe de la ville est confiée à une Autorité Interalliée, de Gouvernement : la Kommandatura, crée le quatorze novembre 1944. En dépit du retrait des Soviétiques le premier juillet 1948, et des vicissitudes politiques, elle restera en vigueur jusqu'à la réunification de l'Allemagne, le trois octobre 1990.

En 1949 la division de l'Allemagne entraîne la division de Berlin : les trois secteurs occidentaux rejoignent la RFA, le secteur soviétique la RDA.

En revanche, la fin du régime d'occupation par les Occidentaux en Allemagne de l'ouest en 1955 ne concernera pas Berlin. Ils y conservent l'intégralité de

---

196 Annexe : cartes XI:Berlin-Ouest, XII:Le secteur français de Berlin

197 La France n'ayant adhéré que le vingt-six juillet 1945 au Protocole de Londres sa zone d'occupation avait été prise sur celles américaines et anglaises. A Berlin c'est le gouvernement britannique intéressé par la présence à ses côtés d'un allié européen, qui cède la partie nord de son secteur.

leurs droits et responsabilités qu'ils délèguent toutefois, dans les faits, au gouvernement de la ville : le Sénat de Berlin.

Le Gouvernement Militaire Français de Berlin, dont l'organisation reflète celle de la Kommandatura est dirigé par un général qui tient son autorité, en temps de paix, de l'ambassadeur de France à Bonn. En cas d'agression armée il serait directement rattaché au Chef d'état- Major des Armées. Il est assisté par un Ministre Délégué fonctionnaire du Ministère des Affaires Étrangères qui le remplace en son absence.

La vie des quelque trois mille personnels français présents à Berlin, dont mille neuf cents appelés, présente de très nombreuses similitudes avec celle des autres garnisons françaises présentes en Allemagne.

Mais du fait de l'éloignement de la métropole et surtout du contexte géographique et géopolitique « la vie se déroule en vase clos dans l'autre vase clos : Berlin Ouest »[198].

Rejoindre Berlin s'effectue déjà dans des conditions particulières.

Il faut soit emprunter l'autoroute Hanovre-Berlin, soit un avion desservant l'aéroport de Tegel, ou encore le train militaire français. Trois fois par semaine, depuis le poste-frontière de Helmstedtd, il assure à travers le territoire de la RDA, la liaison aller-retour entre la gare de Strasbourg et la gare française de Tegel, un ancien dépôt de marchandises aménagé dans ce but en 1946. Il est escorté par des gendarmes de la prévôté de Berlin.

« *J'avais douze ans quand je suis allé à Berlin … Nous avons traversé l'Allemagne de l'Est en train. Tous les rideaux devaient rester baissés. Il était interdit de regarder dehors*[199]. *Mais j'ai passé outre discrètement. C'était la nuit. Et j'ai vu les Vopos, (soldats/policiers est-allemands) figés dans leurs uniformes, qui montaient la garde, plantés tous les cinquante mètres comme des poteaux. La guerre froide était à son comble, la paranoïa aussi.*[200] »

Les avions militaires eux sont réservés en priorité aux militaires du rang permissionnaires, entre Berlin et Vélizy-Villacoublay. Ils peuvent, à la demande,

---

198 Michel Louyot « *A pas de velours. Mes missions culturelles dans l'autre Europe*» Éditions Desmaret 2000. Pages 97 et suivantes. M. Louyot était attaché culturel à Berlin mais habitait à la cité Foch et a consacré tout un chapitre de ses souvenirs en Europe de l'Est à son passage à Berlin.

199 La consigne venait des autorités françaises, qui voulaient éviter tout incident avec les soviétiques ou les Vopos.

200 J.B. Nardy ibid

également embarquer ou débarquer sur les bases aériennes d'Orléans-Bricy ou d'Évreux, voire de Toulouse.

Un tiers des appelés, sur les près de 120 000 soldats stationnés à Berlin entre 1945 et 1994, originaires de toute la France, avec une prévalence pour le bureau du service national de Valenciennes, sont des volontaires.

C'est le cas également des cadres, venus souvent des autres zones de stationnement.

Pour Nicolas Guillemet être affecté comme Capitaine commandant un Escadron au 11ème Régiment de Chasseurs à Berlin, après deux années de chef de section-instructeur à l'École Spéciale Militaire de Saint –Cyr, était une aubaine.

« Le contexte de Guerre Froide et la situation de Berlin-Ouest enclavée en RDA entraînent pour les personnels militaires des contraintes spécifiques.
Être affecté à Berlin était un privilège car, à l'époque de la « Guerre froide », les Forces Françaises stationnées au Quartier Napoléon (FFSB) bénéficiaient d'avantages sérieux quant aux conditions de vie et d'entraînement. Le statut même des unités en poste à Berlin Ouest, qu'elles soient américaines, britanniques ou françaises, était en effet particulier. Notre présence avait pour but de garantir une enclave de liberté démocratique et culturelle au sein même de la RDA (République Démocratique Allemande) face au régime imposé par l'Urss dans le cadre du traité du « Pacte de Varsovie ».
Pour se faire nous bénéficions de facilités bien appréciables, à commencer par du matériel de qualité mis à disposition en partie par le gouvernement Ouest allemand. Les conditions d'entraînement et le contexte opérationnel ensuite, faisait que chaque unité devait être susceptible d'intervenir en quelques minutes, dotée de munitions réelles embarquées dans les engins ou à disposition dans des salles en sous-sol de chaque compagnie ou escadron. Rien que cet aspect qui peut paraître anodin rendait la situation unique pour nous autres, officiers, sous-officiers et militaires du rang d'active. Les cadres étaient d'autant plus motivés que les appelés du contingent affectés à Berlin étaient tous volontaires. Ils participaient donc activement à tous les exercices sans état d'âme. De toute façon, il suffisait de les emmener en bus dans Berlin-Est en passant par le fameux « Check Point Charlie » deux jours après leur incorporation pour qu'ils comprennent vite les raisons de leur présence et du maintien du Service National.
Il faut également ajouter que la notion « d'Esprit de Corps » si importante pour les militaires, était d'autant plus développée et facile à gagner que nous avions des activités tous les jours de la semaine, y compris le dimanche matin. Au sein des unités nous étions donc comme en famille, n'ayant pas la possibilité de prendre des congés en dehors de deux périodes dans l'année, sous réserve d'être relevé par une unité venant de France ou des Forces Françaises en Allemagne (FFA). Chaque unité faisait donc preuve d'une grande cohésion car

nous étions en permanence ensemble sans que des week-ends de permissions viennent rompre le rythme des activités ou perturber les militaires du rang du contingent. [201] »

Tous, mais surtout les militaires du rang, sont appelés à servir, avec leurs homologues américains et britanniques, en milieu urbain dans des conditions particulières : patrouilles en ville et jusqu'en 1990 le long du Mur et à Berlin Est, détachements d'intervention dont la réaction doit être immédiate. Dans ce but, tous les appelés, dès leur arrivée, suivent un mois de formation élémentaire toutes armes et trois semaines d'entraînement commando ou de formation spécialisée. Durand ces périodes, ils bénéficient de cours d'allemand élémentaire. Hormis celles du Quartier Napoléon, il existe peu d'autres possibilités pour l'instruction : un stand de tir couvert et un terrain d'exercices en secteur français, et deux villages reconstitués en dur, américain et britannique, qui permettent l'instruction au combat en zone urbaine. Chaque année ont lieu deux manœuvres et deux exercices tripartites en coopération avec les Alliés.

Les permissions de fin de semaine ne leur permettant pas de retourner dans leurs familles, ils bénéficient de cinquante jours qu'ils peuvent prendre en bloc à la fin du service, soit fractionner en cours de service. Chacune de leurs familles d'autre part est invitée à venir passer quelques jours à Berlin, en séjour groupé ou fractionné en deux fois. Elles bénéficient du trajet en train militaire et de l'hébergement en hôtels et au mess du Quartier Napoléon.

Les cadres de leur côté effectuent certaines missions spécifiques : « Au 11ème régiment de chasseurs, les chars doivent être prêts à intervenir 24 heures sur 24, avec les munitions nécessaires à bord et les obus dans les tourelles. Les officiers français, comme les américains et les anglais, gardent à tour de rôle la prison de Spandau où est détenu Rudolf Hess. La Mission Militaire Française effectue des visites « de reconnaissance » à Berlin-Est[202] » … « Dans la cité Foch certains officiers s'absentaient la nuit pour des opérations de renseignement. Un autre, dont le grand-père était Russe, était aux écoutes[203]

Tous les personnels militaires et PCE ainsi que les membres de leurs familles bénéficient de la carte d'identité FFA. S'y ajoute une carte G.M.F.B. (Gouvernement militaire français de Berlin) qui donne accès aux économats

---

201 Nicolas Guillemet Témoignage à l'auteur. Août 2020.

202 Jean Rigail témoignage à l'auteur. Bitche octobre 2018 Les membres des quatre missions militaires de liaison peuvent circuler librement dans le secteur Est, ce qui permet également aux Soviétiques de se déplacer dans Berlin-Ouest.

203 Michel Louyot ibid

français et alliés, au passage du couloir routier vers la RFA et à Berlin. S'y ajouteront à partir du 1er août 1988 la gratuité du transport par le train militaire jusqu'à Kehl, dans la limite de huit allers - retour par personne et par an, la gratuité également sur tous les transports en commun de la ville, deux allers - retours ou quatre allers simples en RFA sur les trains de la Bundesbahn. Les invités des membres des Forces bénéficient de seize allers - retours par an et par chef de famille ou de huit voyages pour un célibataire.
Les PCE, majoritairement Allemands, occupent les postes subalternes.

Le cœur du secteur français est constitué par le Quartier Napoléon, ainsi nommé en mémoire de la première occupation française de Berlin en 1806. Il s'élève à l'emplacement d'une ancienne caserne construite en 1896, dont les bâtiments sont occupés, après la première guerre mondiale, par divers entrepôts civils puis par la police locale, avant d'accueillir, en 1936, les unités du Maréchal Goering. Les transformations entreprises alors donnent toujours encore au Quartier son aspect actuel. Occupé par les troupes françaises dès le douze août 1945, il concentre la quasi-totalité des troupes et services militaires ainsi que la plupart des services civils des organismes dits « à la Suite des Forces », comme ceux présents dans toutes les autres garnisons françaises, l'hôpital des Armées Louis Pasteur, un Foyer du Soldat pour les appelés, mess, restaurants et hôtels pour les visiteurs, piscine d'été et d'hiver et deux salles omnisports.
Les familles logent en cités-cadres, en tenant compte toujours du grade et de l'importance de la famille. Deux, Joffre et Pasteur, jouxtent directement le Quartier. Wedding, pour les officiers supérieurs, et Guynemer sont à deux km., Foch plus récente est plus éloignée, à proximité du groupe scolaire, du complexe des économats et du cinéma.
Les appartements sont entièrement meublés et toujours dotés du linge de maison, de la vaisselle et de la verrerie, ainsi que des ustensiles de cuisines les plus usuels y compris les appareils électro-ménagers. Les bâtiments collectifs sont équipés d'une buanderie avec lave-linge collectif.
La vie quotidienne présente de nombreuses similitudes avec celles existant dans les autres garnisons françaises présentes sur le territoire de la République Fédérale.
Seul l'enseignement diffère quelque peu avec des établissements du primaire au collège Foch relevant de la DEFA et un lycée franco-allemand situé dans le quartier du Tiergarten à Berlin Ouest, « Le Lycée Français » fondé en 1689 par les huguenots français et qui relève, pour sa section française, du Ministère des Affaires Étrangères.
Un service de ramassage par cars militaires existe entre les cités-cadres et le lycée mais celui-ci est peu fréquenté par les enfants des personnels français

présents, car une partie de l'enseignement se fait dès la sixième, en allemand, ce qui pose problème pour les élèves non-bilingues. De ce fait la plupart d'entre eux effectuent leur second cycle, comme internes, au lycée de Baden-Baden. Quant aux études supérieures elles s'effectuent en France.
Un jardin d'enfants privé franco-allemand situé en dehors des cités accueille les enfants de moins de six ans des PCE du Gouvernement Militaire et, dans la limite des places disponibles, ceux dont les parents membres des Forces travaillent tous les deux. Il offre également un service de garderie avant et après les classes, le mercredi ainsi que durant la période des vacances, pour les enfants de trois à huit ans scolarisés dans les écoles françaises.
Économats de l'armée, magasins américains, Pavillon du lac (établissement situé sur le lac de Tegel), autant de points de ravitaillement à des conditions intéressantes permettant de vivre en autarcie.

«Quant aux infrastructures elles étaient encore plus importantes à Berlin qu'à Baden avec la possibilité de profiter, pour ceux qui le souhaitaient, de tout ce que la ville de Berlin Ouest proposait ((concert, spectacle, cabarets etc ...)[204]

« *La vie à Berlin est une prison dorée surtout pour les épouses*[205] ».

Conformément au statut d'occupation toujours en vigueur, chaque famille bénéficie, en fonction de son rang hiérarchique, d'une voiture souvent avec chauffeur, mise à disposition pour les épouses, et d'un personnel domestique allemand plus ou moins important.

« *Pour les dîners officiels il me suffisait de préparer le menu et de faire mes achats en conséquence. Le matin ou l'après-midi selon arrivait une équipe « la colonne » munie de tous les ustensiles nécessaires, qui se chargeait des préparatifs, du service et ensuite débarrassait. A la fin de notre séjour nous avons déménagé dans l'ancien casino (mess) de Goering. Je disposais alors d'une cuisinière, d'une bonne, d'un chauffeur privé et d'un jardinier* [206] ».

Vie sociale et loisirs tiennent une place importante. Tous les quinze jours La Gazette de Berlin, un bulletin de 25 à 30, pages fait le point sur les principaux événements politiques et militaires qui touchent la garnison et annonce toutes les manifestations culturelles et sportives à venir, y compris à Berlin même.
Deux cinémas proposent chacun par semaine quatre films récents souvent sortis en salle deux ou trois mois auparavant à Paris. Des clubs sportifs offrent

---

204 N. Guillemet ibid.

205 J. Rigail ibid.

206 Denise Cler confidence à l'auteur Berlin Tegel juillet 1993 (Le colonel Cler était l'adjoint du dernier Général commandant Berlin).

de nombreuses possibilités : piscines, patinoire, tennis, golf, ou randonnées sur les pistes cyclables à Frohnau. Une section culturelle organise toute l'année, à jours fixes, des visites guidées dans les différents secteurs de la ville et chaque semaine, selon les possibilités, des visites de musées, d'expositions, d'entreprises.

« A côté de la vie mondaine avec ses réceptions, dîners, thés, bals il y avait les diverses activités sportives. La fréquentation des cafés berlinois à l'atmosphère si typique. Des journées shopping étaient organisées à plusieurs, chez les Américains où l'on payait en dollars ou chez les Anglais qui avaient une monnaie d'occupation spécifique. À Berlin-Est on pouvait faire des achats dans deux grandes surfaces, une librairie internationale, un magasin de souvenirs typiquement russes et un magasin de porcelaine de Saxe. Celui-ci, quand il nous voyait arriver, baissait son rideau de façon à ce que nous puissions faire nos choix loin des regards curieux. L'offre culturelle aussi était importante : musées gratuits à l'ouest, expositions, théâtres, opéras à l'est d'ailleurs également[207] ».

Sur le plan militaire des contacts variés sont organisés avec le milieu local. Chaque régiment est jumelé avec l'un des deux districts du secteur français, la musique militaire apporte son concours à de nombreuses manifestations populaires allemandes. La fête populaire franco-allemande, portes ouvertes annuelles au Quartier Napoléon manifestations du 14 juillet, bal français, semaine de l'amitié inter-alliée attirent un nombreux public. . Le stade olympique de Berlin accueille de son côté la course pédestre internationale de 25 km. À laquelle participent également des appelés des autres garnisons d'Allemagne.

Chez les civils les contacts sont limités, comme ailleurs, par le problème de la langue. L'Institut Français pourtant propose de nombreux cours et conférences, mais qui sont peu suivis. Les mariages mixtes restent peu nombreux. S'y ajoute peut-être, dû au contexte militaire particulier de Berlin, un certain sentiment de supériorité.

« Une belle vie factice pour les civils comme pour les militaires. Il y fait trop bon vivre et on y contacte un mal spécifique la « berlinite ». Ce qui explique pourquoi il a pu y avoir quelquefois des suicides chez certains civils au moment du départ[208] »

« Le microcosme des français à Berlin décalés par rapport à leur niveau de vie en France, avaient beaucoup de facilité financière et une soif de dépenses en tout genre en

---

[207] Catherine Rigail témoignage Bitche octobre 2018

[208] M. Louyot ibid.

commençant par les voitures …. Oui la « berlinite » était omniprésente et plus les personnes restaient longtemps à Berlin plus c'était le cas. [209]

Le 9 novembre 1989 change totalement la donne.

« En cette soirée du jeudi 9 novembre 1989, j'avais organisé avec mes camarades commandant d'unités français une soirée dite interalliées avec nos collègues commandants d'unités américains et britanniques. Au cours du repas qui était des plus convivial, nous évoquions les événements liés à l'ouverture du rideau de fer à la frontière austro-hongroise et les tensions au sein du gouvernement Est –allemand qui, pour nous, aller déboucher tôt ou tard sur une ouverture du mur de Berlin au cours des mois à venir. Loin de nous l'idée que cette chute du mur allait être imminente …

Vers la fin du repas en effet, mon camarade Capitaine de gendarmerie fut appelé afin d'être informé de la situation en cours … Quelle fut notre surprise à tous quand il nous annonça de retour dans la salle à manger que le porte- parole du gouvernement Est –allemand venait de faire une déclaration de libre circulation, ce qui était en train de créer une effervescence sur l'ensemble des points de passage du Mur.

C'est ainsi qu'avec mes camarades Majors et Capitaines français et alliés, nous nous sommes rendus dans la demi-heure qui suivit au Check-Point Charlie. Et c'est là qu'impuissants, en tenue de soirée (tenue Bleue pour les français et tenue de cérémonies pour les américains et les britanniques) nous avons assisté à quinze minutes d'angoisse car la police Est-allemande surnommée les Vopos, n'ayant pas reçu d'ordre, tenait en joue la foule qui arrivait en masse pour franchir le Check-Point ….

Heureusement il n'y eut pas de bain de sang et nous avons été témoin de la liesse de ces Est-allemands qui pendant toute la nuit ont franchi ce Mur qui avait séparé Berlin en deux pendant 28 ans (13 août 1961 – 10 nov 1989). Ce fut réellement une nuit inoubliable et invraisemblable … mais l'impact pour nous officiers occidentaux en poste à Berlin Ouest fut différent de ce que les médias ont souhaité faire ressortir …

Très vite en effet, je me suis rendu compte de la dichotomie qui pouvait y avoir entre les messages diffusés par les médias et la réalité du terrain comme on dit …

Cette réalité au quotidien était le fait que les Berlinois de l'Ouest qui bénéficiaient de beaucoup d'avantages du fait de leur enclavement, se sont sentis abandonnés par le gouvernement de RFA qui donnait à ce moment-là la priorité aux Est –allemands pour les intégrer le plus vite possible dans une société au sein de laquelle les repères étaient bien différents … Ainsi lorsque Christine Ockrent en direct du Check Point Charlie témoignait de la ferveur des Ouest –allemands pour leurs confrères de l'Est, c'était totalement faux [210]*… »*

---

209 N. Guillemet ibid.

210 N.Guillemet ibid.

La chute du Mur le 9 novembre 1989 et la réunification allemande le trois octobre 1990 rendent caduc le statut de Berlin. Un nouvel accord de stationnement signé avec les trois occidentaux prévoit un nouveau dispositif d'une durée limitée, en principe jusqu'en décembre 1994, date de la fin du retrait des 380 000 soldats soviétiques du Groupe des Forces Ouest.
Le Gouvernement Militaire disparaît. A sa place un Commandement des Forces Françaises stationnées à Berlin, qui relève dorénavant dans le domaine militaire de l'État-major des Armées, et, pour le reste, du général commandant en chef des FFSA.
L'aéroport de Tegel passe sous la totale responsabilité allemande après la suppression du contrôle aérien français, le 31 décembre 1992. Il accueille toutes les compagnies aériennes internationales y compris l'Aéroflot.
La RFA toutefois continue à prendre en charges les mêmes dépenses qu'avant la réunification, assurant la gratuité des logements et des charges, le maintien de la carte d'immatriculation FZ et la gratuité du train militaire pour les appelés. Celui-ci cependant devient payant.

« Dans les mois qui ont suivi cette chute du Mur, de nombreux incidents ont eu lieu au cours desquels les militaires américains, britanniques et français, chacun dans leur zone de responsabilité ont été témoins. En ce qui me concerne une opération m'a particulièrement marquée quand nous avons été amenés à intervenir à Berlin-Est pour éviter que les familles soviétiques qui quittaient leur quartier pour rejoindre l'Urss se fassent caillasser ! La perception en effet des Est-allemands étaient des plus négatives vis-à-vis des troupes dites « d'occupation » compte-tenu de l'attitude hautaine avec laquelle les unités soviétiques les considéraient. C'était à tel point que nous même français nous étions mal vus après la chute du mur. Cette situation était des plus anachronique car nous avions en revanche été habitués à avoir d'excellents rapports avec les Ouest-allemands qui venaient même pendant nos exercices de déploiement dans Berlin Ouest nous encourager, voire nous apporter du café ou des friandises, car nous étions jusque-là garant de leur « liberté »[211] *... ».*

Le départ officiel des Forces Françaises est fixé au 26 mars 1994. Les derniers éléments stationnés à Berlin quittent la ville par le dernier train militaire le 30 août. Une ultime parade interalliée se déroule le 18 juin et le 8 septembre le Gouvernement Fédéral adresse au château de Charlottenburg un adieu solennel aux unités militaires occidentales.

211 N. Guillemet ibid.

Les installations et les logements devenus vacants seront rendus progressivement aux autorités allemandes et réaménagés. Le Quartier Napoléon devient, le 5 janvier 1995, la Julius Leber Kaserne[212] .

A l'entrée s'élève un mémorial inauguré le 7 septembre 1994 « *Berlin dankt Frankreich* » (Berlin remercie la France).

212 Soldat et politicien allemand social-démocrate et résistant. Il est exécuté à Plötzensee en 1945

LE VIVRE ENSEMBLE

Face à une existence en vase clos dans le cocon des Cités, la vie sur le sol d'un pays étranger offre de nombreuses possibilités de découvertes et d'échanges avec le milieu local. Certaines sont institutionnalisées comme dans le cas de l'armée. D'autres résultent d'engagements individuels. Plus nombreuses et plus variées elles sont aussi plus éphémères...

Le rôle de L'Armée

L'éloignement de la métropole, la vie quotidienne sur un territoire étranger et leurs activités spécifiques imposent aux Forces Françaises présentes sur le territoire fédéral un certain nombre de contraintes. Une coopération indispensable et fructueuse en particulier est indispensable avec l'armée allemande.[213] »

Sur le plan strictement militaire, la France et en particulier les Forces Françaises en Allemagne, participaient, avec les autres nations alliées en RFA, au bastion avancé face à la menace politique et militaire du pacte de Varsovie. Dans ce contexte la RFA en première ligne était la plus exposée. Cette mise en commun des moyens militaires avaient pour objectif de dissuader toute tentative d'agression des forces armées sous la tutelle de l'Urss. Cette convergence d'objectifs tactiques se concrétisa, pour des raisons de coordination et d'interopérabilité, par de nombreux échanges militaires franco-allemand et au delà multinationaux avec l'ensemble des forces étrangères stationnées sur le sol allemand »[214].

Toutefois le stationnement sur un territoire étranger et souverain pose, sur le plan pratique, des problèmes de relations et de liaison. Afin de coordonner toutes les activités franco-allemandes et d'assurer les liaisons avec les autres Forces alliées présentes, a été mise en place à l'état-major de Baden-Baden une institution originale, le Bureau Central de Liaisons et des Relations extérieures devenu, en 1990, le Bureau de Renseignements et des Relations Extérieures. Cet organisme, qui n'a pas son équivalent au sein des autres forces françaises, est chargé de l'entretien de liens permanents et confiants avec la nation hôte, pays

---

213 La coopération militaire ne se limite d'ailleurs pas à l'armée allemande. Elle concerne également les armées américaine et canadienne, voire britannique et belge.

214 Alain Bourgeois ibid

souverain et allié, et du développement de l'interopérabilité avec la Bundeswehr et les autres forces et alliées stationnées en RFA.

Des liaisons directes et permanentes permettent au Général C.C.-F.F.A. d'être aussi proche que possible de ses partenaires allemands et alliés. Elles permettent également de résoudre les problèmes posés par le stationnement et les activités des FFA, lesquelles entretiennent dans le service, mais aussi en dehors du service, des relations avec la Bundeswehr, les autorités allemandes et la population allemande.

Aux côtés du Général en Chef, un officier supérieur représente depuis 1963 le IIe corps d'armée allemand d'Ulm. En 1963 un officier général disposant d'un état-major a été mis en place à ses côtés par le gouvernement allemand.

« En tant que Commandant en chef, j'étais assisté à Baden-Baden d'une Mission permanente commandée par le Général de division Nebe, Délégué allemand auprès du CC-FFA, mon conseiller Bundeswehr et mon relais avec le Ministère fédéral de la Défense D'un Inspecteur général de la Bundeswehr, et d'un Inspecteur de l'Armée de terre. D'une équipe de liaison chargée d'assurer la jonction avec le IIe Corps de Ulm. Ces deux organismes de liaison avaient entrée libre à l'état-major et dans toutes les unités du corps d'armée.

A l'extérieur de Baden-Baden je disposais à Bonn d'une mission militaire de liaison auprès du Gouvernement fédéral allemand, et à Ulm d'une équipe de liaison auprès du IIe corps d'armée. Dans chacune des capitales des Länder où étaient stationnées des Forces Française, Mayence, Munich, Stuttgart, étaient placées des équipes de liaison auprès du Ministre-président du Land et du Commandant du Wehrbereichskommando. J'étais également en contact permanent avec le Général commandant le Territorialkommando Süd à Mannheim. »[215]

Renforcées par le Traité de l'Élysée de 1963, les relations avec la Bundeswehr visent à développer, en dehors des activités spécifiquement militaires, la connaissance réciproque et la compréhension mutuelle. Elles doivent permettre de créer, entre les membres des deux armées, des liens d'amitié appelés à perdurer au-delà des simples relations de « travail ».

Ces relations ont des formes variées :

« Les contacts avec la nation hôte à Wittlich, se sont faits essentiellement sous forme d'activités sportives et par le biais de jumelages avec des régiments allemands. Des manœuvres communes se sont déroulées lors de deux visites faites par le Commandant en Chef des Forces de l'Est afin de tester hommes et matériels face aux Soviétiques[216] *»*

Des échanges d'unités élémentaires de trois semaines généralement, donnent aux unités l'occasion de comparer les méthodes d'instruction en usage,

---

215 J. Brette Extraits de l'exposé prononcé le 24 juillet 2015 à Baden-Baden.

216 Georges Kaufman ibid

d'échanger des idées et de nouer des liens d'amitié. Les autorités locales, la presse, la radio-télévision, y compris les agences de presse en sont informées et invitées à participer à toutes les activités ayant un caractère public.

Des exercices et les manœuvres, de types extrêmement variés, ont lieu chaque année généralement en juin et en septembre. Dans le cas des manœuvres, la coopération entre les deux armées, est alors très poussée avec les autorités allemandes, les municipalités et la police. Des unités françaises participent régulièrement à des manœuvres allemandes et inversement la Bundeswehr est associée, sous différentes formes, aux exercices français. Les services de santé, y compris américain et canadien, organisent à tour de rôle au printemps, un exercice commun qui leur permet de coordonner les procédures d'évacuation et de traitement des blessés, ainsi que les liaisons avec les différents hôpitaux et infrastructures sanitaires.

Les jumelages militaires remontent à 1965. Ils doivent favoriser, par des relations suivies et approfondies, la compréhension mutuelle, élargir les connaissances tactiques et développer l'aptitude du travail en commun. Tous les régiments ou unités étaient jumelés avec une formation équivalente de la Bundeswehr. Les unités jumelées organisaient en toute indépendance leur coopération opérationnelle et leurs relations partenaires.

« C'est en 1967 que les généraux Massy et de Maizières, paraphaient le jumelage entre la 1ère DB et la 5ème Panzerdivision. Depuis lors, les unités de la 5ème Panzerdivision participent régulièrement aux exercices avec la 1ère DB, des officiers français y suivent des stages de formation et depuis 1985, les deux unités effectuent des manœuvres communes[217] ».

« Une sortie commune des états-majors jumelés de la 10ème Panzer et de la 3ème DB, s'est déroulée le 2 juillet 1985 à l'occasion de la traditionnelle rencontre d'été entre les états-majors des unités jumelées : « ... une vingtaine d'officiers français et autant d'officiers allemands accompagnés de leurs épouses ont participé, après un accueil au mess de Fribourg, à des exercices de franchissement du Rhin en équipages doublement mixtes (franco-allemands et hommes-femmes). L'après-midi s'est poursuivie par une visite de l'église octogonale d'Ottmarsheim, construite au milieu du 11ème siècle et du musée du Chemin de fer de Mulhouse, et s'est achevée, le soir par un repas commun au Cercle de Fribourg[218]. »

Le challenge de l'amitié franco-allemande, crée en 1983, est

« voulu par les Commandements français et allemands afin de renforcer la coopération militaire par le biais de jumelages d'unités de même type de la Bundeswehr avec des unités de

---

217 Extraits d'un article de K. H. Bender, professeur de Romanistik à l'université de Trèves, diffusé dans le mensuel édité par le Centre de l'Innere Führung et reproduits dans *Les Carnets de la Moselle et de la Sarre,* mai 1988. p.48.

218 *Carnets du Rhin* septembre 1985 p 18

l'Armée française stationnée en Allemagne. Cette coopération souhaitée permit, par des jumelages ainsi réalisés de plus d'une quarantaine de régiments, la participation commune à des exercices et manœuvres militaires, à des rencontres sportives et à des activités de relations publiques au profit des garnisons respectives. L'application des règles prescrites, le bon déroulement et la qualité des activités réalisées en commun permettaient aux deux unités gagnantes de se voir remettre pour une année le « Challenge de l'Amitié franco-allemande » au cours d'une grande parade militaire[219] »

Les rencontres sportives permettent des échanges intéressants, pour la plupart réalisés par la Bundeswehr, laquelle dispose d'une infrastructure sans commune mesure avec celle des FFA. Elles contribuent à renforcer les liens d'amitié entre les unités françaises et allemandes déjà officiellement jumelées et de proposer un défi physique.

Des olympiades militaires sont organisées depuis 1975 par W.B.K.5. La Bundeswehr propose également chaque année, dans différents chalets de la Forêt Noire, des séjours de ski d'une semaine. Du côté français, un entraînement commando d'une durée de trois semaines, est organisé régulièrement avec la participation de la Bundewehr dans les centres d'entraînement de Brisach, les Rousses, Givet, Pont Saint-Vincent et Margival. A Baden-Baden, un challenge de tir DB/FFA se déroule annuellement au stand de tir de l'Oberwald.

Des séminaires de formation civique, devenus depuis 1977, des séminaires de formation et de langues sont organisés, depuis 1972, par le Bureau Central des liaisons et des Relations extérieures. Un séminaire réunissant une douzaine de couples se déroule chaque année au mois de juin, alternativement à Baden-Baden ou à Ulm. Son but est de permettre à des officiers des deux armées appelés à travailler ensemble de mieux faire connaissance. Il comporte une séance de travail d'un après-midi, suivi d'un dîner et d'une soirée avec les épouses, et le lendemain d'une activité touristique et culturelle. (Les épouses sont invitées dans l'espoir, qu'ayant sympathisé, elles faciliteront la poursuite des rencontres.). Depuis 1988 la rencontre est complétée par une deuxième réunion en automne, soit pour renouveler les contacts, soit, en cas de mutation, nouer de nouvelles connaissances. Le III. Korps allemand de son côté, organise chaque année depuis 1988, entre décembre et février, pour une dizaine d'officiers supérieurs, un séminaire de 2 ou 3 jours à l'Académie Européenne d'Otzenhausen. Il a pour thème la politique de défense des deux pays, ainsi que les styles de commandement en usage dans les deux armées.

219

Jean-Paul Broda in *Rencontres Inoubliables* ibid p;226-227.

Des stages organisés par la Bundeswehr, touchent chaque année 300 militaires français. Ils portent sur la coopération militaire et civile et la politique de défense, ainsi que sur l'information civique. Au printemps et en automne, l'Office de Presse et d'Information du gouvernement de la République Fédérale, organise un stage pour les officiers supérieurs français à Bonn. Des stages divers sont également organisés par des organismes locaux ou municipaux. La Maison de la jeunesse agricole du Palatinat, à Sankt-Martin, réunit quatre fois par an officiers, sous- officiers et militaires du rang, sur des thèmes liés au milieu local et des questions politico-économiques bien précises. Le Comité municipal de la Jeunesse de Karlsruhe invite, chaque année depuis 1987 à Baehrenthal en Alsace, dix militaires du rang français, allemands et américains, afin de permettre aux jeunes des trois nations et cohabitant dans la ville, de partager la préoccupation de chacun.
Ces relations et activités bilatérales créent des liens indispensables à une meilleure coopération entre les deux armées. Mais surtout elles permettent d'obtenir de la part de la population allemande une meilleure compréhension des besoins des Forces française en matière de mouvement et d'exercices, sur un territoire où la densité des installations et des activités militaires atteint parfois la limite du supportable. Elles concourent ainsi à la solidarité et à l'amitié des deux communautés.[220]

« Un petit nombre de personnels civils des FFA étaient également réservistes des trois armées, et avaient un « poste mob »[221] *attribué, au sein des Forces ou dans d'autres unités sur le territoire français. Aucune autre catégorie sociale ne vivait autant en symbiose avec l'armée que ces officiers et sous-officiers de réserve, certains anciens militaires d'active, résidant sur le territoire des FFA.*
Les officiers avaient, toutes armes confondues, créé une antenne de l'UNOR (Union nationale des Officiers de réserve), association reconnue par le ministère de la Défense.[222] *Cette antenne formait le GORFFA, reconnu par le commandement de Baden-Baden, et le soutien apporté par les Forces offrait des possibilités d'entraînement particulièrement favorables. Sur le*

220

Des échanges sur le plan militaire s'opèrent également avec les autres forces alliées: belges stationnées en Rhénanie-Westphalie, britanniques à Berlin et Munster, canadiennes à Lahr et Söllingen, américaines à Würzburg. Les relations avec la mission de liaison soviétique à Baden-Baden sont étroitement limitées, certaines villes ou garnisons leurs étant interdites en permanence. Ils doivent obligatoirement sortir en uniforme et la plupart du temps le font toujours a deux ou à trois.

221

« Poste de mobilisation ». Aujourd'hui, les réserves fonctionnent avec des ESR (« Engagement à servir dans les Réserve »).

222

Le Groupement des Officiers de Réserve des Forces Françaises en Allemagne (GORFFA)a longtemps bénéficié d'un siège au conseil d'administration de l'UNOR.

terrain, cela se traduisait par une autorisation de participer à toute activité militaire exercée sous le commandement du CCFFA. Les munitions ne nous étaient pas comptées sur les champs de tir, et il était possible de participer aux manœuvres et à certains stages. Y compris à des échanges avec la Bundeswehr, ce qui a permis de visiter le centre Innere Führung de Coblence par exemple »[223].

Alors que j'étais à Trèves en 1986, à l'époque proviseur adjoint du lycée Ausone et capitaine de corvette de réserve, il m'est arrivé plusieurs fois de partir le soir après le service pour une marche de nuit organisée par le CEC 7. [224]

Je me souviens de l'une d'entre elles qui s'est déroulée en plein hiver du crépuscule jusqu'à une heure avancée de la nuit, dans le massif du Hunsrück, avec un mètre de neige, accompagnant une section du 42ème Black Watch, l'élite de l'infanterie royale écossaise.[225] *J'avais savouré d'arpenter ainsi, dans le froid sec et vivifiant de la nuit hivernale, la forêt allemande avec une section, commandée par un lieutenant britannique, du régiment contre lequel un de mes ancêtres avait lutté avec acharnement lors de la bataille de Toulouse en 1814, alors qu'il commandait un régiment d'infanterie de ligne rescapé de la guerre d'Espagne !*

C'est aussi grâce à cette autorisation « permanente » que j'ai pu effectuer un stage commando « spécial Réserves » organisé par le CEC 7.

Cette richesse des activités des réserves aux FFA ferait aujourd'hui rêver nos successeurs.

Un jour était organisé un exercice avec des gendarmes français. Les réservistes formaient le plastron, c'est-à-dire les méchants après lesquels couraient les gendarmes. L'exercice se déroulait « en terrain libre » et nous franchissions à pied, dans la région de Baden-Baden, forêts et halliers pour échapper à nos poursuivants. C'était l'époque où sévissait encore la « Rote Armee Fraktion », surnommée « la bande à Baader », dont les portraits figuraient sur des affiches dans tous les bureaux de police et de gendarmerie français et allemands. L'état-major craignait en particulier qu'à l'occasion d'une sortie avec armes sur le terrain, un groupuscule terroriste ne s'empare de *celles-ci. Les responsables des groupes qui manœuvraient en dehors des enceintes militaires devaient donc être équipés d'au moins un pistolet avec munitions réelles*[226]

Des contacts très étroits existent également entre police et gendarmerie françaises et allemandes. La connaissance de l'allemand est obligatoire chez les gendarmes.

---

223 Centre d'étude pratique des concepts moraux propres à la Bundeswehr.

224 Centre d'Entraînement Commando n°7 (Trèves).

225 Le CEC 7 recevait régulièrement des stagiaires alliés (Allemands, Britanniques, Américains) qui bénéficiaient des installations du Centre et de l'expérience des instructeurs.

226 H. Brouillet-Rohmer – ibid.

Bernard Imhoff doit son affectation, en 1975, au Poste de Protection et de Sécurité de la Défense à Baden-Baden au fait de parler un peu allemand.

« Chargé du "renseignement" et des relations publiques dans tous les domaines, j'ai travaillé avec la police judiciaire, les administrations allemandes et les services du Renseignement allemand. J'ai pu bénéficier de contacts avec deux policières, détachées à la Défense, qui elles-mêmes avaient des contacts avec leurs collègues allemands. Il s'agissait parfois de régler des problèmes de voisinage, tels les dépôts, par des Allemands, de gros déchets dans les poubelles françaises qui, elles, ne respectaient pas forcément les consignes de tri ! Ou d'enquêter sur la présence d'alcool et de drogue dans les autobus militaires. Parfois des problèmes de terrorisme nécessitaient des déplacements dans toute l'Allemagne. (A Trèves par ex. l'extrême gauche allemande travaillait contre l'armée française.) Il fallait alors en rendre compte à l'ambassade de France. Après la chute du Mur au début de l'année 1990, dans le cadre de la police européenne, les différents services de police seront réorganisés au sein de la police allemande, avec des officiers de liaison[227]. »

Le rapprochement des esprits

Dès 1945, Émile Laffon, Administrateur Général Adjoint du Gouvernement Militaire de la Zone Française, est conscient que

« notre politique ne peut pas demeurer une politique de contrainte et d'assujettissement. Nos intérêts militaires, matériels et économiques étant sauvegardés, elle devra devenir une politique d'humanité... Seule une transformation culturelle de l'Allemagne permettra de déboucher sur la transformation politique du pays et de préparer l'entente future entre les deux pays »

Appuyés par Raymond Schmittlein, à la tête de la Direction de l'Éducation Publique à Baden-Baden, quelques responsables du Gouvernement Militaire vont travailler très tôt à ce rapprochement avec l'Allemagne.

Jean du Riveau, jésuite, aumônier de la 1ère armée française avec laquelle il entre en Allemagne, devient au printemps 1945, aumônier de la garnison d'Offenbourg. Dès le 1er août il fonde deux revues jumelles : *Documents* en français et *Dokumente* en allemand afin de *« faire connaître les réalités allemandes aux Français et les réalités françaises aux Allemands »*. Parallèlement, pour assurer le bon fonctionnement de *Documents* il crée, avec des membres de la société civile, pour la branche allemande, la Gesellschaft für übernationale Zusammenarbeit (GUZ), pour la branche française, le *Centre d'Etudes Culturelles,*

---

227 B. Imhoff - ibid.

Économiques et Sociales (CERES) à Offenbourg, qui sera relayé en, 1947, par le *Bureau International de Liaison et de Documentation* (BILD)[228]. En août 1947 il organise à Lahr la première rencontre d'écrivains, publicistes et journalistes franco-allemands sur le thème " les écrivains dans la cité ", rencontre à laquelle participeront E. Mounier, le Père de Lubac et Eugen Kogan des "*Cahiers de Francfort*". Soutenu à Spire par François Bourel membre du Gouvernement Militaire, à Baden-Baden par le Général Koenig puis André-François Poncet et en Allemagne par K. Adenauer, il va réunir autour de lui toute une équipe franco-allemande, très diverse par les origines et les parcours de ses membres, qui rayonnera en Allemagne pendant une quinzaine d'années et marquera de son empreinte les relations franco-allemandes.[229]

Joseph Rovan, déporté à Dachau, nommé responsable des formations populaires à la Direction de l'éducation publique, organise des formations pour d'anciens membres des Jeunesses Hitlériennes et de responsables d'organisations féminines nazies, favorise la renaissance des universités populaires. Il contribue en 1946, au Kniebis d'abord puis au Titisee, à la rencontre de jeunes Français et Allemands. En 1948 il fonde, avec Emmanuel Mounier, Alfred Grosser et Émile Roure du journal *Le Monde*, le "*Comité d'échanges avec l'Allemagne nouvelle*"

Dès les débuts également le Gouvernement Militaire accorde une grande importance à la réorganisation de l'enseignement allemand appelé aussi "Rééducation" !

Le but est double :

« Rendre aux Allemands le sentiment de la responsabilité individuelle, ce qui implique la restauration d'un régime démocratique, préparer la rentrée de l'Allemagne dans le concert des peuples en orientant la pédagogie nouvelle vers l'adhésion spontanée des Allemands à une morale internationale[230]*."*

Pour ce faire sont prévus le maintien des différents types d'établissements primaires et secondaires, la réorganisation de la vie intérieure de l'école, un cycle

---

228 Le mensuel *Documents* parait toujours. *BILD*, dont le siège, après Offenbourg a été transféré à Paris continu à proposer des rencontres de jeunes de 10 à 18 ans.Le siège de *GÜZ* est à Wasserburg/Bodensee.

229 Hélène Engels-Perrein: *Lexique du couple-franco-allemand, le moteur de la construction européenne.* Éditions Ellipses 2007 224 p.

230 Note du 3 novembre 1945 émanant du Secrétariat Général pour les Affaires Allemandes et Autrichiennes, in *La Direction de l'Enseignement Français en Allemagne 1945-1994-1945 Contribution à l'étude de son organisation, de ses résultats de ses difficultés.* Pierre Grange Baden-Baden 1993 382 pages. P.39

de 8 ans pour le secondaire avec enseignement obligatoire du français, et une réorganisation générale de l'enseignement supérieur. [231]

Dans son développement un homme va jouer un rôle essentiel, l'Inspecteur Général Fernand Maurice[232]. Déjà aux lendemains de la 1ère guerre mondiale, en Rhénanie occupée, il avait activement contribué à encourager l'enseignement allemand dans toutes les zones sous influence française. Il fera de même en 1945, à Baden-Baden, en dépit du manque de papier et de manuels ne portant pas l'empreinte nazie, et de la politique versatile des alliés dans ce domaine. Pourtant il a réussi, avec l'aide des autorités françaises et allemandes, à mettre en place des structures qui ont été reprises après la naissance de la République Fédérale"[233]

Dès le 17 septembre 1945, l'université de Fribourg rouvre ses portes. Le 15 octobre c'est la réouverture solennelle de celle de Tübingen. Parmi les candidats qui affluent, nombreux sont d'anciens soldats de la Wehrmacht, qui n'avaient toutefois pas le niveau requis. Pour les préparer, une formation préalable sera mise en place au Leibnitz Collège, installé dans les locaux de la Deutsche Börse. En août 1945, à Tübingen, une université d'été accueille quelque 500 étudiants, Français, Allemands mais aussi Britanniques et Suisses. Parmi eux figurent Michel Tournier et Claude Lanzmann. Un Centre d'Etudes Françaises y voit également le jour, qui s'installera en 1952 sur l'Österberg, dans l'ancien palais princier et deviendra le *Centre Culturel franco-allemand.*

En 1947, l'école d'interprètes crée à Germersheim, doit former des fonctionnaires bilingues, des professeurs de langue, des secrétaires de rédaction et des correspondants étrangers.[234]

A Spire se tient, en 1948, une première rencontre entre historiens français et allemands. Elle jette les bases de ce qui deviendra, en 1949, l' *Institut d'Histoire Européenne à Mayence.*

Pour permettre aux enfants des militaires et civils au service de la France en Allemagne de "s'instruire et de s'épanouir" le Gouvernement Militaire met en place dans les Territoires Occupés, un système scolaire en tous points identique

---

231 Ces dispositions prendront fin avec la naissance de la R.F.A.

232 La salle des spectacles du lycée Charles-de-Gaulle portait le nom de « Salle Inspecteur général Maurice ».

233 H. Brouillet-Rohmer. Discours lors la commémoration du 70e anniversaire de l'entrée des troupes française à Baden-Baden., le 24 juillet 2015

234 Parmi ses élèves figurera Hannelore Kohl, l'épouse du Chancelier allemand.

à celui existant en métropole : même genre d'établissements, même programmes, même horaires.

Jumelé à la section de l'enseignement allemand, un Service d'Enseignement Français en Allemagne naît en juillet 1945.

" L'instruction publique des Forces Françaises en Allemagne a été une institution spécifique et ne doit pas être comparée avec les autres institutions scolaires françaises à l'étranger, lesquelles dépendent des Affaires Étrangères. Nous dépendions tous, administrateurs, enseignants ou personnels de direction, à la foi du ministère de l'Éducation Nationale française et du général Commandant en chef des Forces militaires. Une double administration donc, qui permettait d'intégrer le corps enseignant dans la structure militaire."[235]

La Direction de l'Enseignement Français en Allemagne va, de 1945 à 1999, scolariser dans la zone de stationnement entre 16 000 et 13 000 élèves par an, dont 3 à 4 000 dans l'enseignement secondaire et technique Elle représente une institution originale dans la mesure où elle est dès le départ, sous des appellations diverses en fonction des vicissitudes politiques, une excroissance d'un ministère français, l'Éducation Nationale, sur le territoire d'un État souverain depuis 1955.

L'ensemble de la Zone Française est considéré comme une seule académie avec un seul lycée, celui de Baden-Baden. D'abord appelés collèges les autres établissements scolaires du second degré, recevront par la suite à leur tour, l'appellation lycée. Tout le dispositif relève jusqu'en 1949 de la Direction de l'Éducation Publique du Gouvernement Militaire à Baden-Baden. Sa direction se déplace ensuite jusqu'en 1955, lors du Haut-Commissariat, à Mayence, puis revient à Baden-Baden, où elle s'installe au BABO.

Le premier établissement à ouvrir ses portes le 1er octobre 1945 est le collège Decourdemange à Mayence. Il restera en service jusqu'en septembre 1960.

Le collège Turenne, installé dans l'ancien lycée de jeunes filles de Fribourg (la Hindenburg Schule) ouvre ses portes le 15 octobre 1945. Il sera en service jusqu'en 1992, à la fermeture de la garnison.

A Baden-Baden le lycée, baptisé Charles de Gaulle en 1946, occupe à partir du 18 octobre 1945, les locaux de l'*Oberschule* Graf Zeppelin datant de 1907. Il sera transféré fin 1953, à la cité de Baden-Oos.

Le 22 octobre à Tübingen, démarre dans l'ancien lycée de jeunes filles de la Wildermutschule au sud-ouest de la ville, le collège Decourdemange.

235

H. Brouillet-Rohmer. ibid.

Suivent en novembre, les collèges Ausone à Trèves et Hoche à Landau, puis en 1946 le collège/lycée de Frohnau à Berlin.
Dans l'enseignement primaire, 196 classes installées le plus souvent dans des écoles allemandes, mais aussi des couvents, d'anciens hôpitaux, des bâtiments de casernes allemandes, des villas, voire des salles de restaurants ou des cafés, assurent la rentrée scolaire de 1945.
L'enseignement secondaire général est complété en 1947 par l'enseignement technique commercial et en 1954, par l'enseignement technique industriel.

Dès le départ se pose la question de l'accueil des élèves étrangers.
Une circulaire du 20 septembre 1945 permet d'accueillir, dans la limite des places disponibles, ces élèves étrangers, y compris allemands. Un examen d'entrée toutefois est demandé pour l'accès au secondaire.

" Un certain rapprochement, une timide entente entre la France et L'Allemagne furent notamment assez rapidement mis en place par le gouvernement français. On avait compris très tôt à Paris qu'il s'agissait de ne pas répéter les erreurs commises en 1918. ... Parmi ces personnes clairvoyantes figuraient quelques anciens membres de la Résistance. C'est dans ce contexte que la France eut l'idée (et elle fut la seule à l'avoir : ni les Anglais, ni les Américains ne l'ont eue) de recevoir des élèves allemands dans ces établissements français d'enseignement, le but étant de compter un élève allemand par classe. De plus, ces jeunes Allemands pouvaient profiter d'une bourse d'études.
Mon père, lui-même professeur de français dans le lycée de notre ville (Bad Saulgau, entre le lac de Constance et le Haut Danube) eut vent de cette proposition, m'en parla et, ce qui m'étonne encore aujourd'hui, je n'hésitai pas un seul instant à accepter la proposition qui m'était faite ... ce qui pourtant peut sembler bien téméraire quand on pense que je n'avais encore que trois ans de français dans notre ville. Ce fut donc l'immersion totale dans cette langue pour moi étrangère, et dans le système français d'éducation si différent du nôtre et dans la façon de vivre des Français. Je fus tout d'abord interne au collège Decourdemanche de Tübingen jusqu'au brevet d'études du premier cycle du second degré. Puis à partir de la seconde au collège Pierre Brossolette de Constance. J'obtins la mention bien à la première partie du baccalauréat. C'est la seule distinction, ma première, dont je suis fier ! Pour passer la seconde partie du bachot, il aurait fallu que je puisse être inscrit à Baden-Baden. Mon père voulut que je me présente à l'Abitur, le baccalauréat allemand que je passai alors à Biberach. Cette période de ma vie que j'ai vécu, disons-le clairement, entièrement dans le milieu français, dans la vie française m'a fortement marqué et m'a donné, à mon avis, la faculté de voir et de comprendre non pas seulement la France du point de vue de l'Allemagne, mais également l'Allemagne du point de vue de la France[236] »

236 Hans-Martin Gauger ibid p 156-157

Le 23 janvier 1950, l'Ambassadeur de France, Haut-Commissaire de la République Française en Allemagne, décide d'allouer un crédit spécifique affecté d'une part, aux services des bourses des élèves allemands dont le mérite devait être remarqué et d'autre part à l'organisation de rencontres scolaires.
Ces bourses annuelles devaient être des bourses d'internat, de demi-pension et des bourses d'entretien, les plus nombreuses. Beaucoup de latitude est laissée aux Commissaires français en tête des Länder pour l'attribution de ces aides à quelque 100 jeunes allemands, sur proposition des chefs d'établissement secondaire. Cette dotation est complétée en octobre 1950, par une subvention pour les Länder de Würtemberg et de Rhénanie-Palatinat, afin de permettre la constitution de stocks de livres scolaires pour ces mêmes élèves. Le crédit annuel appelé à aider les rencontres scolaires franco-allemandes pour les années 1950-1951 et 1951-1952, permit de financer les premières manifestations importantes : échanges à Fribourg avec les élèves de la Friedrich Ebert Schule de Berlin, concours de dessin dans les écoles de Fribourg, journées d'amitié internationale des jeunes au *Jugendwerk* de Mayence. Mais cette initiative prit fin après quatre années de tâtonnement et surtout, à la fin du Haut-Commissariat
Dès 1953 d'ailleurs une circulaire de la Direction des Affaires Administratives du Haut-Commissariat précise que les établissements scolaires ne pourront accueillir des enfants Alliés, Allemands ou PDR Personnes déplacées et réfugiés), et de Français travaillant en Allemagne, que dans la mesure où leur admission n'entraîne pas de charges en francs ou marks supplémentaires"[237]
En 1954, un décret rattache l'enseignement français en Allemagne au ministère de l'Éducation Nationale. Celle-ci refuse de prendre en charge les frais d'entretien qu'elle ne paye pas en France. Ils seront pris en charge par l'armée, d'où une baisse du budget qui va se faire sentir dans la place réservée à l'accueil des élèves étrangers.
Deux notes de service de septembre 1955 précisent qu'aussi longtemps que l'administration scolaire ne sera pas assurée d'obtenir les crédits nécessaires aux créations et aux dédoublements résultants de la présence des contingents étrangers, les pourcentages de ceux-ci doivent rester pratiquement négligeables, surtout en ce qui concerne l'internat. En 1974, des frais d'écolage, "une contribution raisonnable" compte tenu des difficultés de fonctionnement, est demandée aux parents d'élèves non FFA et non Français, d'où une diminution des élèves allemands. Les familles allemandes obtiennent toutefois, deux ans plus tard, un tarif préférentiel. En mars 1983 la DEFA continue à prendre en charge les boursiers des établissements franco-allemands dont les parents sont

[237] P. Grange ibid.

membres des Forces : lycées franco-allemands de Fribourg et de Berlin, qui relèvent de la Direction des Français de l'étranger, donc du Ministère des affaires étrangères, et exigent une participation financière des bénéficiaires[238].
Les règles sur la limitation aux élèves non FFA seront rappelées en 1988 et en février 1990, un décret précise que les établissements français sont implantés à la Suite des Forces !
En conséquence le nombre d'élèves allemands scolarisés par la DEFA va diminuer rapidement. Ils ne sont plus que 41 en 1976, 35 en novembre 1981 (dont 18 à Baden-Baden), 29 en octobre1986 (dont 10 à Baden-Baden et 7 à Berlin) et 9 à peine en 1989.

L'enseignement de l'allemand comme langue vivante étrangère connaît des fortunes diverses.
Dans l'enseignement secondaire l'allemand, est première langue vivante obligatoire dans les lycées pour les élèves qui commencent leurs études en Zone, deuxième langue quand un autre choix avait été fait avant l'arrivée en Allemagne. Mais en 1977 sous la pression des parents d'élèves,[239] l'allemand cesse d'être la seule 1ère langue vivante obligatoire en sixième, pour les élèves venant de Zone, et aux débuts des années 1980 il cesse d'être 1ère langue vivante obligatoire. Il se maintient mieux au niveau de la langue 2, plus spécialement à Trèves et à Fribourg. En 1981-82 seuls 67% des élèves au niveau du collège font encore de l'allemand et 58% poursuivent leur langue jusqu'en terminale. Le lycée Ausone et le Hindenburg Gymnasium à Trèves, effectuent des échanges de professeurs et d'élèves, organisent des voyages scolaires communs et les élèves français participent aux manifestations sportives du lycée allemand.

« Mon séjour c'était 64/68. J'ai donc connu les classes de 10ème, 8ème, 7ème, 6ème (j' avais "sauté" la 9ème). Mon souvenir est que dans les dernières années du primaire, nous avions des cours uniquement oraux d'allemand. Sans doute une fois par semaine. Plus vraiment idée de ce qu'on apprenait ; pas grand-chose.
Au lycée aucune spécificité germanique, sauf que peut être l'allemand LV1 était plus courant et encore je n'en suis pas sûr. En tous cas, j'ai fait partie de ces allemands LV1, ce qui m'a conduit bien longtemps après (fin 80) à faire un stage en Basse Bavière au titre de la scolarité à l'ENA ;

---

238 Plusieurs demandes furent adressées dans les lycées des FFA par des hauts fonctionnaires diplomates ou des francophones pour scolariser leurs enfants plutôt en lycée FFA qu'en lycée des Affaires étrangères, pour d'évidentes raisons pécuniaires !

239 Du fait des nombreuses mutations, les enfants n'étaient pas forcément assurés de trouver en France des établissements assurant l'enseignement de l'allemand comme langue vivante étrangère principale.

C'est donc très indirectement et avec retard que le séjour à Baden a pu induire un certain germano-tropisme. Mais à l'époque, à part le port (pas par moi) de la Lederhose par les gamins, je n'ai vraiment pas l'impression qu'il y ait eu une proximité culturelle ou autre avec le monde allemand[240]".

" *J'ai vécu toute mon enfance et une partie de mon adolescence sans avoir jamais eu à parler l'allemand. Je ne connais qu'une dizaine de mots de base, de politesse. Je n'avais que peu de rapports avec les habitants des immeubles allemands aux alentours. Ils ne cherchaient pas notre compagnie et nous non plus. Séparés par une clôture nous avions de simples relations de voisinage, chacun chez soi. Nous n'avions pas les mêmes rythmes scolaires, nous formions déjà un groupe entre français et la barrière de la langue se posait. Cela devait être la même chose de leur côté. Aucun échange donc avec le pays hôte*[241]."

"*Dans le cadre des échanges organisés par le Cercle franco-allemand ou plus sûrement scolaires, j'ai rencontré des élèves du Max-Slevogt Gymnasium*[242]. *A mon grand étonnement, mais aussi à ma grande honte, ils avaient un tel niveau de maîtrise du français, qui ne laissait pas de m'impressionner, que, comme tout bon adolescent qui se respecte, il ne m'incitait pas du tout à faire des efforts dans la maîtrise de la langue de Goethe. En effet, à quoi cela aurait-il servi ? Je les comprenais et ils me comprenaient, progresser en allemand pouvait attendre. C'est un de mes plus grands regrets avec celui de ne pas m'être fait un véritable ami allemand avec qui j'aurais pu encore avoir des contacts aujourd'hui, occasion inespérée qu'un bon nombre d'entre nous n'a pas su saisir ; la faute peut-être à une mentalité obsidionale créée de toute pièce par le repli au sein de notre milieu francophone et de nos cités confortables*[243] »

Dans l'enseignement primaire, deux réunions durant l'année scolaire 1964-1965, l'une interministérielle à Paris l'autre à Baden-Baden en présence du Directeur de la Coopération, élargie aux chefs d'établissements secondaires, inspecteurs primaires et représentants du personnel enseignant, précisent le rôle de l'enseignement français en Allemagne dans la politique de rapprochement des jeunesses française et allemande. Son but "Élargir l'horizon trop souvent limité aux murs de l'école, susciter l'évolution des esprits, une prise de conscience face aux problèmes actuels, une ouverture aux idées d'échanges, en un mot créer un climat psychologique nouveau[244]"

---

240 J.Luc Videlaine, ibid

241 Fr. Serge ibid.

242 Lycée allemand de Landau in der Pfalz

243 Laurent Mousnier. Témoignage à l'auteur. Mai 2017

244 *Bulletin de l'Enseignement Français en Allemagne.* Mars 1966 p.17

En 1968, 40 % des élèves de CE2 et CM bénéficient de séances quotidiennes d'allemand, de 20 minutes, dispensées par des maîtres spécialisés utilisant des moyens audio-visuels. Ils sont 46 % en 1971, 62 % en 1981, puis leur nombre va en diminuant, 48% seulement en 1986. Durant l'année scolaire 1968/1969 l'initiation à l'allemand est étendue aux sections enfantines et aux écoles maternelles : elle touche 26% des élèves de la Zone Nord, 18% dans la zone Sud.
L'enseignement est assuré essentiellement par des personnels français ayant bénéficié des nombreux stages organisés pour les enseignants de la DEFA par la *Staatliche Akadémie* de Calw ou des personnels français passés par l'OFAJ.
En 1970, à Landau d'abord, puis à Spire, est tentée une expérience intéressante au niveau des sections enfantines : l'enseignement, alternativement un jour en français et un jour en allemand, est assuré dans les jardins d'enfants respectifs par une institutrice allemande et une institutrice française. Elle prendra fin en 1977 avec le départ des institutrices impliquées, qui ne sont pas remplacées.
Devant le succès de l'opération l'expérience est étendue aux lycées.

A Baden-Baden les élèves de 4ème et 3ème inscrits en allemand renforcé du Lycée Charles de Gaulle, bénéficient à partir de l'année 1972-1973, d'une heure hebdomadaire de géographie en allemand, assurée par un enseignant du *Richard Wagner Gymnasium*. Inversement, un enseignant français assure une heure de géographie et d'histoire dans l'établissement allemand. Des élèves auditeurs libres assistent par petits groupes aux cours dispensés au lycée allemand le mercredi matin et leurs camarades allemands suivent les cours du lycée français le mardi après-midi. Au lycée P. Brossolette de Constance les élèves de 6ème bénéficient de 2 heures hebdomadaires d'allemand et d'échanges réguliers avec le *Humboldt Gymnasium*. L'initiation à l'allemand est également renforcée par des échanges d'élèves à Landau ou à Offenbourg. A Trèves-Feyen ont lieu le mercredi, tous les quinze jours, des cours en commun avec l'école Sankt-Matthias, où le français est enseigné dès la première année. Dans les trois écoles primaires, l'allemand est obligatoire.
Des stages et des rencontres pour enseignants et élèves français et allemands sont organisés, en relation avec la *Staatliche Akadémie* de Calw.
Avec le soutien de l'OFAJ et de l'OCCE (office Central de la Coopération à l'école) les établissements français multiplient les échanges avec leurs homologues allemands : expositions, arbres de noel, participations aux fêtes scolaires, ainsi qu'à celles de St. Nicolas ou St. Martin. Leurs enseignants se retrouvent pour des soirées de débats, des réunions gastronomiques, des bals.
Les activités sportives tiennent également une grande place dans les échanges.

En 1968 les élèves de Fribourg participent au championnat scolaire de ski du Pays de Bade. Les élèves de Trèves prennent part en 1972 aux *Sommer-Bundesjugendspiele*, une compétition d'athlétisme réservée normalement aux lycéens allemands, puis participent par la suite au "*Jugend Trainiert für Olympia*"

Des engagements individuels sont parfois décisifs:

« En 1993 nous prenons la décision d'inscrire notre troisième fils, Moritz,[245] *à la grande section de l'école maternelle de Baden-Baden. Enseignante allemande en disponibilité j'accepte d'y dispenser des cours hebdomadaires d'initiation à l'allemand. En tant que parent d'élèves je participe à des sorties et, grâce à une formation comme monitrice en natation, je peux accompagner les enfants à la piscine de Baden-Baden et Rastatt. Werner, mon époux, participe à des travaux d'embellissements du jardin d'enfants, et initie des jumelages avec son école primaire à Haueneberstein. Tout ceci a permis des échanges réguliers sur le plan scolaire, facilités par la mise à disposition, côté français, de bus militaires gratuits. Ayant opté finalement pour l'enseignement primaire français, y compris pour le dernier des fils Lenhard, nous avons ressenti tant l'école maternelle que l'école primaire comme des lieux éducatifs s'efforçant d'ouvrir les enfants à de nouvelles sollicitations et expériences. Il y avait en hiver la possibilité d'emmener spontanément les élèves faire du ski en Forêt Noire, d'organiser des classes vertes dans les Vosges ou des excursions dans des sites proches ou lointains. Toutes ces activités ont permis des échanges, entre adultes, sur les deux types d'enseignements. Mais j'ai eu l'impression parfois, que si l'on était intéressé par ces échanges, ils contribuaient aussi souvent à renforcer des « a priori »....Pour notre part ils nous ont permis de nouer des liens avec des parents et des enseignants français qui durent toujours. »*[246]

Werner Schmoll instituteur à Haueneberstein, à partir 1994, a initié d'étroits contacts avec l'école Paris de Baden-Baden.

« Avec mes classes parallèles à celles de CE1 et CE2, nous avons réalisé de nombreuses excursions communes dans le voisinage ainsi qu'une visite en bus à Strasbourg. Les enfants se retrouvaient pour célébrer carnaval, assister à des concerts et aux fêtes réciproques des écoles. Les activités sportives communes ont aussi été très importantes, des rallyes urbains, et en particulier de 1996 à 1999, la participation aux championnats d'athlétisme, organisés par la ville au Aumattstadion. Pour les vainqueurs il y avait une coupe par classe, et des médailles pour les élèves, remises par le maire de la ville et une fois même par le général CCFFA. Sur le stade du lycée Charles de Gaulle, les « courses téléthon, » permettaient de récolter des fonds. En 1997 apprenant le départ imminent des troupes françaises, les élèves des deux écoles ont envoyé une lettre conjointe à la municipalité de Baden-Baden et au cabinet du général en chef commandant les Forces Françaises. Dans les

---

245 En avance d'un an pour une scolarité allemande normale

246 Brigitte Schmoll courriel juillet 2020

deux cas ils ont eu une réponse, négative, et du maire adjoint monsieur Ulrich Wendt et du général Benitto.
Des parents d'élèves des deux établissements on pu se retrouver pour des pique-niques, tel celui organisé en Forêt-Noire au chalet Else-Stolz-Heim appartenant à la ville. Les échanges ont continué après le départ des Français, grâce aux liens noués avec le directeur de l'école Paris, Bernard Monteil, nommé à Guéret dans la Creuse. En 2001 nous avons mis en place le projet Télé-Tandem lancé par l'OFAJ.Deux enfants, l'un en France, l'autre en Allemagne apprennent à se connaître et s'initient mutuellement à la langue du partenaire.
De 2003 à2008 les classes se rencontraient pour 8 jours, logeant dans des auberges de jeunesse, alternativement à Baden-Baden ou à Guéret. L'échange a malheureusement pris fin lorsqu'un élève de Haueneberstein s'est plaint de la nourriture servie en France et a refusé de partir. La directrice de l'école a alors décrété que nous partions tous, ou personne ... et tout s'est arrêté ! !
Quatre arbres témoignent encore de ces échanges, quatre « arbres de l'amitié », plantés avec chaque école concernée : un à l'école Paris, un à l'école J. Pavet de Guéret et deux à l'école primaire de Haueneberstein[247]. »
Le rôle des chefs d'établissement est souvent déterminant :

Au Lycée Ausone de Trèves, de 1976 à 1983, Hervé Brouillet-Rohmer qui donne plusieurs heures hebdomadaires au Hindenburg Gymnasium par échange de services[248], participe avec son collègue naturaliste du lycée Ausone, Richard Wach a des ateliers pédagogiques communs sur la connaissance de la vallée de la Moselle (PAE avec classe allemande et classe française "*Étude d'un méandre de la Moselle* »), et à des classes de ski franco-allemande, soutenus par le Directeur adjoint du Hindenburg Gymnasium Raymond Weber.
Revenu à Trèves comme proviseur adjoint de 1985 à 1987, il supervise des activités franco-allemandes avec le partenaire allemand. Nommé proviseur au Lycée Hoche de Landau-in-der-Pfalz de 1987 à 1991, il organise des échanges scolaires avec le Max-Slevogt Gymnasium et dirige la célébration du bicentenaire de la Révolution française, avec l'édition d'un ouvrage franco-allemand (13 contributions d'universitaires français et allemand – 356 p. - articles bilingues).[249]
Affecté ensuite comme proviseur de 1991 à 1995, au Lycée Charles-de-Gaulle, il représentera l'enseignement français au congrès des chefs d'établissement du

247 Werner Schmoll courriel juillet 2020

248 Hervé Brouillet-Rohmer - courriel juillet 2020

249 *« Contribution à L'histoire de la Révolution et de l'Empire / Beitrag zur Geschichte der Revolution und napoleonischen Zeit* – 1789-1805 »

Land de Schleswig-Holstein (Bad-Segeberg, 1995), tout en poursuivant des travaux de recherche historique à l'Université de Strasbourg[250] .

Très nombreux à s'engager sont des professeurs d'allemand, souvent membres de couples franco-allemands:

« ... J'ai pu, dès 1970, nouer des rapports réguliers avec mes collègues allemands de plusieurs lycées (MLG, Klosterschule, RWG même si celui-ci se montre réticent au début) favorisés par la bonne volonté de leurs enseignants : assistance aux heures de cours, rencontres entre élèves, classes de neige franco-allemandes organisées grâce au professeur de sport du lycée fréquenté par mon fils ... Contacts qui s'inscrivaient dans la suite de ceux initiés par un autre professeur d'allemand, Madame Vollmer, plus âgée mais également épouse d'un enseignant allemand. Ils ont été facilités par la scolarisation de mes deux enfants en secteur allemand. Du côté français la mise en place de ces activités n'a pas toujours été évidente : peu de suivi de la part de certaines familles du fait de la brièveté du séjour, réticence des élèves à quitter le cocon de la vie en cité pour aller en milieu allemand De ce fait, rares sont les élèves français qui ont vraiment pu ou voulu approfondi leurs contacts avec leurs camarades allemands[251]. *»*

« Si j'ai pu participer à des activités franco-allemandes c'est grâce à Madame Moll, notre professeur d'allemand au lycée Charles de Gaulle. Très active, elle nous a amenés à participer à de nombreuses manifestations en milieu allemand (chorale, théâtre, rencontres franco-allemandes de qualité (où j'ai connu mes correspondantes) d'où échanges en famille à plusieurs reprises[252] *»*

« C'est grâce à un événement particulier organisé au sein du lycée Ch.-de-Gaulle que j'ai découvert un peu l'Allemagne. L'exposition "les Romains en Allemagne" réalisée en 4ème avec M. Dubail, professeur de français et d'autres professeurs de dessin, latin ou histoire. Nous allions en sortie de classe sur différents sites de vestiges romains dont les thermes de Baden ou encore à Trèves et nous relevions l'impact de la présence et de la culture romaine pour ce pays. J'étais au club photo du lycée géré par un jeune professeur de dessin (Jean Yves Fuvel) que j'appréciais particulièrement. Nous étions missionnés pour photographier et développer les photos pour l'exposition. Le travail d'une année. L'occasion unique de voir du pays et de forger des amitiés. Seul contact avec la langue allemande : la radio SWS3 Music pop ! Émission qu'écoutait mon père. »[253]

---

250 « *La conscription sous le Consulat et l'Empire – L'exemple du canton de Landau* » DEA – Université de Strasbourg – 1990.

251 M. Schmitt ibid.

252 Christine Louisin .Témoignage à l'auteur, janvier 2017.

253 Frank Serge, ibid.

En 1975 le Lycée Charles de Gaulle intègre la Ligue Internationale des Écoles. L'*International League of School* a été fondée en 1974 par deux enseignants, l'un, Erich Wurmann canadien d'origine allemande, [254]de la *Baden Senior School* de Baden-Söllingen, l'autre Kurt Oser, allemand, professeur au Windeck Gymnasium de Bühl.

« A l'origine du concept se trouve le désir d'encourager une plus grande compréhension entre les élèves allemands et canadiens. Un autre enseignant, Fritz Klein, va lancer le club afin de promouvoir des activités sportives entre les deux établissements. Présidée par E. Wurmann, la League organise régulièrement des activités culturelles communes et prévoit des concertations entre les enseignants. Mais très vite elle s'élargit aux élèves et enseignants des forces militaires occupant l'Allemagne durant de la Guerre Froide : la Senior School de Sollingen, le lycée Charles de Gaulle de Baden-Baden, l'American High School de Karlsruhe et le Windek Gymnasium de Bühl. Son but est de promouvoir et fortifier la compréhension internationale et l'estime entre les jeunes des membres des Forces Militaires alliées en Allemagne et les jeunes Allemands dans un environnement post-guerre. Lorsque le Ministère Fédéral de la culture prend connaissance des objectifs de la League, il accorde une assistance financière à la Base canadienne qui devient ainsi le support de ces nombreuses activités.
Je succède, de1977 à 1980, à Erich Wurmann rentré au Canada. Les activités déjà entreprises par Hélène Engels de Baden-Baden, Fritz Klein de Bühl et Dieter Zinck de Karlsruhe vont se poursuivre. Chaque mois alternativement, chaque école prépare des activités diverses journées sportives, courses d'orientation, matchs de football, curling, BBQ. Nous avons aussi organisé des visites d'une durée de cinq jours à une semaine. Après un premier week-end de conférences à Weil der Stadt préparé par les Canadiens, des sorties et voyagent seront organisés à Bonn, Trèves et les rives de la Moselle, Saverne, Paris, les Pays-Bas et Berlin. Après mon départ, la League sera présidée, jusqu'en 1985, par Peter Bowers. »[255]
Norman Langlois reprendra le flambeau jusqu'en 1988. Après son départ on assiste, progressivement, à une certaine lassitude. Les activités tendent à devenir davantage binationales et les rencontres sportives, seront surtout germano-canadiennes. La chute du Mur en 1989 et le départ des Canadiens en 1992-93, va accélérer le processus. Le bilan toutefois a été positif. Les contacts ont permis une connaissance plus fine entre Français Allemands et Canadiens. Les élèves américains avaient, eux, tendance à faire bande à part. De nombreuses amitiés se sont nouées entre des élèves français, canadiens et allemands, dont

---

254 La base de Söllingen a été un melting-pot pot pour de nombreux Canadiens d'origine européenne ou marié à des Françaises, tel Harold Knapp, l'autre dirigeant de la League. A Lahr, francophone jusqu'en 1966 après le retrait de la France de L'OTAN , de nombreux contacts ont existé avec des enseignants de Strasbourg.

255 E. Schiemann: Courrier. Extraits de : From my book *"A memoir. My journey"*,chapitre cinq. Vancouver

certaines perdurent. En dépit de l'éloignement, des contacts se sont maintenus avec les professeurs canadiens. Et les deux responsables français et allemands continuent à se retrouver tantôt à Strasbourg, tantôt à Bühl.

Dès 1945 naissent en Zone Française des comités anti-fascistes : le *komité anti-fa Leitzwerken* à Rastatt, constitué d'anciens membres du parti communiste K.P.D.et du parti du Zentrum, l'Union Antifasciste à Fribourg et à Constance, le Bloc de la Résistance.
Très vite ces comités vont travailler avec l'Administrateur Général E. Laffon du Gouvernement Militaire qui leur définit comme but l'aide à la dénazification. Ils sont chargés du contrôle des fascistes, de la lutte contre le militarisme prussien, de l'occupation des anciens nazis à des travaux de déblaiement, des réparations pour les victimes du nazisme, de la rééducation de la population et de l'explication de la situation actuelle, de la restauration des droits des travailleurs et du travail en commun avec les syndicats.
Le Bloc de la Résistance devient d'ailleurs le premier partenaire du Gouvernement Militaire. Il organise sa propre administration avec des services de réquisition et de réparations, s'occupe de la libération des prisonniers et de la lutte contre le *Werwolf*[256] et les éléments nazis.
Mais face aux nombreuses réquisitions opérées par le Gouvernement Militaire, la population aura tendance à les considérer comme des soutiens de l'occupant, ce qui va sérieusement limiter leur action. [257]
Dans toute L'Allemagne des syndicats se sont reconstitués.
Le Général Koenig, va très tôt concevoir cette renaissance du syndicalisme allemand dans la perspective de la dénazification et de la démocratisation de l'Allemagne, « comme le moyen le plus efficace et le plus sincère ».
Une ordonnance rétablit dès le 10 septembre 1945 le droit syndical allemand, mais tergiverse. Pour le Gouvernement Militaire les syndicats doivent partir de la base et surtout être décentralisés, afin d'éviter toute mesure qui pourrait, en Allemagne, permettre la reconstitution d'un syndicat unique[258]. Elle sera confirmée en avril 1946 devant l'insistance de la Fédération Syndicale Mondiale

---

256 Werwolf,(Loup-Garou) Corps franc de volontaires crée par Himmler en septembre 1944, pour mener un combat subversif et résister derrière les lignes, surtout à l'Est, contre l'avancée des Alliés en Allemagne.

257 Edgar Wolfrum: *Von der Gewaltherschafft zur Besatzung*. In Zeitschrifft für die Geschichte des Oberrheins. Band 143 p.367-384.

258 La fusion des organisations syndicales des trois Zones Occupées donnera naissance le 13 octobre 1949, à Munich au DGB Deutscher Gewerkschaffsbund.

et de son vice-président Léon Jouhaux,[259] à charge pour celui-ci de contribuer à faire pénétrer en Allemagne l'influence syndicale française. Pour que les syndicats français puissent servir de modèle aux syndicats allemands le Général Koenig accepte l'implantation de syndicats français dans sa Zone d'Occupation ! Le 21 juin 1946 à Baden-Baden naissent ainsi, au Kurhaus la section Allemagne de la CGT et à l'Hôtel de Ville celle de la CFTC.
La CGT connaîtra en Allemagne les mêmes soubresauts qu'en France et donne naissance le 3 février 1948 à l'Union des Syndicats Force-Ouvrière pour les Territoires Occupés.[260]
Conscients qu'une connaissance mutuelle est encore le meilleur moyen de surmonter les préjugés réciproques, les responsables de la section organisent en 1950, pour une cinquantaine d'étudiants logés dans les lycées de la ville un séjour d'un mois à Nice.
Ces relations ne vont pas toujours de soi.

« Les réunions mensuelles au Foyer du Soldat à Baden-Baden les premiers lundis du mois entre des délégués de FO et du DGB, à partir de 1959 vont permettre d'éviter une rupture entre le syndicat allemand et l'administration française. Ce sera le cas en 1960-1961, en pleine guerre d'Algérie, lorsque le DGB ouvre des bureaux à l'intention de travailleurs algériens implantés en RFA[261], et que les Français soupçonnaient d'avoir plus ou moins un caractère pro-F LN.[262] »

Les relations entre les syndicats français et la branche ÖTV (*Öffentliche Dienste, Transport und Verkehr*) du DGB facilitent les contacts avec les responsables du Comité d'Entreprise des Personnels Civils Étrangers, lesquels relèvent du droit allemand. Elles vont surtout jouer un grand rôle lors de la dissolution des Forces Françaises. La nouvelle secrétaire générale de F.O., Michelle Monrique, obtiendra en 1990, la participation des syndicats allemands responsables des PCE aux différentes réunions de Commandement sur le sort des personnels touchés par les restructurations de l'armée française.

---

259 Léon Jouhaux est alors le secrétaire général de la CGT.

260 H.Engels:*Histoire du syndicalisme,français..*

261 Témoignage à l'auteur de Inge. Pfannkuch-Mognot, responsable du syndicat IG Metall à Gaggenau Mars 1999.

262 La RFA accueille durant ces années de nombreux responsables algériens. L'Union Générale des Travailleurs Algériens (U.G.T.A.) a tissé de nombreux liens avec le DGB, qui s'entremet pour trouver du travail aux Algériens et leur accorde des prêts.

La vie associative

De formes variées, gravitant le plus souvent cependant dans l'orbite militaire, elle a permis très tôt de nouer des liens entre les deux communautés.

Les cercles franco-allemands inspirés par la « Société de coopération supranationale » fondée par Jean du Riveau en 1945 se sont développés après 1955, en zone de stationnement française d'abord, puis essaiment dans de nombreuses autres villes allemandes et françaises. Tous dépendent de la Fédération des Associations franco-allemandes en France et en Allemagne. Leur secrétariat commun est à Mayence.
Leur but est

« de promouvoir et faciliter les relations et les contacts franco-allemands dans les domaines humain, culturel, scientifique, éducatif, social et sportif[263] »

Au nombre de 28 dans la zone de stationnement, leur importance et leur rayonnement sont infiniment variables, au gré de l'investissement de leurs responsables.
Le plus ancien est celui d' Offenbourg, où les premiers contacts entre les deux communautés remontent à 1945.

«De gros efforts sont faits par les responsables afin de permettre aux nouveaux membres de lier connaissance. Parmi de nombreuses manifestations ce sont celles organisées autour de la galette des rois et les bals de la St. Sylvestre en tenues très habillées qui remportent le plus de *succès*[264] »

A Tübingen un « club de Dames » accueille à partir de 1948 les femmes de cadres militaires. Aujourd'hui encore cette section est la plus active du Cercle. Sa présidente Madame Horowitsk, fidèle à la tradition instaurée dès le début, a continué à effectuer chaque année des visites de bienvenue auprès des nouvelles arrivantes et leu fait découvrir la ville. Elle s'efforce également de multiplier les contacts entre les militaires du contingent et les étudiants de l'université.

Le cercle de Baden-Baden a été initié en 1956, sur les courts du tennis Rot-Weiss de la Lichtentaler Allee.

« ... il n'existait aucun club de tennis (dans le quartier français). Ceci explique pourquoi nombre d'officiers français jouaient dans la Lichtentaler Allee sur les courts du club Rot-Weiss. On fit obligatoirement connaissance de citoyens allemands et on les trouva sympathiques. L'un d'eux le Dr. Philip Buss eut l'idée de fonder un cercle franco-allemand.

---

263 Article 1er des statuts du Cercle franco-allemand de Baden-Baden.

264 Interview de Madame Rose Kesel, Offenbourg février 2017.

Cette idée fut bien accueillie, comme ce fut le cas dans d'autres villes allemandes. C'est ainsi que le cercle Franco-Allemand vit le jour.[265]

Après des premiers contacts en mars 1956, le Cercle naît, le 13 mai au Restaurant Krokodil sous la présidence du Colonel de Segonzac, commandant de la ville et du Dr. Ph. Buss conseiller juridique, ancien champion de tennis. L'administration française met à sa disposition les locaux situés au premier étage du Foyer de Garnison (Foyer du Soldat, puis Maison de France), à côté du futur Festspielhaus.

« ... A ses débuts l'initiative se heurte à une méfiance réciproque. Aucune personnalité du SWF n'était membre du club. La haute noblesse encore nombreuse en ces temps-là, les princesses et comtesses qui étaient bien en possession d'une carte de membre, se contentaient de boire un verre de champagne au Foyer du soldat qui se trouvait au rez-de-chaussée. Parfois aussi il a permis à des agents français des services secrets d'obtenir, des renseignements, au bar après quelques coupes de champagne ! Il sera quand même à l'origine de nombreux mariages franco-allemands, les jeunes filles étant à l'époque particulièrement intéressées à faire connaissance avec de jeunes Français[266] ».

Très vite le nombre des adhérents augmente du fait « d'un intéressant programme : conversations uniquement en français, apprentissage de chansons françaises populaires, introduction en langue français aux représentations du théâtre de la ville, rencontres avec nos amis de Colmar[267] »

« Je me souviens des cafés, une fois par mois, en relation avec une conférence ou la visite d'une exposition. Il y avait alors jusqu'à 40 participants. Très belles aussi étaient les réceptions du nouvel an, accompagnées toujours d'une allocution, le plus souvent en parfait allemand, de la part [268]*du général en chef. »*

Fondé en 1957 le Cercle de Trèves bénéficie de l'appui de la garnison qui met à sa disposition le mess des officiers. Les statuts prévoient un président allemand et un vice-président français qui est automatiquement le général commandant la 2ème DB. Dans le comité directeur siège le Consul de France et le Chef du Bureau des Relations Extérieures ainsi que le Maire de Trèves, le président de l'université et le Directeur de l'Administration du Land. Le programme est particulièrement varié :« Conférences, cours de français pour les enfants préscolaires allemands, cours d'allemand pour les membres des familles françaises, cours de conversation pour adultes, accueil avec l'administration de

265 Klaus Fischer: "Souvenirs, Souvenirs..". *in 50 Jahre Deutsch-Französische Gesellschaft Baden-Baden* ibid

266 Klaus Fischer ibid.

267 Joachim Lemke ibid.

268 Inge Kormann, ibid. p.22.

la ville des nouvelles recrues. A la fin de l'année scolaire une remise de prix a lieu pour les meilleurs élèves français et allemands. Dans les années quatre-vingt démarre un programme « jeunes » destiné aux appelés français et aux élèves et étudiants allemands, en partenariat avec la 1ère Panzer Division allemande, l'université, l'enseignement supérieur catholique et les lycées. Le cercle travaille avec l'Université populaire, l'Académie Catholique, la bibliothèque municipale, mais aussi avec des banques et subventionne des activités telles le théâtre et les expositions. A la même période, du fait de la participation active de l'université, le président allemand cède sa place au directeur de l'Institut de Romanistik, ce qui a permis de faire venir des scientifiques et des hommes politiques renommés (André Glücksmann, Otto de Habsbourg, Jean Sauvegnargues, ...) L'événement majeur seront les fêtes commémorant le bicentenaire de la révolution française, inaugurées par le Ministre-Président du Land[269] »

Au Cercle de Landau fondé en 1959, deux sections sont particulièrement actives : le Groupe des Dames et celui des Jeunes. Les dames se retrouvent régulièrement l'après-midi du premier lundi du mois autour d'un café. Elles organisent également une excursion mensuelle et chaque année un voyage. Le groupe des jeunes organise une soirée tous les mercredis, réservée aux appelés et aux jeunes membres. Il a donné à son tour naissance à un cercle des « anciens », composé d'étudiants, de jeunes déjà en activité, d'appelés de l'armée allemande et de jeunes Français de plus de 18 ans.

D'autres Cercles végètent. C'est le cas de ceux de Pforzheim, Karlsruhe, Kaiserslautern, Kehl, ...

Il faut noter toutefois que dans tous les cercles et pour toutes les activités la participation allemande est largement majoritaire ; La participation française aux manifestations culturelles et en particulier aux soirées conférences quant à elle, est largement fonction de l'intérêt que leur porte l'autorité militaire.

La musique a souvent permis de premiers contacts avec le milieu allemand.

« Le Jugend Orchester de Baden-Baden répétait tous les mercredis de 19h.45 à 22 h. Ses membres avaient entre 13 et 20 ans. Nous étions ma sœur et moi les seuls français. Beaucoup de jeunes étaient au Conservatoire de Karlsruhe. Certains étaient des enfants de professionnels du SWF. C'étaient ces musiciens qui nous prêtaient leurs partitions quand ils changeaient de répertoire. C'est ainsi que nous avons joué des compositions toutes récentes de Paul Hindemith, pas vraiment connu ni apprécié à l'époque. Nous avons été bien accueillis et nous avons créé des liens qui ont duré plusieurs années[270]. *»*

---

[269] K-H. Bender ibid.

Sur les dix chorales franco-allemandes présentes en Allemagne depuis 1965, trois sont nées en Zone Française : Berlin en 1965, Baden-Baden en1974 et Fribourg en1982. Elles se rassemblent chaque année, tantôt en France, tantôt en Allemagne avec les Choralies de Vaison-la-Romaine, dans le cadre du mouvement « A Cœur Joie ».

« De 1976 à 1996 la chorale de Baden-Baden a été particulièrement active dans le cadre du Cercle Franco-Allemand, sous la direction de Chantal Bigot et de Jacques Figue. Les répétitions se passaient au Foyer (Maison de France). Dans le corridor on faisait des crêpes ! Certains dimanches d'été nous étions invités au Jaagdhaus car Madame Richard épouse du CCFFA était membre de la chorale[271] »

« Deux épouses de militaires et un ingénieur militaire des Essences rejoignent, en 1973, le chœur allemand Aurelia-Hohenbaden dirigé par le General Musik Direktor, Carl August Vogt. Elles participent à plusieurs concerts dont celui des Carmina Burana de Carl Orff.

En 1974 Les mêmes, Chantal Bigot-Testaz, chef de chœur maîtrisant l'allemand, Jacques Bigot et Jacqueline Santerre forment le projet d'une activité musicale unissant Français et Allemands. Ils le présentent à Édouard Sans, Directeur de l'Enseignement Français en Allemagne, et à Friedemann Moll du Cercle Franco-Allemand. Les premières répétitions se font au Cercle. Le recrutement est favorisé par la rumeur de la participation de Claude Richard, épouse du général en chef des FFA et choriste modèle. Elle est obligée de circuler à bord d'une voiture militaire et le Général lui garantit un soldat-chauffeur avec des compétences de choriste. L'effectif va croissant ; les deux nationalités et la composition des pupitres sont (et resteront) en équilibre.

1975:Une Crêpes-partie a lieu pour Mardi-gras avec les conjoints et les enfants. Les contacts extra-musicaux se renforcent et une collaboration s'établit avec la chorale Aurelia-Hohenbaden.

1976 : Un dimanche d'avril, la Chorale franco-allemande investit la Résidence afin de préparer, sous la direction de CA Vogt, sa participation à l'exécution de Die Schöpfung de Josef Haydn. En mai, un voyage vers Trèves permet de rencontrer des chorales franco-allemandes (Berlin, Munich, Paris, Baden-Baden et le noyau de la chorale naissante de Cologne)

1977 : De nouvelles rencontres des Chorales franco-allemandes ont lieu à Cologne . Une importante délégation participe aux Choralies A Coeur Joie de Vaison-la-Romaine.

1978 : L'opérette pour enfants d'Auguste Sérieyx « Les aventures de Madame de Malbrough à la recherche de son époux », est donné trois fois au Lycée Charles de Gaulle. La

---

270 Thérèse Talleux de Backer in *La Gazette* Publication des Anciens du Lycée Charles de Gaulle à Baden-Baden, Numéro 38 Juin 2015.

271 Inge Kordmann ibid.

représentation est assurée par 5 classes des écoles primaires de Baden-Baden et un ensemble instrumental issu de la Chorale franco-allemande, sous la direction de Chantal Bigot-Testaz 1979 : Le concert de fin d'année scolaire coïncide avec le départ des époux Bigot vers Amiens. Mais la relève est prête car Jacques Figue, enseignant de musique au lycée français, avait commencé depuis plus d'un an à assurer une partie des répétitions et reprend la direction du chœur[272]*."*

Les activités de la chorale se poursuivront. Tous les jeudis soir J. Figue fera travailler dans les locaux du cercle de nombreux Français et Allemands. A l'occasion du 20è anniversaire du traité de l'Élysée, en 1983, elle participe à Bonn lors du week-end de la Pentecôte, au grand rassemblement de toutes les chorales franco-allemandes.

En juillet 2006, à l'occasion du cinquantenaire du Cercle Franco-Allemand, elle ressuscite le temps d'un week-end, et chante au Casino, au cours de l'apéritif du dimanche.

Michel Wallon, professeur de français au lycée Charles de Gaulle crée, de son côté, dans les années quatre-vingt, un ensemble franco-allemand de musique médiévale. Il donnera de nombreux concerts à Baden-Baden et à l'étranger : Belgique, Angleterre, Tchécoslovaquie, Hongrie. Des musiciens tchèques donneront à leur tour des concerts à Baden-Baden. Ils seront logés dans les familles des élèves et des enseignants.

La pratique d'activités sportives communes a sans doute offert l'une des meilleures possibilités de contact.

Parmi elles la chasse a tenu, dès les débuts de l'Occupation, une place essentielle.

« Par la chasse, l'occupation française pousse plus avant dans l'âme allemande ... Dépouillé d'apparats, le culte français de la chasse ne nous en a pas moins gagné quelque estime parmi nos occupés. La part que nous y faisons à des auxiliaires du cru, le soin pris à l'organiser dans les règles, et jusqu'à la complicité des privautés qu'on se permet discrètement de-ci de-là, loin des gendarmes, ceux-ci se rappelant parfois certains atavismes braconniers, tout cela forme un lien social aucunement négligeable entre l'Occupation et les gens de la Zone, un de ces traits donc où, le plus naturellement du monde et comme sans y songer, nous avons visé juste[273] *»*

« ... Les généraux français en 1945, 1946 aimaient aller à la chasse. Ils avaient le choix, ou bien de s'entendre avec les grands propriétaires de chasse en Forêt Noire, les Familles de Baden et de Fürstenberg, ou bien de braconner ou encore de réquisitionner les

272 Jacques Bigot courrier à Jeanne Moll juin 2020.

273 Cl. Albert Moreau et R. Jouanneau-Irriera ibid p. 266.

terrains de chasse et d'engager des gardes allemands, ce qui n'aurait pas manqué d'alerter les journalistes américains,ils choisirent les rapports avec la noblesse[274] »
Les plus célèbres de ces chasses, furent celles, fastueuses, organisées à Tübingen par le Gouverneur Guillaume Widmer et qui contribuèrent fortement au rapprochement franco-allemand.

A Iffezheim, les premières courses hippiques ont lieu en juillet 1946. Très mondaines, elles permirent le côtoiement des officiers français et de la bonne société badoise. Elles attirent toujours chaque année un nombreux public français et allemand, et de plus en plus international.
Des concours hippiques de sauts d'obstacles sont d'autre part organisés à Baden-Baden, conjointement par le centre équestre français et la Société des thermes de Baden-Baden avec la participation du 20ème régiment du train.
La tradition des courses restera vivante au sein de la cavalerie:

En mai 1985 une « Patrouille de l'Amitié franco-allemande » décide, pour célébrer l'amitié franco-allemande, de se lancer sur les traces de la Patrouille Zeppelin. (Le comte Zeppelin en juillet 1870 avait reçu l'ordre de reconnaître les positions du Maréchal Mac-Mahon dans le nord de l'Alsace. Sa patrouille chevaucha une soixantaine de km. en territoire français puis se heurta à une embuscade dressée par le 12ème chasseurs à cheval à Schirlenhof et seul le comte en réchappa)
« ... Cavaliers français et allemands se rassemblèrent d'abord à Friedrichshafen, le 29 mai, pour la cérémonie d'inauguration. Puis chevaux et cavaliers furent amenés par route jusqu'à Lauterbourg. Le 30 mai les cavaliers défilèrent en grande tenue sous la porte de Lauterbourg. Puis les participants suivirent les traces de la patrouille de Lauterbourg à Schirlenhfof ... A Croetwiller, devant une plaque commémorative, l'arrière-petit-fils du comte Zeppelin serra chaleureusement la main de l'arrière-petit-fils du lancier Toussaint qui s'était courageusement attaqué à la patrouille dans ce village. Il y eut ensuite la visite de l' « incroyable » musée de la guerre 1870/1871 à Woerth-sur-Sauer. Puis ce fut un dépôt de gerbes sur les monuments aux morts français et wurtembergeois, en présence de nombreuses autorités civiles et militaires, dont le Général Schnell auteur du livre : Zeppelins Fernpatrouille. »[275].
Des randonnées de ski de fond franco-allemandes sont organisées régulièrement en Forêt-Noire par les autorités du Bade-Wurtemberg.
En liaison avec l'*Internationaler Volksport Verein*, sept à dix garnisons françaises organisent chaque année des marches populaires, Volksmarschen qui regroupe 1000 à 3000 participants civils et militaires français et allemands.

La fréquentation de clubs allemands permet à de nombreux Français, surtout dans les garnisons les plus petites ou les plus éloignées de la métropole,

---

274 Klaus Fischer in *Badisches Tagblatt* du 17 avril 1999.

275 Capitaine Mary *Carnets du Rhin* Septembre 1985

de pratiquer des sports tels que l'escrime, le tennis, voire le golf. Il n'est pas rare non plus que des clubs français soient jumelés avec des clubs allemands et organisent une ou deux fois par an des rencontres amicales franco-allemandes. Parfois des centres d'intérêt ou des passions communes, poussent à surmonter barrières psychologiques ou handicap de langue.

Les timbres sont à l'origine de la section philatélique franco-allemande de Baden-Baden. A côté des réunions réservées aux seuls membres adhérents, elle organise plusieurs fois par an des journées « échanges », ouvertes au public, avec achat et ventes de particulier à particulier. Elle entretient des contacts suivis et des rencontres avec d'autres clubs français et allemands.

Dans les clubs de lecture, généralement animés par les épouses des chefs de corps, se retrouvent une fois par mois, des françaises et des allemandes intéressées.

«... *Par le biais de l'école (fréquentée par mon fils Moritz), je suis entrée en contact très vite avec différents clubs, animés par des femmes d'officiers. J'ai choisi le club lecture, qui se retrouvait pour discuter d'un thème littéraire, une fois par mois chez une autre membre. En même temps nous échangions des livres choisis qui, ainsi, étaient lus par chacune d'entre nous, analysés et commentés lors de la dernière réunion annuelle. Celle-ci se tenait généralement chez la femme du Général en Chef. Ces rencontres jouaient un rôle important dans la vie sociale française et je me sentais tenue d'y participer. L'appartenance au club lecture m'a valu d'autres invitations. Werner mon mari, conseiller municipal, est devenu rapidement le porte-parole des desiderata français. Il représentait également la ville de Baden-Baden lors de la « marche des sommets » ou des cérémonies du 14 juillet. Grâce au « protocole » j'ai pu nouer des relations étroites avec les officiers, colonels et généraux en place et leurs épouses. Nous avons pu ainsi avoir un aperçu de la vie des militaires français. Malheureusement, tout comme nos enfants, il nous fallait assister aux obligatoires mutations. Chaque année, les camions de déménagement envahissaient la Cité et il fallait prendre congé des camarades de classe et des amis*[276] »

Un puissant facteur de rapprochement et l'occasion de nombreuses réjouissances ont toujours été les festivités liées à la célébration, en Allemagne, du Carnaval.

Tout de suite après-guerre les autorités militaires ont toutefois interdit les défilés, par crainte de débordements. Une autorisation pour les déguisements est accordée en 1947 mais pas pour les défilés dans les rues. Des sorcières se montrent alors dans les devantures de la pharmacie Einhorn au centre de Baden-Baden et dans les ruines d'un bâtiment en face, ce qui leur permet de

---

276 Brigitte Schmoll ibid. Le club de lecture réunit toujours des épouses de militaires installées à Strasbourg et des dames de Baden-Baden. Mais Br. Schmoll n'en fait plus partie.

contourner l'interdiction et balancer dans la rue saucisses, petits pains et bonbons.

« Durant l'hiver 1947/48, le bal costumé du ski-club allemand auquel ont participé des officiers et des soldats français a permis une bien meilleure compréhension entre Allemands et Français que de nombreux efforts officiels.[277] *»*

En 1948 le club carnavalesque de Deux-Ponts investit la ville voisine de Bitche et donne ainsi le départ pour les clubs franco-allemands.

Dans la quasi-totalité des villes de stationnement les clubs locaux, mêmes exclusivement allemands, viennent chaque année donner l'assaut à la garnison et s'en faire remettre les clés par le Commandant d'Armes.

« A Baden-Oos, le Schmutziger Donnerstag (le jeudi sale), jour plus ou moins férié, les membres de la plus vieille corporation carnavalesque envahissaient, dans la matinée, les différentes administrations, les banques, etc. La dernière prise de possession, la plus solennelle, avait lieu en début d'après-midi au Service Géographique de l'armée, où travaillaient deux ou trois personnes, membres de notre corporation. On nous offrait le champagne. Une année, un général (?) déguisé en Napoléon, le bras en bonne position, nous attendait à l'entrée de la caserne. Nous avons mutuellement simulé une attaque et il y a même eu des simulacres de tirs de pistolet factices ! Ensuite nous avons été invités à venir prendre place à des tables généreusement garnies en victuailles et boissons[278]. *»*

Chaque année à Trèves, la prise du mess des officiers est suivie par une réception. Un lieutenant-colonel français est même intronisé en 1982 comme prince-carnaval du quartier de Trèves-Ehrang. En 1988, c'est au tour d'un adjudant-chef de devenir le prince de toute la ville de Trèves.

Le plus célèbre, et toujours actif, est le club de Baden-Baden. Les festivités carnavalesques dans, et autour de la ville, donnent à quelques Personnels Civils Français et Étrangers à s'organiser à leur tour.

« Un copain mécanicien, qui avait connu carnaval à Sarreguemines, propose à Marcel Grimm, d'en faire autant en 1972. Des fonds sont rapidement collectés. Le club est porté sur les fonts baptismaux en 1973, au Feldschlossel à Baden-Oos. Il sera bilingue, binational et transfrontalier. Inscrit sur le Registre allemand il est le seul club franco-allemand en Allemagne, avec un public double. Le premier bal franco-allemand a lieu en mars, sous la vice-présidence de Marcel Grimm. Devenu rapidement président, celui-ci passera le relais à son fils Christian, en 1991.

Chaque année le président allemand du Comité des fêtes prend contact avec le commandant d'armes de la Place. Le jour du « Schmutziger Donnerstag », les « Fous » du club franco-

---

277 Leonore Mayer-Katz ibid p. 159.

278 Jean Stock. Ibid.

allemand, ainsi que ceux des 9 clubs allemands envahissent La Tour d'Auvergne, mess des officiers, où les attend le Commandant d'Armes. Chaque club lui remet une médaille. La fanfare militaire joue, des simulacres de batailles se déroulent entre les carnavaliers et les militaires, jusqu'à la fameuse phrase du Commandant « je me rends ! ». Des clés symboliques, renouvelées chaque année sont alors remises, celle de la Cité à la princesse, celle de la ville au prince.

Par la suite les écoles élémentaires pourront venir assister à la cérémonie. Les soirées de la mi-carême ont lieu dans les salons de la Tour d'Auvergne, les militaires aidant à la mise en place. Lors des fêtes dans la Cité et des Portes ouvertes, circule un petit train français décoré aux armes du club et animé par ses membres, déguisés.[279] *».*

Le club anime chaque année plusieurs soirées à la salle des fêtes de Baden-Oos.

« Carnaval à Baden-Baden. Les Fous ne connaissent pas de frontière ! Le voyage à travers l'Europe était le thème choisi pour les quatre heures de spectacle offert par le Club Carnavalesque Franco- Allemand le samedi 6 février 1993 au soir, dans la salle des fêtes de Baden-Oos. Musique, danse, chant, ballet, prestidigitation rien ne manquait dans cette mise en scène orchestrée et présentée en français et en allemand, par le jeune et dynamique président du club Christian Grimm. Nul besoin de parler l'allemand pour participer à la fête. Le rire, la joie, la bonne humeur ne connaissent pas de frontières. La très nombreuse participation de la communauté française de Baden-Baden a été tout particulièrement remarquée et appréciée.[280] *»*

En 1984 sur une idée de Marcel Grimm, est créée, par Karl Reinbothel membre honoraire, la médaille de l'Ordre Carnavalesque de l'Amitié Franco-Allemande. Elle honore, en novembre chaque année, une personnalité ou institution française et allemande qui s'est particulièrement distinguée dans la promotion de l'amitié franco-allemande. Le panel des titulaires est très large: Furcy Houdet, commandant en chef des Forces Françaises en Allemagne et Dr. Walter Carlein maire de Baden-Baden en 1986, le Ministre des Relations Européennes André Bord et le Ministre des Affaires Étrangères d'Allemagne, Hans-Dietrich Genscher, en 1987, Jean-Claude Borianne, Commandant d'Armes Délégué de la place de Baden-Baden et Madame Dr. Sigrun Lang présidente du C.F.A en 1991, Daniel Hoeffel ancien ministre et le ministre honoraire des transports du Bade-Wurtemberg Dr. Herrmann Schaufler en 1994, l'artiste Tomi Ungerer dessinateur et écrivain et le directeur commercial de « Radio 96 », Christian Fritsch en 1997.

---

279 Christian Grimm témoignage à l'auteur. Juillet 2020.

280 Article paru dans «*Mercure Revue des Forces Françaises en Allemagne*,» Mars 1993 p. 2.

COHABITATION ET BON VOISINAGE

Entre les deux communautés française et allemande les relations, par la force des choses, se sont nouées au fil des ans.

Les relations avec la population civile

Elles sont à la fois sociales et économiques: L'armée participe tout naturellement à des travaux d'intérêt local, qui sont ceux qu'exige son statut de résident dans les différentes villes de stationnement.
Lors d'opérations de reboisement dans la Zone de stationnement Sud en 1988, 200 militaires apportent leur concours le 12 avril, dans le cadre de l'année européenne de l'environnement, à la « journée de l'arbre ». Dans le cadre de l'opération "Sylvain" 4 000 militaires du rang, encadrés par des officiers et des sous-officiers sont mobilisés pour le nettoyage et le reboisement des forêts pour aider à réparer les dégâts provoqués par le passage de l'ouragan Wiebke en février 1990. Au total 100 000 heures de travail sont offertes gracieusement par l'armée tout au long de l'année.[281]
Celle-ci intervient également lors d'opérations de curetage des étangs ou des rivières, ou de déblaiement en cas de chutes de neige excessive. Et la participation aux vendanges offre l'occasion de diverses festivités.

A Augen, dans le Markgräferland, 3 km au sud de Müllheim, la vie est rythmée par la vigne.

« L'époque des vendanges est marquée par le célèbre Winzerfest, qui a lieu en cette année 1985 du 13 au 16 septembre (1985). A cette occasion, le Maire M. Haselwander, n'a pas manqué d'inviter le 3ème escadron du 12ème régiment de cuirassiers qui est jumelé avec la ville. Il a tenu également à y associer les canonniers du 34ème RA et des soldats allemands de la base de Bremgarten. C'est en dégustant, entre autres, le fameux « Gutedel » « que nos représentants ont écouté avec plaisir, les discours d'accueil prononcés par les « Weinprinzessin » d'Augen et du Pays de Bade ... Une saine ambiance de camaraderie s'est très vite développée et il faut dire que la réputation de correction des soldats français de la garnison n'a pas été démentie. Le 3ème escadron, commandé par le capitaine de Quatrebarbes a bien l'intention de rendre la politesse à ses hôtes d'Augen dès le retour du camp de

---

281 Des militaires américains et canadiens participent également à l'opération.

Münsigen en donnant rendez-vous à tous les cuirassiers du 3ème sur les pentes du Margräferland pour participer deux jours durant aux vendanges[282] *»*

A l'occasion du « *Volkstrauertag* »[283] militaires français et allemands participent conjointement à des quêtes destinées à pourvoir à l'entretien des cimetières militaires allemands en RFA et à l'étranger. Aucun journal local n'omet de signaler, photos à l'appui, la présence conjointe des soldats allemands et français lors des cérémonies officielles aux monuments aux morts.

« A Trèves les rencontres avec le monde civil sont placées sous le signe de l'amitié en ce qui concerne les administrations allemandes ... Nombre de formations sont jumelées avec des villes et villages avoisinants, voire avec des quartiers ... Dans le cadre de ces jumelages, les unités apportent leur aide aux populations (rénovations, décorations dans les villages, participation aux vendanges et fêtes locales). Les représentants locaux sont des invités privilégiés lors des prises d'armes, fêtes régimentaires, adieux aux armes ... Toutes les autorités locales et régionales sont invitées à la prise d'armes commémorant la Fête Nationale du 14 juillet.

La garnison contribue, également, activement à la vie officielle de la vieille cité bimillénaire qu'est Trèves ; les réceptions, banquets, bals de garnison et de régiment sont autant de manifestations appréciées et courues, sans oublier les concerts et expositions ... Citons également le Groupe théâtral français où les spectateurs allemands sont nombreux .[284]*»*

Depuis 1951 le bataillon de Sidi-Brahim est présent à Wittlich. Les relations entre les chasseurs et la population locale furent marquées à leur début par une certaine méfiance, née de la vocation d'occupation des troupes françaises et la réquisition des logements civils, avant la construction des logements cadres entre 1950 et 1952, puis de la nouvelle cité en 1982. Depuis elles sont devenues très amicales et chaleureuses ...

De nombreuses activités ont marqué cette volonté réciproque de fraterniser. Ainsi l'organisation annuelle de la journée de Sidi-Brahim et son annonce dans les rues de la ville par la fanfare des « Blaue Jäger » toujours appréciée, ont permis d'établir une véritable cohésion avec les wittlichois en leur permettant de découvrir le quartier et nos installations. Le 8ème est très présent dans les activités de la ville et de ses environ en participant à la plupart des activités folkloriques : marché de Noël, fête du cochon, carnaval, Volksmarch ... L'inauguration du stade en plein quartier Foch donna lieu à de nombreuses activités sportives franco-allemandes. Par ailleurs le 8ème participe tous les mois au chargement humanitaire pour une association internationale au siège des Droits de L'Homme à Wittlich. Les écoles ne

---

282 *Carnets du Rhin* Novembre 1985. p.36

283 Journée de deuil national en Allemagne en commémoration des victimes des guerres.

284 25 ans d'amitié franco-allemande : Trèves et les Français de Trèves in *Les Carnets de la Moselle et de la Sarre* Mai 1988

sont pas en reste non plus et ont organisé de nombreux échanges au cours desquels des liens solides se sont tissés entre les jeunes enfants des deux pays. Enfin, la constitution d'une communauté de foi dans cette région à forte tradition catholique a facilité le rapprochement entre les deux nationalités. En effet les familles des deux communautés se côtoient régulièrement, en particulier à l'église St. Bernard. De même, pendant l'avent, les familles des deux nationalités allaient, jusqu'il y encore peu de temps, abattre leurs arbres de Noël ensemble dans les forêts environnantes [285] »

Très prisées par les deux communautés sont, chaque année, les « *Volksmarsch* », marches populaires, qui se déroulent dans la plupart des garnisons.

« *Depuis 1976 la Volksmarch internationale de la garnison française d'Oberkirch convie à parcourir les routes et les sentiers de la vallée de la Rench. C'est une manifestation pour tous, amis de la nature, jeunes et moins jeunes. Les itinéraires, 10 et 20 km, sont pittoresques et variés, qu'ils empruntent les chemins forestiers ou serpentent à travers le vignoble. Depuis 1988 La médaille-souvenir de la marche, est consacrée aux chapelles de la région.* [286] »

La *Gipfelmarsch* ou marche des sommets de Baden-Baden est organisée conjointement par la garnison française et la Société des Bains de la ville. Elle propose, au départ du gymnase du lycée, des circuits de 10, 20 et 30km. En 1991, pour sa 17ème édition elle a réunie 2 582 marcheurs. Un ravitaillement est assuré à intervalle régulier par des militaires. Les médailles décernées au mess de la Tour d'Auvergne sont, selon la distance, en bronze, en argent et en or.

Les marches sont parfois jumelées avec un autre évènement qui attire à chaque un nombreux public des deux communautés, celui des Portes Ouvertes.

« *Un temps radieux les 20 et 21 mai 1989, a engendré une affluence exceptionnelle à la Marche Populaire et aux Portes Ouvertes du 60ème régiment de Circulation Routière à Achern. Plus de 6 148 jambes ont gaillardement parcouru « Per pedes oder per Rad » plus de 60 000 km sur les parcours proposés par l'organisation de la Marche ... La magnifique médaille du Bicentenaire de la Révolution conçue par le lieutenant Mouchel a provoqué un "super engouement" et certains groupes ont frôlé les 300 participants. (Merci à nos amis canadiens, américains et allemands). A l'arrivée, avec les visiteurs du programme des Portes Ouvertes, ce sont plus de 5 000 personnes qui ont pacifiquement défilé au Quartier St. Exupéry ce 20ème week-end de l'an 1989, qui se sont épanouis dans la salle polyvalente transformée en brasserie pour l'occasion ... Les 1 000 litres de bière furent largement dépassés, plus d'une tonne de victuailles diverses englouties ... Le succès quoi ! Il parait même*

---

285 Aspirant Chaufour "Le huitième groupe de chasseurs. 48 années de présence à Wichita." *in Mercure des Forces françaises Stationnées en Allemagne et 1ère Division Blindée.*

286 *Les Carnets du Rhin* - Mai 1988 p.54

que certains voulaient s'engager sur le champ (le soir bien sûr …) je ne vous expliquerai pas pourquoi[287]*… ».*

Installé depuis décembre 1994 dans le quartier Foch-Estienne, rue "Cornichonstrasse[288]*" le 2ème régiment d'Artillerie de Landau ouvre une dernière fois ses portes les samedi 17 et dimanche 18 avril 1999. « Ces deux journées seront consacrées essentiellement au public et placées sous le signe de l'amitié franco-allemande. Outre la présentation de différents matériels civils et militaires et d'activités récréatives s'adressant aux jeunes et aux moins jeunes, le régiment accueillera plusieurs formations européennes pour un festival international de musiques militaires le 17 avril dans l'après-midi. Par ailleurs il vous sera possible de vous restaurer dans des stands correspondants à tous les goûts et à toutes les bourses. Le dimanche 18 avril, dans la matinée, aura lieu sur la place de la Mairie de Landau (Rathausplatz) une cérémonie militaire réunissant les troupes françaises de la garnison et des troupes allemandes*[289]*. »*

Les Portes Ouvertes de Baden-Baden dans la vaste enceinte du lycée, proposent de nombreux jeux et sports, des compétitions, telle une marche de 10 km et un semi-marathon, des concours de tir au pistolet et à l'arc, un tournoi de foot. S'y ajoutent des exercices de dressage de chiens militaires, des expositions de travaux réalisés par les membres des divers clubs, des spectacles variés exécutés par différents groupes folkloriques, le tout au son de la musique militaire. Les provinces françaises proposent chacune des plats de leur cuisine régionale. Le soir un bal populaire se termine tard la nuit. Le public allemand est nombreux, surtout les jeunes. Pour eux c'est le plus souvent la seule occasion de venir dans le « *Franzosen Viertel* », le quartier des Français ».

La perception par le "secteur allemand" de la présence militaire française

Dispersés à travers les villes de stationnement, ou à leur écart, les cités françaises et leurs habitants, n'en impactent pas moins le milieu allemand environnant.

287 C.E. Benner in *Mercure du Bicentenaire* juillet 1989 p 18

288 Le nom allemand de cette rue, où se situait également la gendarmerie française, ne manquait pas d'amuser les Français. Il s'agit en fait du nom d'un élément de fortification, une petite corniche.

289 Le mot du Colonel Félix Faucon, commandant d'armes de la Place de Landau et chef de corps du 2ème Régiment d'artillerie in *Landau Cornichonstrasse,* éditions spéciale avril 1999 - 26 pages

Les Forces Françaises injectent chaque année plusieurs millions de DM dans l'économie allemande : 283,5 en 1974 par exemple, et 491 en 1989.[290]
Leurs biens immobiliers sont soumis à des loyers et taxes (prestations d'eau, d'électricité ou de gaz) à verser soit aux communes concernées, soit aux Länder, soit même au Gouvernement Fédéral. Les frais occasionnés par les transports de troupes sont à régler à la *Bundesbahn* et les frais de timbres à payer à la *Bundespost*. De nombreux marchés de biens et services sont attribués soit réglementairement soit sur appel d'offre à des entreprises allemandes.
Les Services du Génie font largement appel aux entreprises locales pour la construction, la rénovation et l'entretien de leurs casernements et cités. En 1954 un journaliste de Baden-Baden fait remarquer que
" *La construction et les installations intérieures des bâtiments, quoique financés par les crédits FODI (Frais d'Occupation et Dépenses Imposées) sont réalisées par des firmes allemandes et ainsi les coûts de l'occupation reviennent en fait à l'économie allemande.*"[291]

De1980 à 1994, la société BKM-AUER puis "Witomat" de Wolgang Auer à Willstätt, fournit le Service du Génie de Kehl en matériaux d'entretien des bâtiments. Elle s'occupe également de tout le service de robinetterie et de sanitaire de la caserne et de la station fluviale des chalands au port du Rhin. S'y ajoute en 1983/1984 la fourniture de tuiles pour tous les travaux de toiture. L'entreprise emploie 25 à 30 salariés et son chiffre d'affaires passe de 80 000 DM par an à 250 000 puis à 400 000 DM avec les travaux de toiture. Les militaires y précisaient officieusement ce qu'ils souhaitaient ou ce dont ils auraient besoin ! Certains travaux illustrent parfaitement la complexité de la situation. Lors de la transformation du Mess des officiers de Kehl, en 1990, effectuée conjointement par des firmes françaises et allemandes, les Allemands ont dû mettre aux normes allemandes, les installations électriques normes françaises demandées au départ, soit un contrat de 500 000 DM La collaboration a toujours été harmonieuse grâce entre-autre, aux méchouis qui avaient lieu les vendredis après-midi à la caserne ». [292]

Le Comptoir de l'économat est également un gros client des marchés locaux pour ses besoins en produits frais et surtout à travers les Accords Locaux.[293] Ceux-ci permettent aux membres des Forces d'effectuer des achats

290 Une augmentation qui s'"explique en partie par le différentiel croissant FF/DM Voir H. Perrein Engels: "*La Présence Militaire* " ibid

291 *Badisches Tagblatt* du 27 juillet 1954

292 Wolfgang Auer. Témoignage à l'auteur. Kehl août 2020

dans le commerce allemand par le biais de « bons de livraison » « (*Abwicklungsschein*), bénéficiant de l'exonération de la TVA et en les réglant auprès des succursales des économats concernés. Ces achats concernent surtout les véhicules automobiles[294], les articles de sport, les meubles, les achats dans les grands magasins mais aussi des services telles que les auto-écoles ou les agences de voyages.

Dans toutes les garnisons, surtout dans celles éloignées de la métropole, des achats se font directement dans les hypermarchés ou grandes surfaces, ou dans les boutiques spécialisées des grandes villes allemandes, dont le choix est plus varié et parfois moins cher qu'aux économats.

Cafés, restaurants ou pizzerias sont également très fréquentés.

La Pizzeria « Da Michele » de Baden-Oos par exemple, réalise 70% de son chiffre d'affaires grâce à la clientèle française, surtout jeunes, appelés du contingent ou non. Ce n'est qu'en fin de semaine que la clientèle allemande y est majoritaire[295]. La boulangerie - pâtisserie Brehm, non loin du lycée Charles de Gaulle, a laissé des souvenirs impérissables à des générations d'élèves.

De même les coiffeurs. L'un d'eux témoigne :

« J'ai assisté avec beaucoup de mélancolie aux cérémonies du départ des Français de Baden-Baden les 14,15 et 16 mai 1999. C'est avec beaucoup de reconnaissance que je lance un au revoir à tous nos amis français, grâce auxquels j'ai la chance de pouvoir vivre dans ma propre maison. Durant des dizaines d'années de fidélité j'ai pu coiffer des femmes d'officiers supérieurs, des enseignantes du Lycée Charles de Gaulle, des employées de la Boutique Paris (une annexe de l'économat Normandie) et des Mess de la Tour d'Auvergne et du Blandan. De nombreuses fois j'ai eu le privilège de pouvoir coiffer à la Résidence, les épouses des Généraux en Chef. Certaines conversations échangées avec elles alors, me resteront en mémoire. Je voudrais en évoquer quelques-unes, Madame Massu par exemple dont le passage quasi quotidien a été l'objet d'intéressants échanges; Madame de Rougement qui m'a rendu visite bien longtemps après son départ, avec deux bouteilles du meilleur vin de Bordeaux, Madame Richard qui maîtrisait l'allemand aussi bien que moi et qui est revenue me voir après de nombreuses années me disant: «Nous sommes des amis, n'est-ce pas » Un jour j'ai eu l'occasion de dire à une épouse de général d'aviation qui était invitée à un bal à Stuttgart « Madame la générale n'est-ce pas plus beau de danser ensemble plutôt que de se tirer dessus ? » ce qu'elle approuva vivement. De nombreux séjours professionnels à Paris m'ont

---

293 Prévus par l'article 67 de l'Accord Complémentaire à la Convention des États Parties du Traité de l'Atlantique Nord sur le statut de leurs Forces stationnées en RFA, d'août 1959.

294 Surtout les grosses cylindrées : Mercedes, BMW ou Audi !

295 Témoignage à l'auteur, en octobre 1998!

donné la certitude que nous avons eu la chance de pouvoir côtoyer une population extrêmement cultivée et disciplinée. Il nous est difficile de voir partir nos amis, ils font partie de nous. Baden-Baden a été imprégné par le flair français [296] *»*

Inversement, les Foyers du Soldat, futures Maisons de France sont un point d'attraction pour de nombreux Allemands.

« A l'entrée du Foyer, face au Théâtre de Fribourg, le parfum dégagé par les produits de nettoyage français, annonçait un autre univers. Les étudiants allemands qui aimaient aller y déjeuner étaient tolérés en silence. Les repas étaient très peu chers et bien meilleurs qu'à la Mensa de l'université, un quart de rouge ne coûtait que 35 Pfennig. Il n'y a guère qu'aux jours fériés où c'étaient tabou pour les étudiants allemands. Les Français étaient alors prioritaires. Des conversations s'échangeaient souvent avec les soldats, il était question de littérature ou de films, jamais de politique. Il y avait parfois la chance de pouvoir se procurer, par le biais des économats, un rasoir. Les appareils électriques hors taxe étaient si bon marché ... Les journaux tels Le Monde ou le Figaro étaient régulièrement censurés voire interdits par l'administration militaire, mais on trouvait « Le Bled » un petit fascicule publicitaire qui parlait essentiellement de l'Algérie et de sa « pacification » Les soldats eux achetaient en cachette auprès des kiosques l'un ou l'autre des journaux censurés, afin de se tenir informer des événements qui se déroulaient en Algérie[297] *... »*

La perception de la population française en tant que membre des Forces est quasi inexistante au quotidien.

Parfois la vue de plaques bleues sur des véhicules stationnés devant un restaurant ou un commerce, interroge. Mais cela ne va guère au-delà d'une simple curiosité vite satisfaite ! Dans les villes de stationnement mêmes, les membres des forces ne sont pas toujours perçus en tant que tels. Un couple de Sandweier, petite bourgade accolée à Baden-Oos, et dont l'époux travaille à la base canadienne de Baden-Söllingen, a avoué ne savoir que vaguement qu'il y avait des militaires français à Baden-Baden. Que parmi eux se trouvaient également de nombreux personnels civils était ignoré. De même qu'étaient ignorée l'existence des cités et encore plus leur localisation[298]!

Certains facteurs toutefois peuvent entrer en jeu, comme les nuisances.

« A Offenbourg, sinon du fait d'en apercevoir, nous n'avions guère pris conscience des Français. Les chars oui on en avait conscience, ceux qui passaient par la Hildastrasse. Qui

296 Kurt Schaufler, coiffeur. Témoignage écrit à l'auteur en septembre 1999

297 Norbet Ohler, Fibourg, communication transmise par A. Lipp- Krüll en juillet 2018

298 Constatation faite innocemment à l'auteur un jour de mai 1990. ,

arrachaient l'asphalte. Et des colonnes de fumées qui s'élevaient alors, parce que le gaz s'était enflammé, il y avait des conduites de gaz. Ensuite la Molktestrasse a été aménagée pour permettre le passage des chars. Et j'ai toujours encore le souvenir de ces chars...Ce n'était pas directement inquiétant mais malgré tout c'était un sentiment particulier de voir cette masse de chars passer. Je n'avais pas fait de mauvaise expérience et pourtant c'était particulier.[299] »

Dans d'autres cas le comportement des Français est chaudement loué. Ainsi par le professeur Ohler à Fribourg.

« On ne peut pas leur être assez reconnaissant de ne pas avoir fait sauter la Colonne de la victoire de 1870/1871, ni de pas avoir débaptisé la Sedanstrasse. La rue Adolf-Hitler ou Goebbels, c'est clair, mais à propos de Sedan et Langenmark[300]*ou autres rues analogues, on commence seulement à en discuter maintenant, bien après leur départ*[301] .

Fritz Klein, professeur au Windeck Gymnasium de Bühl est originaire de Sankt Leon, petit village, à proximité de Heidelberg, où son père possédait une auberge (*Gastwirtschaft*).

« *Au sous-sol une salle de sport et une salle de bal avaient été aménagées durant la guerre en dortoirs pour une trentaine de prisonniers français, travaillant chez les paysans du coin. Les relations avec ma famille, surtout pour l'un des prisonniers, étaient très bonnes. Je me souviens avoir appris à manger grâce à eux, des escargots, une incongruité alors.*

En 1945 à l'arrivée des troupes françaises, les prisonniers libérés rentrent en France. Ils cèdent la place à un bataillon de Tirailleurs Marocains, des Français métropolitains pour la plupart. Si, dans un premier temps à leur arrivée, les filles de la famille sont cachées au premier étage, les relations, s'amélioreront par la suite, même si j'ai eu du mal à accepter que mes lapins finissent en civet !

Un ancien prisonnier du nom d'Auguste, resté sur place, interviendra auprès des Tirailleurs pour défendre les villageois. Grâce à la campagne environnante, le marché noir très vite mis en place, permet le maintien d'un certain niveau de vie à la population locale. Un tribunal militaire expéditif, installé au premier étage de l'auberge protégera la famille contre vols et exactions, fréquents aux alentours. De nombreux logements, en priorité ceux des habitants considérés comme pro-nazi, sont réquisitionnés afin de loger les familles des militaires. Dans le cadre des « Réquisitions et Dépenses Imposées » des travaux de déboisement de la Forêt Noire vont débuter.

---

299 Rose Kesel Ibid

300 Commune belge en Flandre Occidentale...Dans son cimetière,surnommé aussi le cimetière des étudiants , reposent les corps de 44.330 militaires allemands, dont ceux de 3000 jeunes soldats volontaires tombés lors de la première bataille d'Ypres en 1914.

301 Norbert Ohler ibid.

Mais Heidelberg étant situé en Zone Américaine, les GI vont très vite remplacer les Français. Avec eux les relations sont beaucoup plus tendues. Mais ce sont encore des militaires français qui vont protéger, en le cachant dans le foin, mon père anti-nazi qui avait été emprisonné par deux fois, contre la vindicte d'un soldat américain ivre, à qui il avait refusé de servir à boire.
L'enseignement reprend lors de l'année scolaire 1945/46. Le français est enseigné comme première langue, l'anglais lui succédera en 1947.
Je fréquente alors le noviciat catholique de Sasbach, Celui-ci est établi sur l'emplacement où a été tué le Maréchal Turenne, à côté du « carré français » où il a reposé jusqu'à son rapatriement en France, après le retrait des Forces Françaises. Seul y subsiste aujourd'hui un musée.
Des membres de ma famille et plus précisément un frère et un beau-frère plus âgés, ont gardé d'excellentes relations avec deux anciens prisonniers français. L'un d'entre eux, Jacques, qui avait travaillé comme commis-boucher à Sasbachwalden reviendra plusieurs fois en visite.Il nous accueillera plus tard, huit jours durant, ma femme Maud et moi, lors de notre voyage de noces à Paris.Nous serons également invités dans une magnifique villa de banlieue par l'autre deuxième ancien prisonnier, entrepreneur du bâtiment avant- guerre.
En 1965, après des études d'anglais et de sport, je suis nommé comme professeur au Windeck Gymnasium de Bühl. La ville est alors le siège des Économats de L'Armée et concentre une importante population française, dont de nombreux civils.
Des contacts vont se nouer à travers Maud, qui est écossaise. Celle-ci apprend un jour par l'intermédiaire de Margaret Streckfuss, la femme francophone, d'un de mes collègues, que des femmes d'officiers français recherchent des partenaires de bridge. Elle va alors jouer, régulièrement, jusqu'au début des années 1970, avec six d'entre elles, qui pour la plupart parlent un peu anglais, Maud elle, ne parlant pas français. De la découleront de nombreuses relations mondaines, et des invitations au mess des officiers de la garnison.
Parallèlement, à partir de 1965 se nouent des relations, cette fois plus poussées, avec les militaires canadiens, stationnés à la Base de Söllingen, voisine de Bühl. Maud avait été contactée par un militaire canadien à la recherche d'un bon médecin allemand. Son passeport britannique nous facilitera la participation à de nombreuses activités au sein de la Base canadienne, et des contacts avec des enseignants. Car contrairement aux militaires français les Canadiens logent le plus souvent chez l'habitant dans la commune adjacente de Hügelsheim. Les commerces s'y sont adaptés aux nouvelles demandes, lesquelles commencent toujours à l'arrivée, par l'achat de culottes courtes en cuir à la mode bavaroise. Et lors du retour au Canada figure obligatoirement dans les bagages, un Coucou de la Forêt-Noire. (Il est à noter d'ailleurs que de nombreuses boutiques seront obligées de fermer après leur départ.) Ils participent à toutes les fêtes, et chaque année célèbrent l'Oktoberfest avec force dégustation de bières. Ils profitent également de chaque congé pour, contrairement à la majorité des Français, sillonner non seulement l'Allemagne, mais toute l'Europe, y compris la Turquie, en huit jours.

En 1978 je prends la succession d'un collègue francophile, Kurt Oser. Celui-ci avait, avec Erich Wurmann un professeur de la Baden Senior School, lui-même originaire de Brême, monté une association réunissant les deux établissements auxquels s'ajouteront Le Lycée français Charles de Gaulle de Baden-Baden et l'American High School de Karlsruhe. C'est ainsi que naît l'International League of School, la Ligue internationale des Écoles.
Des contacts se nouent entre les professeurs responsables, plus temporaires toutefois avec les collègues canadiens, ceux-ci étant astreints à une limitation de séjour.
A partir de 1993, des liens épistolaires subsisteront avec 2 collègues canadiens, d'origine allemande. D'autres plus fréquents et devenus amicaux perdurent avec la responsable française, H. Engels, dont le mari est allemand.
En dépit de la présence de l'importante communauté française habitant à Bühl, aucun rapprochement ne se fera avec ses membres. Une situation due en grande partie au fait que les Français habitent dans des cités à proximité du Comptoir Central des Économats et du Mess des sous-officiers, ne fréquentent que très peu les commerces locaux, et sont tournés soit vers Baden-Baden, soit vers la France tout proche.
Depuis le retrait des Forces Françaises toutes ces cités ont été pour la plupart réhabilitées et occupées par des familles de Bühl. Plus rien pratiquement n'évoque la présence française[302]*...* »

La presse allemande pour sa part, ne donne qu'une image très épisodique et ponctuelle de la réalité française, qui se déroule sous ses yeux.
Les opérations militaires et les activités avec la Bundeswehr occupent la plus grande place. Viennent ensuite les manifestations de solidarité et les événements susceptibles d'intéresser le public allemand. Les activités de loisirs purement français ou franco-allemands, bals, concerts, carnavals sont rapportés régulièrement, mais seules les Portes-Ouvertes font l'objet d'articles allant au-delà de la simple description narrative et comportent des informations culturelles et gastronomiques. Des critiques s'élèvent parfois au sujet du passage des blindés, des dégâts causés aux champs et aux récoltes par les manœuvres, les problèmes liés à la pollution des terrains et nappes phréatiques. Mais on n'omet pas de signaler ensuite les dédommagements versés par l'armée. Sont relatés aussi les incidents de discothèque et les rixes à la sortie des bals ou bars, les accidents de la circulation provoqués par les membres des forces ou dans lesquels ils sont impliqués. Quant aux activité des sociétés franco-allemandes, elles ne figurent, parmi d'autres, que dans la rubrique « carnet du jour ». Cette discrétion de la presse traduit bien la relative indifférence dans laquelle vivent, les unes par rapport aux autres, les deux communautés. Mais tout change à partir de la chute du Mur.

---

[302] Fritz Klein ibid

1989 : Le coup de tonnerre

Depuis le mitan des années 1980 l'évolution du contexte politique international change le regard que portent, l'une sur l'autre, les deux communautés.

Face à la politique d'ouverture et de désarmement prônée par Michael Gorbatchov en Union Soviétique, et des bouleversements qui s'opèrent en Europe de l''Est, les courants pacifiste, et anti-nucléaire, déjà latents dans l'opinion allemande et surtout chez les « Verts » prennent de l'ampleur. Les mouvements visent d'ailleurs autant la Bundeswehr que toutes les troupes alliées stationnées sur le territoire fédéral.

Avec la chute du Mur de Berlin le 9 novembre 1989, prend fin la division de l'Europe. Le besoin d'une défense militaire apparaît de moins en moins nécessaire.
Et la décision unilatérale du Président François Mitterrand de retirer les troupes françaises d'Allemagne agit comme un coup de tonnerre.

Dans les deux communautés elle suscite d'abord un étonnement identique.
Très vite cependant l'opinion allemande va réagir de deux façons diamétralement opposées.
D'une part, elle y voit d'emblée une chance à saisir sur le plan de l'urbanisme. L'afflux des réfugiés venus de l'Est accroît les difficultés de logements. Des casernes allemandes et alliées servent déjà de centres d'accueil. Pourquoi alors ne pas s'intéresser aux appartements occupés par les militaires et pour les municipalités, ne pas prévoir de nouveaux plans d'urbanisme?
Mais d'autre part se fait sentir un certain désarroi face à une situation ni prévue, ni voulue, qui brusquement fait prendre conscience à la population de la réalité concrète de la présence française.La presse allemande va se faire largement l'écho de ces nouvelles attitudes.

Le 11 août 1990, Rolf Böhme, maire de Fribourg demande à J.P. Chevènement, ministre de la Défense, dans une lettre publiée par la Badische Zeitung:

« le retrait total des Forces Françaises, avant même celles des Américains, Britanniques et même Soviétiques en gage des bonnes relations franco-allemandes. »

Une partie au moins de ses administrés partagent sa position. On verra certains habitants faire du porte-à-porte auprès des familles françaises pour leur demander quand elles pensent libérer leurs appartements....

Le cas de Baden-Baden, très à l'étroit dans la vallée de l'Oos et qui manque terriblement d'espaces à bâtir et de terrains industriels, est emblématique à ce sujet. Dans un article publié par le *Badisches Tagblatt* du 21 juillet 1990, le maire, Ulrich Wendt, fait part de ses conceptions sur l'avenir des cités et de ses intentions d'intervenir auprès de Bonn pour obtenir le plus rapidement possible la disposition d'importants espaces et donc le départ accéléré des Français ! Ceux-ci se sentirent pour le coup « mis à la porte » Mais l'émotion fut telle dans l'opinion allemande que le journal publia un nouvel article choc : « *Nous ne faisons pas la chasse aux Français* ». Le maire se sentit obligé de convier, par une lettre ouverte distribuée dans les boites aux lettres, tous les habitants des cités à la réception offerte pour le nouvel an à l'Hôtel de Ville. Bien peu y répondirent... La municipalité constitua cependant un groupe de travail « Cités » et fit appel aux services d'une société d'urbanisme suisse Prognos et au cabinet d'architecte Speer de Francfort afin de concevoir un nouvel aménagement urbain sur les terrains qui seraient libérés.

A l'inverse, d'autres municipalités imaginent difficilement l'avenir sans les Français.

Le *Trierischer Volksfreund* publie le 14 mars 1990 les résultats d'une enquête avec le titre choc : « *Les Français font partie de Trèves* » et le 17 septembre, après la publication de lettres adressées par des personnalités de la ville au chancelier Kohl, il conclut « *Il faut que les Français restent à Trèves* ».

Des sentiments analogues se reflètent dans les éditions de Saarburg, cédant même progressivement à l'amertume, face à une décision qui n'a été ni concertée, ni préparée avec les autorités allemandes.

Même phénomène à Landau, où le journal *Rheinpfalz* prend la tête de la contestation en zone centre et finira par attirer l'attention du journal *Le Monde*, qui titre en première page de son édition du 7-8 octobre 1990, « *Landau en mal de Français* ». Le bourgmestre de la ville se rend en personne auprès du ministre de la Défense, Jean-Pierre Chevènement, pour plaider le maintien des Français à Landau. Le dossier sera clos avec la démission du ministre quelques jours après!

Entre ces deux positions la commune de Müllheim résume, dans un article paru dans la *« Badische Zeitung »* de septembre 1990 les sentiments ambigus de la plupart des habitants des petites villes de garnison françaises. Le départ des Français présente certes des avantages : fin des nuisances, gain de logements. Mais ils ne peuvent compenser les inconvénients : baisse du chiffre d'affaires des commerçants et entreprises travaillant pour les Français, [303] perte pour la municipalité d'une attribution financière de 1 million de DM par an, consécutive à la présence des 2.800 Français, et peur de voir affluer de nouveaux demandeurs d'asile et d'immigrants.

Une autre question revient également, celle du devenir des personnels employés par les Forces et partant, de l'avenir économiques des villes et régions concernées. Tous les journaux y compris les Dernières Nouvelles d'Alsace rendent compte des démarches entreprises auprès des autorités militaires et allemandes pour obtenir des garanties d'emplois et de reconversion dans la fonction publique allemande.

Parfois même la presse s'intéresse aux Français installés en Allemagne depuis des décennies, ou ayant des conjoint(e)s allemands.

Pour le *Trierischer Volksfreund* du 17 septembre 1990, les garnisons françaises sont le fondement de la poursuite des contacts franco-allemands, et les écoles françaises la condition indispensable au maintien des cours bilingues pour les enfants allemands dans de nombreuses villes du S.O. de l'Allemagne. A Landau, Neustadt, Münsingen, Baden-Baden on s'interroge sur les sentiments que peuvent éprouver, à l'heure du départ, ces jeunes Français nés en Allemagne, qui y ont toujours vécu et ne connaissent la France que par les séjours de vacances.

Au final il apparaît que, face à l'annonce du départ progressif de ceux qu'on désigne tantôt sous le terme d'invités, tantôt sous celui de « *Kasernen Franzosen*,[304] » et la perspective de voir arriver à leur place des demandeurs d'asile, domine un sentiment de cordialité, voire d'amitié, y compris parmi des personnes qui ne fréquentaient pas directement les Français. Une expression souvent entendue le traduit bien :

« *Tout compte fait ils n'étaient pas si mal que cela, les Français...* »

303 En 1990 au camp de Munsingen l'armée a dépensé 1million 700 000 DM en contrats d'entretiens auprès d'entreprises allemandes, l'économat s'est ravitaillé pour 160 000 DM auprès des commerçants locaux, et les Français ont acheté 102 tonnes de pain dans les boulangeries allemandes.

304 Terme nullement péjoratif, qui permet simplement de les distinguer des touristes français !

ET AUJOURD'HUI ?

Deux décennies ont passé.

Le contexte géopolitique né au lendemain de la seconde guerre mondiale n'est plus.
La présence militaire française en Allemagne relève maintenant de l'Histoire. C'est elle qui jugera.

Sa présence et les traces qu'elle a laissées se maintiennent, à travers des liens et des amitiés, nées durant ces années.

Des relations militaires qui perdurent

Dès juin 1987, le Chancelier Helmut Kohl évoque, devant les instances de son parti la CDU, l'idée d'une unité franco-allemande. En accord avec le président François Mitterrand, lors du sommet franco-allemand à Karlsruhe en novembre 1987, l'idée se concrétise lors de la signature, le 22 janvier1988, d'un protocole annexe entérinant la création du Conseil Franco-Allemand de Défense et de Sécurité, et d'une Brigade Franco-Allemande[305]

Première unité binationale et à ce jour unique au monde, née officiellement le 2 octobre 1989, elle est désignée comme le moyen d'un futur Corps européen, pouvant inclure les forces militaires d'autres États de l'Union Européenne. Elle intègre l'Eurocorps en octobre 1993. Depuis 2010 elle est régie par un accord intergouvernemental signé par les ministres de la défense des deux nations
Elle demeure aujourd'hui encore une grande unité, unique, binationale, opérationnelle, et plusieurs fois engagée en opérations extérieures (notamment en tant que BFA, au Kosovo, en Afghanistan et au Mali), démontrant ainsi qu'elle est bien plus qu'un simple symbole de la coopération franco-allemande dans le domaine de la défense.
A sa création, toutes les formations qui la composent, françaises ou allemandes[306] sont stationnées en République Fédérale d'Allemagne.

En 1992 l'état-major mixte d'abord basé à Boblingen, au sud-ouest de Stuttgart, est transféré à Müllheim afin de répondre à la volonté du maire de maintenir, en

---

305 Pour plus de détail cf. H. Engels-Perrein «*Lexique du couple franco-allemand*»

306 3 200 personnels, pour moitié français et pour moitié allemand.

dépit du retrait des Forces Françaises d'Allemagne, une tradition militaire qui remonte à 1905.Toutes les garnisons sont implantées en Forêt-Noire : mixtes à Donaueschingen et Emmendingen, françaises majoritairement à Villingen et allemandes à Messtetten et Stetten-am kaltem Markt. mais depuis 2014, lors de la dissolution du 110ème RI en garnison à Donaueschingen, la brigade est répartie des deux côtés du Rhin. Il n'y a plus de régiment français en Allemagne, alors qu'un bataillon allemand a été installé à Illkirch-Graffenstaden à proximité de Strasbourg.

A la tête de la Brigade se trouve un général nommé pour deux ans, alternativement français ou allemand. Le colonel-adjoint est toujours de l'autre nationalité. La loi de l'alternance est de règle également dans tous les bureaux de l'état-major, de même que dans les bataillons de commandement et de soutien, et dans la compagnie d'état-major, dont les soldats travaillent dans les mêmes bureaux et vivent en chambre mixte. Aujourd'hui la brigade franco-allemande comprend :

Un état-major binational (FRA/DEU) situé à Müllheim

Un bataillon de commandement et de soutien binational (FRA/DEU) à Müllheim également

Un régiment de cavalerie blindée FRA, le 3ème régiment de Hussard, situé à Metz

Un régiment d'infanterie motorisée FRA, situé à Sarrebourg (France)

Deux bataillons de chasseurs (infanterie mécanisée) allemands : l'un à Illkirch-Graffenstaden, l'autre à Donaueschingen

Un bataillon d'artillerie allemand, et 1 compagnie de génie blindé, situés à Stetten am k kaltem Markt

Les militaires français viennent souvent en Allemagne en famille. Les personnels de l'état-major et du bataillon de commandement résident à Müllheim et Breisach am Rhein. Ils sont logés en cités-cadres et leurs enfants sont scolarisés dans les écoles françaises, avec un apprentissage précoce de l'allemand dans celles de Müllheim. Les études se poursuivent ensuite en France. L'intégration dans le milieu local est assurée par le biais des activités sportives, les jumelages, l'insertion dans la vie associative. L'accueil par des familles allemandes ou franco-allemandes est fréquent.

A Illkirch les militaires du rang allemands habitent dans le quartier LECLERC où leur régiment est implanté. Les officiers, sous-officiers et personnels civils, logent en ville, mais la Bundeswehr leur verse une indemnité forfaitaire qui couvre largement leurs frais pour vivre en France.

La BFA comprend aujourd'hui 5465 militaires, femmes et hommes, dont 2430 Français et 3035 Allemands.

La cohabitation quotidienne entre militaires français et allemands est relativement bonne. Bien sûr, il faut que chacun accepte et comprenne la culture de l'autre pays. Cette cohabitation dépend finalement de chacun. Pour la plupart il n'y a pas de problème, pour quelques-uns la cohabitation est tout simplement impossible. C'est quand même plus facile si on aime l'Allemagne et sa culture. C'est mon cas, par exemple, car je trouve ce pays fascinant et nos camarades allemands étant d'une grande franchise, on n'est jamais surpris. La principale difficulté demeure l'expression linguistique car les français et les allemands s'exprimant dans les deux langues de la BFA sont de plus en plus rares. Finalement nous avons quand même beaucoup de points communs, la même histoire et à bien y réfléchir les « francs » de Clovis étaient plus germaniques que romains. Nous sommes très complémentaires, c'est ce qui fait la force et la richesse de cette brigade où s'opposent l'organisation minutieuse allemande au génie créatif français, la planification germanique à la réactivité latine, la rigueur et une certaine décontraction.

Un petit exemple de la complexité des rapports franco-allemands au quotidien. Il avait été décidé que les jeunes engagés effectueraient, au cours de leur formation initiale, une à deux semaines « d'acculturation » dans un régiment de l'autre nation. Un jeune lieutenant français nous a expliqué à l'issue d'un de ces séjours que ce n'était pas une bonne idée, parce que les soldats allemands avaient un régime disciplinaire moins strict que celui des français (pas obligé de se raser, marche uniquement pour ceux qui sont volontaires…bref très différent de ce qui se passe dans l'armée française). Cet officier avait touché du doigt une approche bien différente de celle de l'armée française. Finalement le but était atteint, oui ! français et allemand, ce n'est pas la même chose…et on arrive quand même à travailler ensemble.[307] *»*

Un autre exemple de la complexité du travailler ensemble, a été la décision du Président Nicolas Sarkozy en 2009/2010, de supprimer le 110ème RI à Donaueschingen. *« « Les manifestations des habitants, l'intervention du maire, du président du Land de Bade Wurtemberg et de Angela Merkel l'ont conduit à revoir sa position et à demander à l'Allemagne de mettre un bataillon allemand en France pour équilibrer le dispositif. Ce que fit la Bundeswehr dans l'année qui suivit. En juin 2014 le nouveau gouvernement de François Hollande décida de dissoudre ce régiment sans concertation*

---

307 Lieutenant-Colonel Rémy Dubois. Témoignage à l'auteur août 2020

avec la partie allemande, alors qu'il appartenait à la Brigade. Grosse déception pour les Allemands, le ministre allemand de la Défense de l'époque dira à l'ancien maire de Donaueschingen, devenu député « Keine Revanche, le bataillon que nous avons mis à Illkirch restera en France.[308]

« Je crois que ces deux décisions françaises illustrent bien les différences de cultures entre nos deux pays. Les décisions unilatérales au plus de l'État sont difficilement imaginables dans une Allemagne « fédérale » et qui a la culture du compromis…En France c'est toujours Paris qui a le dernier mot....[309] *»*

La convention OTAN, qui définit le statut des forces alliées stationnées en Allemagne, prévoit que leur commandement doit se trouver sur le territoire fédéral. Après la dissolution de l'état-major de Baden-Baden, est alors créée une antenne de commandement : les Forces Françaises et l'Élément Civil Stationnés en Allemagne (FFECSA). Implantée à Donaueschingen dans un premier temps, elle a été déplacée à Breisach, après la dissolution de la garnison de Donaueschingen, en 2015. Les FFECSA sont régis, comme leurs homologues alliés, par la convention OTAN ou convention de Londres (1951) et l'accord complémentaires (1959).

Elles sont constituées :

de la partie française de l'état-major et du bataillon de commandement et de soutien de la BFA à Müllheim, soit au total 827 personnels, soit 408 militaires, 33 civils, et 336 familles.

du personnel français de l'école de formation des techniciens de l'hélicoptère franco- allemand « Tigre » situé à Fassberg. (au Luc, en France, se trouve l'école franco-allemande des pilotes du Tigre)

du personnel français de la base aérienne de l'OTAN de Ramstein

de personnels isolés (officiers de liaison dans des organismes de l'OTAN ou allemand)

de stagiaires (tels que les officiers supérieurs qui effectuent l'école de guerre allemande à Hambourg)

Elles sont sous l'autorité du général gouverneur militaire de Metz, officier général de zone de défense et de sécurité Est, commandant de zone terre Nord-

---

308 Henri Saraguetta janvier 2017

309 Lt- Colonel Dubois ibid.

Est et commandant les forces françaises et l'élément civil stationnés en Allemagne.

De nombreux militaires ont gardé des liens étroits avec les régiments allemands avec lesquels leurs unités étaient jumelées ou avec leurs villes de stationnement.

Le « Souvenir Français », qui regroupe essentiellement d'anciens légionnaires, compte une quarantaine d'amicales en Allemagne.

A Trèves

« ... Responsable, du Souvenir Français, je participe chaque année, au nom du Consul Général France de Francfort, à la cérémonie du Volkstrauertag en déposant une gerbe au Monument allemand et une autre au Monument de la guerre de 1870 et maintenant également au Carré Français, au grand cimetière municipal. De nombreux ossements de compatriotes français y reposent.[310]*Jusqu'en 2015, on y trouvait encore 19 tombes françaises dont celles d'enfants, de femmes et de deux militaires décédés lors de leur service. La ville voulait le supprimer car il n'était plus entretenu. Mon mari, (allemand) responsable pendant de longues années de la Société franco-allemande s'est occupé, plusieurs années durant, de sa mise en valeur afin d'en perpétuer le souvenir et l'a ainsi « sauvé ». Une pierre de Jaumont et une pierre de l'Eiffel symbolisent l'amitié franco-allemande et ce sont les élèves de terminales qui ont créé la maquette du projet sous la houlette d'un artiste français de Trèves, Mons. Charlier*[311] *»*

L'Amicale Franco-Allemande la Garnison de Weingarten a succédé, en 2001, à l'Escadron de Provence des Anciens du 5ème Hussards fondé en 1987 à Cassis. Elle regroupe les Anciens des régiments français et allemands qui stationnaient à Weingarten. Sous la présidence de Jean-Pierre Wittorski, un ancien sous-officier qui y tint durant de nombreuses années garnison, elle.compte environ deux cents membres dont 60% d'appelés. Placée sous le patronage très effectif du maire, elle tient son assemblée générale annuelle à Weingarten et organise chaque année des rencontres alternativement en France, et en Allemagne.

« En 1992 je suis entré pour la première fois, en tant que maire nouvellement élu, en contact avec les soldats français, stationnés depuis 1978. Je pensais alors qu'il s'agirait d'une simple rencontre, à l'occasion d'un nostalgique souvenir du temps de stationnement passé dans la ville. Tout se déroula d'abord conformément au protocole... Puis je sentis qu'il y avait le désir de poursuivre, non pas sur un plan purement formel, mais parce que nos amis français

---

310 Dont ceux de quelques vétérans des guerres napoléoniennes. Le souvenir de Napoléon, est resté très vivace à Trèves, ville très francophile.

311 Claudine Cornelius Témoignage à l'auteur janvier 219

se rappelaient volontiers le temps passé et les amitiés nouées avec des soldats allemands. Weingarten était devenu en quelque sorte leur « deuxième patrie » Un lien purement formel n'aurait jamais mené à une amitié aussi durable.

L'engagement côté français, de J.P. Wittorski et du général Brette se révéla décisif. En dépit de toutes les divergences politiques présentes à l'intérieur de notre cercle, domine l'idée de notre appartenance à l'Europe, la certitude d'un passé historique et culturel commun. Un militaire justement, qui a connu le passage du statut d'occupant à celui de partenaire sait en mesurer l'importance. Je me souviens à ce sujet d'une cérémonie commémorative, au début des années quatre-vingt à Bisingen, une annexe du camp de Natzweiler-Strutthof en Alsace, ou je représentais le conseiller du Land, de Balingen. La cérémonie était menée chaque année par des militaires français, avec la participation de représentants allemands La population ne s'y intéressait guère, car trop formelle. J'ai compris alors à quel point de telles cérémonies « imposées » pouvaient contribuer à éviter l'oubli du passé. Le simple formalisme a cédé la place à une culture commune du souvenir qui ne fait plus de différence entre vainqueurs et vaincus. Aussi nos rencontres sont-elles souvent associées à des visites de cimetières militaires et à des dépôts de gerbes. Le souvenir commun des horreurs de la guerre contribue aussi au maintien de nos liens. »

Lors de la dissolution du 110ème RI, à Donaueschingen, constatant la tristesse de la population, Henri Saragueta fonde au sein du cercle franco-allemand une amicale des anciens du 110é RI et de la garnison de Donaueschingen.

« Pour leur amener quelques Français lors d'activés, comme les 50 ans du CFA en 2015 ou l'inauguration de la source du Danube en 2016. En 2015, nous avons fixé une plaque commémorative pour les 5O années du 110è à Donaueschingen et les liens noués avec la ville à l'entrée de la caserne Foch, occupée maintenant par le Jägerbataillon 292. A Müllheim où j'ai terminé ma carrière militaire en 1997, j'ai lancé en 2005 lors de la Stadtfest de la ville, le dernier w.e.de juin, un rassemblement de l'état-major de la BFA. Il a toujours lieu. [312] *»*

D'anciens militaires aussi s'engagent :

« Je suis arrivé à Trèves le 1er octobre 1970 au 51ème régiment de Transmissions. Je ne connaissais pas l'Allemagne en dehors des cours de géographie. J'ai été élevé dans un milieu familial dans lequel on haïssait ce pays. Pour cause, mon père était pupille de la Nation s'étant retrouvé orphelin de guerre en 1916. Le mot « allemand » n'était jamais prononcé on disait à la place « boche » comme nom ou adjectif. Sa consigne lors de mon départ : « Et ne me ramène pas une boche, elle n'entrera jamais chez moi. »

Mes contacts avec la population allemande étaient rares au début puis se sont développés au fil du temps. J'ai appris, grâce à ces nouvelles connaissances, à apprécier ce peuple, à comprendre

312 Henri Saragetta, Témoignage à l'auteur juin 2017

son histoire particulièrement au cours de la montée du nazisme. Ces sentiments sont allés « croissant » pour être aujourd'hui un fervent partisan de l'amitié franco-allemande. Ceci n'a pas été sans générer un conflit avec mon père qui est décédé pendant que j'étais à Trèves.
Je me suis aussi très investi dans le cadre d'associations comme la Fédération Nationale André Maginot des Anciens Combattants, représentée à Trèves par le Groupement 92 et à Kehl avec le Groupement 99. Sont affiliées à la Fédération des amicales d'anciens légionnaires (dont certains d'origine allemande)qui avaient leur siège dans les garnisons.
Chaque année à l'occasion du Volkstrauertag, présents avec nos drapeaux nous déposons couronnes et bouquets de fleurs au monument de la ville, à l'ossuaire 1870/1871, au carré français et sur la tombe de notre ami Hansjürgen Cornélius. Et nous nous retrouvons ensuite pour un traditionnel repas franco-allemand.[313] »

La Sarre

Témoin des vicissitudes histoire des relations franco-allemande et elle est devenue un bel exemple de cohabitation par-delà la frontière.

En juillet 1945 la France prend le relais de l'administration militaire américaine en Sarre.
En dépit de quelques légères modifications de frontières ultérieures le tracé actuel de la Sarre correspond grosso modo à celui, mais agrandi d'un quart environ, de l'ancien Territoire du Bassin de la Sarre crée après la Première Guerre Mondiale et déjà administré par la France de 1920 à 1935 sous mandat de la SDN[314].

Outre des raisons économiques évidentes, le charbon et l'acier, d'autres facteurs, historiques cette fois, expliquent l'intérêt français pour la Sarre. Une grande partie de son territoire en effet appartenait jusqu'en 1751 au bailliage d'Allemagne, lequel regroupait alors les régions germanophones du Duché de Lorraine.

Le 30 août 1945 un décret du Général Koenig, Commandant en Chef de la Zone Française d'Occupation en Allemagne nomme un ancien résistant

---

313 Alain Giletta. Témoignage à l'auteur, janvier 2019

314 Beaupré Nicolas: „Ein Jahrhundert später. Der erste Weltkrieg und die deutsch-französische Aussehnung 1914-2014." In Kruse Wolfgang „Der erste Weltkrieg" Kindle Edition 2009

Gilbert Grandval, délégué Supérieur et gouverneur militaire de la Sarre. Mais le 22 décembre 1946 un autre décret du Général Koenig détache le territoire du restant de la Zone Française, dont elle est séparée par une frontière gardée par 1 200 douaniers français. Des douaniers sarrois responsables du contrôle des personnes et des passeports les rejoindront à partir de 1950.

Pour arrimer la région à la France, Paris va s'efforcer de créer un État Sarrois, supervisé par elle. Pour ce faire le Gouvernement Militaire est supprimé en 1947, une constitution est adoptée en décembre et un ministre-président, Johannes Hoffmann, dirigera dorénavant le pays. Gilbert Grandval est nommé haut–commissaire de la République Française en Sarre sous l'autorité du Quai d'Orsay, puis en 1952, ambassadeur de France. Il sera rappelé à Paris en 1955 avant même le référendum qui mettra fin à l'intermède français. Une nouvelle monnaie temporaire émise 16 juillet 1947, le mark sarrois « Saarmark », prépare l'introduction du franc français en novembre. Les emblèmes français ornent timbres et passeports. La réorganisation économique est finalisée par la proclamation d'une union douanière avec la France le 1er janvier 1948 et enfin le 15 juillet est instaurée une nationalité sarroise.

La politique de la France en Sarre, comme dans toute la Zone occupée, va évoluer en fonctions des vicissitudes des relations internationales. La République Fédérale d'Allemagne naît en 1949. Se pose alors le problème de la représentativité de la Sarre en tant qu'État.

La naissance de la CECA en 1952 multiplie les tensions entre la France et la RFA, tensions encore aggravées en 1954 par le rejet par le Parlement français, du projet de Communauté Européenne de Défense. Pierre Mendès-France, président du Conseil, lie alors l'acceptation de l'adhésion de la RFA à l'OTAN à une résolution de la question sarroise. Reprenant une proposition avancée des 1952 par R. Schumann, il s'entend le 23 octobre avec le Chancelier Konrad Adenauer sur un futur statut de la Sarre. Celle-ci deviendrait un District Européen dans le cadre élargi de l'Union de l'Europe Occidentale, la population sarroise étant consultée par référendum.

S'ouvre alors une violente campagne électorale qui porte moins sur le futur statut (seuls 30% des électeurs y sont favorables) que sur le retour ou non à l'Allemagne. Le gouvernement français, empêtré par ailleurs dans les guerres coloniales, se désintéresse du sujet et reconnaît immédiatement le soir du 23 mai 1955 la victoire du non.

Les accords de Luxembourg entre la France, la RFA et l'État Sarrois fixent, le 27 octobre 1956, les modalités du rattachement de la Sarre à l'Allemagne. La France obtient le 1er janvier 1957 un accord sur le contrôle et la livraison à long terme de charbon à la France, et le franc français reste la monnaie officielle jusqu'au 7 juillet 1959. La RFA de son côté prend en charge une grande partie

des coûts de la canalisation de la Moselle entre Thionville et Coblence, ce qui avantage la sidérurgie lorraine pour ses liaisons avec la Ruhr.
Toute présence militaire physique française cependant ne disparaît pas. Dans le cadre des Forces françaises en Allemagne des garnisons, installées dans d'anciennes casernes de la Wehrmacht (le Quartier Maréchal Ney dans la caserne Graf Werder) stockent jusqu'en 1970 à Sarrelouis, du matériel U.S. pour missiles atomiques.
A St. Wendel, un régiment de chars est stationné jusqu'en 1999 au Quartier Welvert, du nom d'un commandant de la 1ère division cuirassée allemande en 1940.

Sur le plan économique, Paris au sortir de la guerre comme déjà en 1920, considère la remise en route du charbon et de la sidérurgie sarroise comme vitale pour la reconstruction de la France. Afin de former le personnel, un Institut Technique Supérieur est inauguré dès 1946.
Pour augmenter le niveau de vie de la population, et par là sa productivité en limitant les pénuries, le Gouvernement Militaire décide d'exporter vers la Sarre tout l'excédent mobilisable de la production du restant de sa Zone d'Occupation. Les Sarrois disposent ainsi en moyenne de 300 calories journalières de plus que les autres habitants.

„*La population française, militaire et civile, est logée soit dans des appartements ou maisons réquisitionnés, soit chez l'habitant. Elle bénéficie de la présence des coopératives et économats de l'armée, ce qui permet parfois, en cas de bonne entente entre les deux communautés, un certain nombre d'échanges. A partir de 1948 L'union économique avec la France, entraîne aussi une nette amélioration des conditions de vie. Tous ces éléments vaudront d'ailleurs aux Sarrois le surnom hautement péjoratif de Speckfranzosen (Français engraissés par le lard) ! Progressivement toutefois avec le boom de l'économie allemande consécutif à la création du Deutschemark Mark, la situation économique change et c'est un autre trafic qui va se mettre en place entre la Sarre et la RFA, en dépit de la frontière existante entre les deux pays*"[315].
La construction progressive de logements et surtout de cités-cadres pour les Français, contribue à l'éloignement avec la population locale. Les relations entre les deux communautés ne seront pas toujours très amicales.

Un ancien étudiant de l'Institut de Formation des Maîtres de la petite ville de Lebach se souvient avoir un jour, par inadvertance,oublié à 8 h. du matin la levée des couleurs de la

315 P. Burgard/L. Linsmayer: „Der Saarstaat, L'État Sarrois" Echolot, Publications Historiques des Archives Régionales de Sarrebruck 2005.

garnison française. Il se verra obligé huit jours durant de venir quotidiennement à 8 h. saluer le drapeau français. Ce qui ne l'empêchera pas toutefois de devenir un ami de la France[316].

Dans le but de « dénazifier » les esprits et de propager l'influence française, l'accent est mis sur la culture. Une École des Beaux-Arts ouvre ses portes dès juillet 1946, le théâtre municipal est reconstruit. Radio Sarrebruck, contrôlée par la France, diffuse des émissions à partir d'un émetteur militaire stationné à la Wartburg, avant de devenir en 1952 le très officiel *Saarländischer Rundfunk*, captée dans les régions frontalières.

A Sarrebruck Le collège Marcel Ney, futur lycée Maréchal Ney, ouvre ses portes le 3 décembre 1945, pour les enfants des forces Françaises, dans l'ex-*Bismarckschule* remise en état.

Dans les écoles allemandes le français devient obligatoire dès la deuxième année de l'enseignement primaire. A l'âge de 11 ans, un examen comportant une épreuve orale de français permet aux élèves sarrois l'accès à une classe préparatoire du lycée Maréchal Ney. Il est complété l'année suivante par un examen d'entrée spécifique comportant une petite dictée en français et la traduction de quelques phrases allemandes en français. Le cursus y est entièrement français, les épreuves du Brevet Élémentaire se passent à Nancy et celles des deux Baccalauréats à Strasbourg. Mais la sélection est rude. Ainsi, si en 1949 on note la présence de deux classes « sarroises » de 34 élèves chacune, il n'y en plus guère qu'une l'année suivante. Et le nombre d'élèves chute à dix en 4ème puis à trois en 3ème.

«Les bonnes relations ne sont pas toujours évidentes avec les camarades français. Plus particulièrement avec les enfants des douaniers lorrains, qui la plupart du temps ignorent les élèves allemands ou les considèrent encore comme des ennemis. Aucun problème par contre ne se pose avec les élèves juives. Après 1955 toutefois la plupart des élèves sarrois quitteront le Lycée »[317]

De gros efforts sont entrepris dans l'enseignement supérieur.

Conscient de l'insuffisance de l'équipement médical auquel l'armée ne peut satisfaire (un seul hôpital existe avec une petite maternité pour l'ensemble du Territoireà Völklingen) le Gouvernement Militaire décide de développer le centre hospitalier régional de Homburg. Depuis janvier 1946, des étudiants en médecine y suivaient déjà des cours de perfectionnement. En mars 1947, il

316 Ortrud Löffler- Bettinger Ortrud Témoignage à l'auteur. Sarrebruck mai 2018

317 Ortrud Löffler-Bettinger ibid

devient, sous la tutelle de l'université de Nancy, un Centre Universitaire Supérieur.
A la faculté de médecine viendront s'ajouter des départements de Lettres, de Droit et un Institut d'interprètes. La nouvelle Université de la Sarre s'installe le 9 avril 1948 à Sarrebruck dans l'ancienne caserne Bellow de la Wehrmacht, médecine restant définitivement à Homburg.
Devenue université européenne en 1950 elle est complétée, l'année suivante, par un Institut européen et en 1955 par un Institut d'études juridiques françaises. Son financement est mixte franco-sarrois, tout comme le personnel enseignant. A sa tête est nommé un germaniste reconnu spécialiste de Goethe, Joseph-François Angelloz (1950-1956) Le bilinguisme et la double tradition éducative lui donnent un profil international, les diplômes délivrés sont reconnus dans les autres établissements supérieurs. Une Communauté Générale des Étudiants pour l'Échange International, crée dès 1949, facilite la venue de nombreux étudiants étrangers et plus particulièrement, jusqu'en 1962, des Pays de l'Est.

Des relations officielles et mondaines se nouent grâce à Gilbert Grandval, qui multiplie réceptions, concerts, bals, dans sa résidence du Château Halberg. Se retrouvent là les personnalités politiques et économiques des deux communautés, une société mixte franco-sarroise plus ou moins artificielle, baptisée de façon très ironique la « *Société Halberg* [318] ».

L'interpénétration culturelle largement soutenue par le gouvernement de Johannes Hoffmann va progressivement être perçue comme envahissante et donner des arguments de choix aux partisans d'un retour de la Sarre à l'Allemagne. Le référendum ne portera en fin de compte que peu sur le futur statut. Dès 1951 apparaît sur le plan politique une « opposition illégitime ». Le Gouvernement, dont le ministre de l'intérieur Hector est français, réagit très violemment. Partis et journaux d'opposition sont interdits, la liberté de presse et de réunion limitées, la police évacue très souvent lors des réunions politiques les contradicteurs. Pendant la campagne électorale de 1955, les débordements lors des défilés, se multiplient. Trois mois avant les élections les partis pro-allemands, jusque-là tolérés (CDU, SPD et FDP réunis dans le « Heimat Bund »), imaginent un moyen de propagande pour le moins original : l'émission d'étiquettes portant le slogan « Non au statut ». Pouvant être collées partout elles sont distribuées par les membres des partis et leurs sympathisants, puis par jeu, par les élèves. Fleurissent les slogans contre le Ministre Président J. Hoffmann « le Gros doit partir » Réapparaît aussi un terme, né lors de la

318 P. Burgard/L. Linsmayer: „*Der Saarstaat, L'État Sarrois*" Echolot, Publications Historiques des Archives Régionales de Sarrebruck 2005

première occupation, celui de « Saarfranzosen, Sarrois français » qui désignait ou plutôt diffamait ceux qui étaient pour le statut quo et ipso facto pour l'intégration à la France. [319] La campagne va même prendre une coloration religieuse : les associations catholiques soutiennent le projet de statut alors que les associations protestantes, soutenue par les socialistes et les libéraux, font campagne pour un retour à l'Allemagne. Et l'on verra fleurir des slogans tels que

« Ne pas devoir réciter le Notre Père en français » ! Reviennent des arguments déjà utilisés en 1935, comme quoi en cas de victoire du non, la Sarre reviendrait de fait à L'Allemagne, alors que l'acceptation du statut signifierait ultérieurement l'intégration à la France, avec, argument suprême, la menace pour les jeunes gens d'être appelés à faire leur service militaire en Algérie[320].

Dans les jours qui suivent la victoire du non les rues sont partout débaptisées, la population se félicite de la suppression des frontières avec la RFA dont le niveau de vie est plus élevé. La frontière maintenant s'établit avec la France, ce qui désorganise les exportations dans la mesure où elles se faisaient à 70% avec elle. Il faut réorienter le commerce extérieur vers l'Allemagne. Les entreprises sarroises n'y sont pas toutes concurrentielles, ce qui provoque des difficultés économiques, et entraîne quelques mouvements de grèves[321].

De nombreux changements ont lieu à l'université, où dès 1956, est nommé un président allemand. Les professeurs français cèdent progressivement la place à des enseignants allemands, la cohabitation n'étant pas toujours évidente dans la mesure où les méthodes d'enseignement ne sont pas les mêmes.

Les incidents à l'Institut de géographie en seront une parfaite illustration. Le professeur français, titulaire de la chaire, ne s'exprime qu'en français et refuse systématiquement toute collaboration avec son homologue allemand nommé en 1959. Son assistant, allemand, en fera les frais. Non soutenu par lui dans ses

---

319 Wolf-Dieter Rase: «*Wie das Leben so spielt*» Books on Demand. Norderstedt 2013. Pages 79-86. L'expression désignerait aujourd'hui encore en Allemagne, des Sarrois d'un certain âge, qui francophiles et parlant plus ou moins bien le français se rendent souvent dans le département voisin de la Moselle voire y possèdent une maison de week-end située à proximité des parcs et étangs de la région. Et indignerait encore certains Sarrois plus ou moins âgés lorsque, dans le restant de l'Allemagne, on les surnomme ainsi !

320 Francis Helmer. Témoignage à l'auteur, Thionville septembre 2018.

321 La police sarroise restera équipée quelques années encore par des véhicules de marque Peugeot.

travaux de recherche en vue de la soutenance d'une thèse et d'une habilitation universitaire allemande ultérieure, il ne put continuer à enseigner en faculté et termina sa carrière comme professeur de français et de géographie au lycée de Völklingen.

De son côté le *Kultusministerium* sarrois acceptera difficilement de reconnaître les baccalauréats français. L'arrêt des subventions françaises provoque également, au début, des restrictions matérielles. Et l'on assiste en 1957, à des « sit-in » d'étudiants protestants contre la dégradation des menus à la *Mensa* et au restaurant ainsi qu'aux difficultés d'approvisionnement dans les boutiques des foyers étudiants

En avril 1959 l'avènement d'un nouveau Ministre-président, Franz Josef Roeder, romaniste et francophile avéré, à la tête du Land jusqu'en 1979, ouvre une nouvelle ère de collaboration entre les deux protagonistes, et la Sarre est aujourd'hui le plus francophile des Länder allemands.

L'enseignement du français est désormais assuré dans le primaire par des locuteurs natifs. Il est toujours obligatoire dans l'enseignement secondaire. L'université a renforcé ses liens avec celles de Metz et Nancy. Le Centre d'Études Juridiques français est devenu un Centre Franco-Allemand dont les diplômes sont reconnus dans les deux pays. Des panneaux routiers sont bilingues. D'étroites relations dans tous les domaines ont été établies avec la Moselle voisine dans le cadre de la Grande Région Saar-Lor-Lux. Un pont jeté par-dessus la Sarre relie les deux villes jumelles de Kleinblittersdorf l'allemande et Grossbliederstroff la française, et un train–tram relie plusieurs fois par jour la ville frontière de Sarreguemines à la capitale Sarrebruck.

Deux villes illustrent cette imbrication, militaire à l'origine, entre la France et la Sarre : Vaudrevange-Wallerfangen et Sarrelouis.

Vaudrevange est la capitale du bailliage de Lorraine jusqu'en 1680, date à laquelle, où ruinée par les Suédois, Louis XIV la fait raser. Elle abrite quelque temps un dépôt de munitions français.

La ville est surtout le berceau de la branche française de la firme Villeroy-Boch. En 1791 Nicolas Villeroy, né à Metz d'une famille originaire de la vallée de la Meuse, y transfère une faïencerie établie jusque- là à Frauenberg sur la Blies. Associé à l'allemand Boch, le groupe y entretient de 1836 à 1931 un de ses principaux ateliers de production. La famille Villeroy y réside toujours et sa fondation en gériatrie, crée en 1857, est le plus grand employeur de la ville. La fierté des habitants de Wallerfangen est aujourd'hui François Villeroy de Galhau directeur de la Banque de France. Né à Strasbourg, il retourne toutes les six à huit semaines au château familial, assiste à l'office dominical, multiplie les contacts avec les habitants et se définit, à Paris, comme le « Parisien sarrois » ou le « Sarrois de Paris ».

Sarrelouis, ville-forteresse, a été fondée et érigée, en 1680 sur les ordres de louis XIV, avec les matériaux des remparts détruits de Vaudrevange. A l'exception de la période nazie, la ville a toujours gardé son suffixe francophone de Louis : Saarlouis. Elle a donné, durant la période napoléonienne, quelques soldats illustres à la France, dont le « Brave des Braves » le Maréchal Ney qui y a vu le jour en 1769. Depuis 1947 son monument figure toujours dans la ville bien que, durant la campagne électorale de 1955 quelques adversaires de la France aient envisagé de le faire sauter. Chaque année a lieu une journée « Louis XIV » lors de laquelle on peut voir des habitants en costume d'époque !
Le Quartier Maréchal Ney est redevenu « Kaserne Graf Werder » et les soldats de la Bundeswehr ont pris la place des militaires du rang français. Les quatre rangées parallèles de six maisons mitoyennes à un étage, qui accueillaient les personnels cadres et leurs familles, et la villa du commandant de la Place, un peu à l'écart, ont été restaurées.
Si à l'époque les contacts entre les deux communautés ont été, comme partout ailleurs en zone française, relativement restreints c'est pourtant un ancien officier de la garnison, certes marié à une allemande, qui a été nommé Consul de France Honoraire, et à son départ en retraite c'est sa fille, binationale, qui lui a succédé. Les habitants de la ville citent souvent, comme bel exemple d'amitié franco-allemande, le cas de ce maire, ancien soldat de la Wehrmacht, qui prisonnier de guerre en France a étudié en partie en langue française, à Grenoble puis à Sarrelouis, en partie en langue française, le droit allemand. En 1969 il initie un jumelage avec la ville de Saint-Nazaire, dont le maire, survivant d'un camp de concentration, s'était pourtant juré de ne jamais remettre les pieds en Allemagne.

Parler deux langues ?

Dès l'annonce du retrait des troupes françaises d'Allemagne, se pose pour un certain nombre de personnels civils, la question du maintien et du développement, d'un enseignement francophone.

A Trèves des écoles bilingues existaient déjà, et se sont développées dans l'enseignement primaire.

Après le départ des Français une section ABI-BAC a été mise en place dans l'ancien lycée Ausone, devenu, après s'être longtemps appelé le Hindenburg Gymnasium, le lycée Humbold[322].

A Baden-Baden s'est d'abord posé la question de la création d'un jardin d'enfants bilingue.

« Avec notre ami Thierry Quéré instituteur, marié avec une épouse allemande et résidant de longue date dans un village voisin, nous avons été abordés très tôt afin de savoir si nous pouvions intervenir pour la réalisation d'un tel projet. Il me semblait en effet important d'offrir à d'autres enfants les mêmes avantages dont avaient bénéficié nos deux fils, et de poursuivre ainsi l'héritage culturel de Baden-Baden qui, par sa situation géographique et son histoire, est intimement liée à son pays voisin[323]. »

« Après avoir été contacté à ce sujet par divers responsables, français et allemands, j'ai adressé une demande officielle à la municipalité de Baden-Baden, afin de savoir s'il était possible de transformer les structures scolaires françaises en un système analogue à celui de Fribourg, où existait un cursus franco-allemand internat compris. Les Français répondirent « Nous partons », et la municipalité de l'époque « Aucun intérêt pour le maintien d'écoles françaises » En conséquence les parents concernés créèrent, le 27 mars 199, à la Maison des Jeunes, la « Fondation de soutien École Franco-Allemande », présidée conjointement par Br. Ebert-Schmoll et Th. Quéré afin d'œuvrer au maintien d'un cursus bilingue[324] »

La concrétisation du projet se révéla être un vrai parcours du combattant ! Financièrement il fut porté par l' *Arbeiter Wohlfart,* le Service Social Ouvrier de Baden-Baden, soutenu et documenté par l'École Supérieure de Fribourg . Le jardin d'enfants bilingue « *Le* P*etit Prince* » , put enfin ouvrir ses portes, dès 1999, dans le bâtiment de l'ancienne Maison des Cadets, cédé par la municipalité.

« Les prémices du jardin d'enfants étaient la poursuite, dans une école primaire, d'un système éducatif bilingue. La municipalité de l'époque, n'était malheureusement pas prête à accepter un tel projet. Grâce aux interventions de la directrice de l'école d'Iffezheim, membre de la commission scolaire de Stuttgart, l'enseignement bilingue put être assuré jusqu'à l'Abibac au lycée Richard Wagner. Des années plus tard, après de nombreuses démarches, la nouvelle municipalité profita de la fermeture de l'école de Baden-Oos pour ouvrir enfin une école primaire franco-allemande[325] »

---

322 Fondé sous le nom de Kaiser Wilhelm I, rebaptisé Hindenburg, il devient en mars 2009 le Humbold Gymnasium.

323 Brigitte Ebert-Schmoll ibid.

324 Werner Schmoll ibid.

325 W. Schmoll ibid.

« La municipalité de Baden-Baden de son côté n'a pas fait de gros efforts pour favoriser l'enseignement bilingue en dépit du jardin d'enfants crée, en partie d'ailleurs, grâce à l'initiative d'enseignants franco-allemands de la DEFA. L'école primaire franco-allemande d'Iffezheim a pu ouvrir grâce à la directrice dont le mari était français. Par la suite, lors de la libération de locaux à Baden-Oos, une école primaire a intégré des classes franco-allemandes, mas avec des maîtresses alsaciennes, et dans la section Abibac du Richard Wagner Gymnasium, le français est assuré par des professeurs allemands et non pas par des enseignants détachés par l'État français.[326] *»*

En dépit de ces insuffisances le cursus bilingue attire cependant de nombreux parents allemands.

« J'ai pu comparer les deux systèmes, mon fils aîné ayant été scolarisé dans le système allemand. Le système scolaire français insiste davantage sur les bases fondamentales, alors qu'en Allemagne il n'y a pas vraiment de règles d'apprentissage pour la lecture, ni de système universel pour l'écriture. Les parents se mêlent de tout. En France au contraire il s'agit de faire des citoyens.[327]

Un article du Badisches Tagblatt en 2000, informe de l'existence du « Petit-Prince:

«Où j'inscris mes deux enfants. A la fin du Kindergarten, lors d'une assemblée des parents, la directrice de l'école de Seltz fait, de façon in officielle, une propagande pour son établissement. Elle donne l'envie d'y inscrire ses enfants ! Les miens fréquenteront cette école, avec d'autres enfants grâce à un système de transport quotidien, en voiture, mis au point par les parents concernés. Mais contrairement à Moritz et Lehnard Schmoll qui rejoignent le lycée franco-allemand de Fribourg, où ils sont acceptés, en tant que Français car venant d'une école située en France (sic) mes enfants entreront au Richard Wagner Gymnasium. »

Quant au lycée Charles de Gaulle: il est apparu très tôt au tournant du siècle que sa vaste superficie devait devenir un espace culturel au sein du nouveau quartier.

« La Europäische Medien und Event-Akademie » (L'académie européenne des médias et de l'événement) EURAKA accueille dans le cadre du « système dual » des étudiants du Bade-Wurtemberg et certains venus d'autres régions d'Allemagne. Pour eux des blocs de l'ancienne cité Normandie ont été aménagés en résidence étudiante. [328] *»*

326 Mireille Schmitt ibid

327 Thilo Frantz. Öttigheim Témoignage à l'auteur juillet 2020.

328 Sven Pries directeur de l'Euraka. Témoignages à l'auteur août 2020

Directeur de L'EURAKA depuis 2007, j'ai cherché à maintenir les souvenirs du passé. Une des premières impressions qui m'a marquée, fut la conversation engagée avec un vieux monsieur français, qui se promenait à travers le quartier et qui m'a raconté ses souvenirs de jeunesse et d'ancien élève. Il m'a relaté les administrations qui étaient logées dans ces murs et ce que cela représentait pour lui d'être revenu sur place. A l'époque je ne savais rien de ces anciens élèves qui se rencontrent aujourd'hui encore, communiquent sur Facebook, échangent des photos et retrouvent toujours le chemin de leur ancien lycée.
En 2015 les locaux de l'Euraka ont accueilli une cérémonie franco-allemande, commémorative de l'entrée des troupes françaises à Baden-Baden. Avec Éric Conge-Lehmann, nous avons apposé dans le hall d'entrée une « plaque du souvenir » représentant, côte à côte le Markgraf Ludwig Gymnasium ex lycée Charles de Gaulle de 1945 à 1953 et l'actuel, inauguré le 1er janvier 1954. L'année suivante un de nos professeurs d'art plastique a réalisé autour de la plaque et dans le couloir sous forme de dessin, un symbole franco-allemand : la Tour Eiffel et la Porte de Brandebourg, face à face. En 2018 une réunion d'anciens élèves et professeurs a donné lieu à une exposition photos réalisée par Eric Conge-Lehmann en 2015. Avec lui et Werner Schmoll, l'Euraka a fait intégrer des activités françaises dans le programme de la « Cité Fest », en 2019, dont une Gipfelmarsch.
Enfin le 16 octobre 2021, une cérémonie a commémoré le 75ème anniversaire du lycée[329] » dans l'enceinte de l'ancienne Église Notre Dame de la Paix (Cérémonie initialement prévue en Octobre 2020, repoussée à cause du Covid-19).
Les bâtiments de l'Euraka, avaient déjà accueilli en 2005 et en mai 2007 des rencontres d'anciens élèves et de professeurs du lycée.
L'Université Populaire installée dans l'un des anciens bâtiments a, pour sa part, lancé en janvier 2011 un appel afin de rassembler des témoignages matériels sur la présence française. L'arrière-pensée était d'en faire le point de départ d'une future salle-musée qui y serait entièrement consacrée....

Berlin connaît une expérience intéressante. Le lycée français de Frohnau scolarise 300 élèves en seconde et première en mai 1948, à la veille du Blocus par les Soviétiques. Les familles françaises sont alors évacuées vers d'autres garnisons. A la rentrée ne subsiste plus qu'un embryon d'école élémentaire et un premier degré. Par la suite on assiste à une légère remontée avec 51 élèves du collège. En 1953 le Commandant du Gouvernement militaire de Berlin propose alors la fusion des secondes françaises avec le Französische Gymnasium de la ville et met à sa disposition des professeurs français pour l'enseignement du français, du latin et de l'histoire-géographie.[330] La très grande

329 Organisée par Eric Conge-Lehmann et la Euraka en présence du général Marc Ollier et Madame Mergen,

330 Convention du 24 avril 1953

originalité de l'initiative réside dans le fait qu'un établissement de droit allemand comporte une section française de sept professeurs français, pris en en charge à partir de 1955 par les Affaires Étrangères et qui dépendent de l'académie de Strasbourg.[331]

Par-delà les nationalités

Les couples franco-allemands ont toujours occupé une place à part parmi les membres des Forces. 150 mariages « mixtes » environ sont recensés chaque année :15 % pour les civils, 10 % pour les Militaires.
En 1987, à St Wendel, en 1987, on dénombre 21 couples franco-allemands sur 175 couples présents dans la garnison. Ils sont estimés à 550[332] pour l'ensemble de la Zone Nord .
Beaucoup d'entre eux sont arrivés aux FFA, déjà mariés, pour cette raison d'ailleurs, . Mais l'épouse, allemande devient automatiquement française par mariage et le couple disparaît ipso facto des statistiques.

Si de nombreux appelés convolent avec de jeunes allemandes, les mariages sont célébrés p le plus souvent en France, à la fin du service militaire.

« C'était en 1967. J'avais 21 ans, j'arrivais de Marseille et effectuais mon service militaire en tant que rédacteur au bureau de presse du général Massu. Je ne parlais pas un mot d'allemand et pourtant j'avais adhéré au Cercle Franco-Allemand de Baden-Baden, situé Robert Schuman-Platz, au-dessus du Foyer du Soldat.... Tous les samedis soir il y avait une boum au programme., soirée dansante avec boissons à tarifs réduits. Vins rouges français et bières allemandes faisaient déjà bon voisinage. Ute - qui allait devenir ma femme - sortait d'une représentation au théâtre et avec une amie, était venue prendre un verre au bar. C'est là que j'ai eu le courage de l'inviter à danser. Ce fut la première rencontre, mais pas la dernière, sous le toit du Cercle franco-allemand. Deux enfants franco-allemands, européens convaincus sont nés de cette union [333] *»*

De nombreux couples d'instituteurs se sont connus par le biais de l'Office Franco-Allemand pour la Jeunesse, dont on a pu dire qu'il était l'un des grands

---

331 Dans le secteur français de Berlin un collège d'enseignement général ouvrira ses portes en septembre 1954, puis deviendra le collège Voltaire. Voir infra

332 H. Engels Perrein « *La présence militaire...* » ibid,

333 Jean-Marc Culas «*Cinquante Ans du cercle franco- allemand de Baden-Baden* » ibid p 24

pourvoyeurs en couples mixtes de la DEFA. Ils représentent 12 à 13 % des enseignants du primaire, 10 % de ceux du secondaire.
Ils ont été loin de faire l'unanimité au sein de la DEFA, qui leur reproche de bloquer les postes. Et dans le cas où le conjoint est allemand ou étranger ils ont souvent eut à faire face à des difficultés administratives pratiques.[334]

« La réglementation des FFA prévoit pour ses membres militaires ou civils un logement en Cités-Cadres, en fonction du grade de l'intéressé. Cette règle maintenue jusqu'en 1979 ne s'applique pas à l'époque, aux enseignantes dont le conjoint est de nationalité allemande. L'époux étant censé loger la famille, elles sont considérées comme célibataires et se voient affecter de petits appartements de l'ordre de 50 m2. La règle reste inchangée avec la naissance des enfants. Ils bénéficient certes d'une carte d'identité FFA, seule carte valable pour les membres des Forces, mais barrée de la mention « N'a pas droit au logement » N'ayant pas droit à la carte FFA ils ne peuvent conduire la voiture en plaque bleue de leurs épouses, ni aller faire seuls, des courses aux économats ! Cette règle, ne concerne pas les couples binationaux dont c'est l'épouse qui est allemande, celle-ci obtenant immédiatement, de par son mariage, la nationalité française, mesure qui ne s'applique pas dans le cas de l'époux allemand. [335] *»*

Cette règle explique pourquoi la plupart d'entre eux résident en milieu allemand et que près de la moitié d'entre eux y scolarisent leurs enfants.
Ce sont eux pourtant, comme pour les enseignants[336] qui sont le plus impliqués dans les relations franco-allemandes.

Sylviane Männer est née à Zweibrücken où son père était gendarme:

« De 1954 à 1959 j'ai vécu d'abord à Zweibrücken puis, en fonction des mutations de mon père, à Maximiliansau et Landau, et à partir de 1959 à Baden-Baden. J'ai effectué ma scolarité au lycée Charles-de-Gaulle, avant d'y enseigner comme professeur d'allemand jusqu'en 1999 date de la fermeture du lycée. Mais mes parents avaient des contacts étroits avec la population allemande, avant tout par le biais des activités professionnelles de mon père. Il était entre autre interprète au sein de la gendarmerie et avait noué des liens d'amitié avec des collègues policiers allemands, devenus de vrais amis. Par ces contacts fréquents nous étions toujours proches de la population allemande. D'autre part, au début des années 1950, mes parents avaient habité à Maximiliansau chez une famille allemande dont la maison avait été réquisitionnée par le commandement français, comme de nombreuses autres, avant la construction d'une cité. Les membres de cette famille (l'instituteur du village - un notable !)

---

334 Ce n'est que vers la fin des années 1970 que l'administration militaire supprimera la notion de chef de famille! Les conjoints obtiendront alors également une carte FFA, où apparaît toutefois leur nationalité.

335 Mireille Schmitt-Dève ibid

336 Voir supra le chapitre II

étaient devenus des amis proches pour mes parents. Ils avaient gardé très longtemps des contacts avec eux et nous leur rendions parfois visite.
Mes parents, originaires de deux régions à double culture (Alsace et Haut Adige en Italie) ont toujours été d'une grande ouverture d'esprit et accueillaient volontiers des amis, allemands comme français, chez nous. Le fait que mes parents parlaient tous les deux la langue allemande a sans doute joué un rôle important dans ces relations assez privilégiées. Les contacts étaient donc évidents et naturels pour nous, enfants. Contrairement à beaucoup de voisins français qui eux ressentaient la population allemande comme « exotique », voire ennemie et « s'enfermaient » dans la cité.
Après mon mariage en 1980, je me sentais vraiment intégrée au sein de la commune de Sinzheim et j'étais membre de clubs sportifs et également, pendant un temps, du comité de jumelage franco-allemand de la commune.
L'intérêt pour la France et les Français que j'ai rencontré auprès de mes amis, voisins ou élèves de mes cours que j'ai donné auprès de la VHS comme " Dozentin" de présentation de la culture français a toujours été très marqué. Mon fils, né en 1980, a fréquenté l'école primaire et le lycée allemands et les relations se sont encore élargies avec les familles de ses camarades de classe. Mon fils a été scolarisé dès la maternelle en Allemagne et a fait ses études à l'université de Karlsruhe (Wirtschaftsingenieurwesen).»[337]

Roland Bouvet a rencontré sa future épouse en Allemagne :

« Marié à une ressortissante allemande (1972) rencontré lors du carnaval, j'habite en secteur allemand, où j'ai a fondé un club de pétanque. J'organise de nombreux voyages en France tant pour les membres de ce club que pour ceux du club de tennis. J'accueille chaque année, en novembre à l'occasion du Volkstrauertag, des représentants du « Groupement 145, de La Section André Maginot des Anciens FFA de la Garnison de Trèves et leurs amis », venus déposer des gerbes sur le Carré Français du cimetière de Trèves et au Monuments aux Morts. Je suis un membre actif de la Société franco-allemande, très engagée dans le dialogue entre les 2 communautés et qui souhaite d'ailleurs faire apposer une plaque commémorative à l'endroit où les soldats descendaient la colline du Pétrisberg, pour prendre le train en ville. Mon fils, binational, ayant suivi un cursus scolaire allemand, travaille pour une société fiduciaire du Luxembourg et est coordinateur de l'Eurosportschule de la Grande Région. Il effectue de nombreuses traductions du français en allemand et inversement. Il est marié à une Allemande, mère de jumeaux qu'il a adoptés.
Dans nos deux cas l'intégration en Allemagne s'est faite par les épouses.[338] *»*

« Marié avec une Allemande (Franco-Allemande..!) depuis près de 50 ans je suis depuis 25 ans vice-président de la société Franco-Allemande de Trèves. Je parle assez bien

---

337 Témoignage à l'auteur. Courriel octobre 2019

338 Roland Bouvet ibid

l'allemand que j'ai appris (mal ...!) au lycée, puis à l' occasion de mes contacts permanents avec la famille de mon épouse et la population locale. Ma fille est titulaire du Bac Franco-Allemand obtenu au lycée Franco-Allemand de Freiburg et du diplôme de Betriebwirtin du CESEM à Reutlingen et SUP de CO Reims. [339] »

« Mon mari était en relations professionnelles avec des Français à Baden-Baden. Puis Handelslehrer, il devient inspecteur d'Écoles Professionnelles et dirige l'école professionnelle de Bitburg. Avant d'intégrer le lycée Hindenburg (Humboldt depuis 2009) il avait, au Bezirksregierung d'abord puis au Jugendtränier für Olympia, de nombreux contacts avec les établissements français. Nombreux échanges avec le Lycée Fabert de Metz et le Lycée Hindenburg de Trèves. [340] »

Le club carnavalesque franco-allemand de Baden-Baden est l'œuvre de deux générations de couples franco-allemand [341]: le père, Marcel Grimm fondateur, son fils Christian, dont la mère allemande originaire de Baden-Baden ne parlait pas le français. Il a poursuivi et élargi, après le départ des Français, les activités avec d'autres clubs en Allemagne et en Alsace

Si les festivités débutent, comme partout en Allemagne, le 11 novembre à 11 heures, la mi-carême française est célébrée chaque année avec force de

« show, danses, musiques et intermèdes culinaires. Elle permet à tous les « fous » de goûter, sans obligation aucune, pendant quelques heures, d'une folle atmosphère [342] »

Le Club continue à décerner chaque année, en novembre, sa double médaille carnavalesque afin de marquer les efforts entrepris dans la promotion de l'amitié franco-allemande. En 2002 elle est accordée à Jean-Michel Delaye, président de l'association «Parents 67 » pour la promotion des classes bilingues et Werner Schmoll conseiller municipal de Baden-Baden, ardent défenseur du bilinguisme, à Fabienne Keller maire de Strasbourg et Günther Pétry maire de Kehl en 2003. Les communes voisines de Seltz et Plittersdorf sont distinguées en 2010, Roland Ries maire de Strasbourg et Kurt Beck Ministre-Président du Land de Rhénanie-Palatinat en 2011, les clubs de musique de Schirrheim-Schirrhoffen et Neuweier en 2013. En 2015 c'est au tour de l'auteur de ces lignes et de Werner Hirth, premier maire-adjoint de Baden-Baden. Les deux secrétaires de l'OFAGE la française Béatrice Angrand, et l'allemand Markus Ingenlath, venus spécialement de Berlin, sont honorés en 2016. la médaille de

[339] Daniel Portier ibid

[340] Claudine Cornelius ibid

[341] Infra chapitre 6

[342] Article publié dans le bulletin du club édition 2016/2017

2018 enjambe la frontière: Francis Jaeger et Edwin Diesel sont l'un et l'autre maires de Scheibenhard, l'un en France, l'autre en Allemagne .

CONCLUSION

L'élément le plus visible de la présence française dans les paysages urbains des villes de garnison ont été, par leur architecture si différente de celles des habitations allemandes, les cités-cadres.
Formidable patrimoine immobilier mis à la disposition des municipalités allemandes, témoignent-elles toujours, vingt après, de l'existence des FFA ? D'autant plus que le départ des Français a coïncidé avec l'afflux des immigrants venus de l'est.
Très vite pour ces municipalités un problème s'est posé. En effet la plus grande partie des terrains et des immeubles appartenaient au « *Bund*, », l'État Fédéral. Ce qui conférait à ce dernier non seulement un droit de préemption mais aussi le droit de fixer les prix de vente, calculés en fonction du marché local. Ce n'est qu'ensuite que les biens ont été proposés au Länder et à leurs administrations. Et ce n'est qu'après le retrait du marché de ces derniers que les villes ont pu faire valoir leurs desiderata et éventuellement s'endetter pour racheter les surfaces convoitées. Le Bundestag toutefois a décidé de réduire leur valeur courante de moitié dans le cas où elles étaient consacrées à l'édification de logements sociaux. Manne bienvenue, dans la mesure où il fallait loger tous les nouveaux arrivants de l'ex-RDA, voire de Russie.

Dans la majorité des petites garnisons, les immeubles français ont été aménagés aux normes allemandes, modernisés et intégrés dans le tissu urbain avoisinant. Certains sont devenus des logements sociaux, d'autres ont été vendus ou loués par les municipalités.

A Kehl, au quartier du « Keutzmatt », les 385 logements construits pour les familles françaises sont devenus le point de chute de 2 à 3 000 Allemands (*Aussiedler*) venus d'Europe de l'Est.

« Les salles de bain, les sanitaires, le chauffage ont été changés, ainsi que les revêtements de sol. L'électricité a été refaite et la ville a fait des travaux d'économies d'énergie. Certains immeubles, qui ont longtemps gardé sur les façades les noms des provinces françaises, ont été entièrement modernisés. Ils abritent des administrations, les travailleurs sociaux du quartier, des logements pour personnes handicapées, une maison pour seniors de l'AWO[343]*. Toutefois les Aussiedler sont peu à peu partis. Sur les 1200 habitants qu'abritent le quartier, les deux tiers sont composés actuellement d'Allemands et d'étrangers dont une majorité de*

343 AWO : *Arbeitswohlfahr : service social du travail*

Turcs. La société municipale qui gère l'ensemble a construit également dans le quartier des maisons qu'elle vend à une population plus aisée, composée en partie de Français! [344]

Dans d'autres garnisons, comme à Offenbourg, le réaménagement a été fonction de

«...la bonne volonté des responsables politiques de l'administration municipale et des personnels civils allemands employés auparavant par les FFA.

Dans cet esprit la reconversion de l'ancienne surface militaire (l'ex caserne Ihlenfeld) en un « Kultur Forum » (forum de la culture) est exemplaire. Le terrain de 15 ha, à 700 m. de la City s'est révélé idéal pour accueillir des installations culturelles et associatives pour enfants et jeunes. Très importante également a été, après aménagement, la conception de nouvelles formes d'habitats pour de jeunes couples, et d'installations pour personnes âgées ou malades. Le cœur du nouveau quartier est le centre familial « Oststadt » devenu un lieu de rencontre entre générations. Si le départ des Français en août 1992 a entraîné une suppression d'emplois pour 400 personnels civils français et allemands, très vite le sentiment dominant parmi la population a été de relever le défi consistant à conserver l'aspect historique du quartier, tout en offrant à la ville un nouveau centre culturel et à la population un nouvel espace de vie et de nouvelles possibilités de rencontres »[345]

A Baden-Baden, le réaménagement du « quartier français » a été une œuvre de longue haleine.

Seules sont restées, mais rénovées, les cités Thiérache et une partie de la cité Normandie située à proximité de l'ancien économat Paris.

La plupart des bâtiments de la cité Bretagne, le jardin d'enfants et l'hôtel Bellone ont cédé la place à des maisons individuelles, souvent mitoyennes.

Installée dans les locaux de l'hôtel Paris, devenu « Maison Paris » la « *Entwicklungs Gesellschaft Cité* » a été chargée de la rénovation de la cité Paris et de ceux des blocs de Normandie qui jouxtaient la cité Bretagne.

Un nouveau quartier, baptisé « *Cité* » mêlant activités et habitat a peu à peu surgi.

Le long de la Vogesenstrasse, qui a gardé son nom, huit blocs ont été rasés, remplacés par des maisons individuelles. Les villas de la « vallée des rois » modernisées et l'école primaire aménagée en lofts ont été conservés. La Maison des jeunes abrite une société qui vend des tenues orientales et dispense des cours de danses. Depuis peu elle accueille également un jardin d'enfants privé. Si le long de la forêt, le bâtiment de l'ancienne intendance a été rasé, le Bureau Administratif Local est devenu le siège d'une gendarmerie.

---

344 Aude Gambet:« *Kreutzmatt: La cité française devient kehloise*» DNA/ Strasbourg 9 août 2009

345 Regina Brischle Témoignages à Angelika Lipp-Krüll. Offenbourg, février 2017

Devant l'entrée de la Maison Paris a été transférée, à la demande de Werner Schmoll, la mosaïque restaurée aux armes des FFA. Elle a été inaugurée solennellement le 16 avril 2010 par le Général Brette, ancien commandant en chef des FFA et Madame Dr. S. Lang, maire de Baden-Baden.
Lors du 2ème sommet de l'OTAN à Baden-Baden en avril 2009, la plupart des bâtiments du lycée Charles de Gaulle ont cédé la place à un parking aménagé spécialement pour les cérémonies. Seuls ont subsisté les cinq blocs de l'internat et du lycée professionnel, baptisés « *Finger* », (doigt) par les Allemands ainsi que le bâtiment qui les relie.
En 2009/2010 les transformations opérées sur le campus ont permis l'installation d'une école supérieure privée la « *Hochschule für Wirtschaft, Technik und Kultur* » (École supérieure pour l'économie, la technique et la culture), l'association «Théâtre Indépendant » du Land de Bade-Wurtemberg, l'université populaire et un lieu de production pour le SWR. Les infrastructures sont communes. Depuis 2008, l'ancienne chapelle, réaménagée, permet aux étudiants(es) d'effectuer live, les répétitions de futurs spectacles.

« On ne peut manquer de signaler que les cinq « doigts » abritent également les annexes de deux excellents lycées professionnels de la ville, qui portent tous deux des noms français, le lycée Robert Schumann, à vocation commerciale et juridique, et le lycée Louis Le poix, qui fait un travail remarquable dans les domaines de la mise en scène....A l'autre bout des bâtiments s'est installée l'Université Populaire de la ville....L'espace qui longe les cinq doigts à l'intérieur du campus, et qui mène au stade a été baptisé « Promenade »
Enfin on ne peut qu'applaudir à l'installation sur le terrain en face de l'église, classée monument historique et devenue salle-atelier, remarquablement équipée, de spectacles et de manifestations de l'Euraka et du lycée Louis Lepoix, d'une maison pluri générationnelle, d'une école primaire prévue pour 200 élèves, d'un jardin d'enfants, d'une crèche, d'une cantine et d'un gymnase....
Tous les mercredis matin, quand je m'installe dans une salle de classe du « doigt Nr.1 » pour y suivre mon cours d'anglais à l'université populaire, je vois l'endroit où se trouvait la villa du proviseur, face à la Tour d'Auvergne qui a gardé son nom et qui abrite plusieurs maisons d'édition. Il n'y a plus de villa, mais un terrain de jeux où des enfants s'amusent, sautent, rient et crient. Et mon cœur à chaque fois se réjouit de constater que la reconversion d notre bon vieux bahut est parfaitement réussie ou pour parler avec Goethe, qu'elle est « um Stirb und Werde » accompli »[346]
Un complexe cinématographique vient de compléter l'ensemble en 2020

[346] Marc Cano, dernier proviseur du lycée, *in La gazette des Anciens du Lycée Charles de Gaulle à Baden-Baden*. Juin 2011.

Le quartier de Lattre, l'ancienne caserne, rasé, a cédé la place à une vaste zone commerciale, surnommée, par les habitants à cause de la forme de son toit, « l'UFO Center, l'OVNI ».
Les deux bâtiments les plus emblématiques de la garnison, la résidence des Généraux Commandants en chef et le Bureau administratif de Baden-Oos, dont la silhouette continue à dominer tout le secteur environnant, relèvent de « l'inconnu ».
La villa du général commandant en chef, ancien pavillon de chasse des grands ducs de Bade, a connu de nombreux propriétaires successifs. Vendue par le Land à un investisseur de Rheinfelden, celui-ci ne lui a pas trouvé d'affectation. Revendue, elle est devenue, pour un certain temps un hôtel cinq étoiles l' « *Hôtel Jagdschloss Baden-Baden-Sinzheim* ». Revendue sans doute, il est impossible de connaître, en dépit de nombreuses démarches, l'identité de son propriétaire actuel.
Le BABO appartient lui aussi à un investisseur particulier, dont on ignore, également, les futurs projets. Il serait même question de le détruire...

Tübingen a rasé ses trois anciennes casernes et les logements militaires attenants. Le nouveau « quartier français », à l'emplacement du Quartier Desazars de Montgaillard, réunit zones d'habitat et zones d'artisanat. Le Quartier « Loretto » à l'emplacement du Quartier Zimmer et de l'ancienne place d'armes est devenu un quartier « bobo ». Les deux font partie des lieux d'habitat les plus recherchés de la ville. La caserne Thiepval enfin, rénovée en 2002, abrite l'inspection des impôts et des logements. Depuis 2013, l'ancien centre de blanchisserie de l'armée héberge les services de police du Land.
Mais surtout la ville a choisi une voie originale pour mettre en valeur le patrimoine légué par les Français.

Deux historiens, Johannes Grosmann, professeur l'université de Tübingen, chercheur invité à la Sorbonne et Matthieu Osmont, chargé de cours à l'Institut d'études Politiques de Paris, ont publié en 2015, en collaboration avec les étudiants de l'université une visite virtuelle de la ville.
Intitulée « Les Français à Tübingen 1945-1991 », elle reprend le passé et le devenir des anciens bâtiments militaires.

« De 1945 à 1991, des soldats français étaient stationnés à Tübingen. Venus en tant qu'occupants, ils accompagnèrent la renaissance culturelle et politique de la ville après la Seconde Guerre mondiale. À la fin du statut d'occupation en 1955, ils restèrent à Tübingen, cette fois en tant qu'alliés. La réunification mit un terme à la présence militaire française. Celle-ci laissa malgré tout des traces dans la physionomie de la ville et dans la vie culturelle de Tübingen. Si certaines d'entre elles sont encore visibles aujourd'hui, d'autres ont été effacées, recouvertes, ou détruites irrémédiablement.

Notre visite virtuelle tente de mettre ces traces en lumière. Vingt-neuf lieux de mémoire répartis sur quatre itinéraires expliquent l'époque de la garnison française aux visiteurs et habitants de Tübingen en proposant un voyage dans le passé. Des images historiques s'ajoutent aux textes courts que l'on peut également consulter sous forme de documents audio. Un texte en plusieurs parties sur l'arrière-plan historique donne une vue d'ensemble des événements les plus importants. Une carte numérique aide à trouver les différents lieux, et les numéros correspondent à l'ordre de visite recommandé. Cependant, vous pouvez aussi voir les lieux de manière isolée ou suivre les différents parcours (la vieille ville, la ville universitaire, l'Österberg et le Neckar, et le sud de la ville) séparément, ou encore dans l'ordre que vous souhaitez. [347] »

De leur côté les étudiants du séminaire d'Histoire Contemporaine, soutenus par les services culturels de la ville, les *Stadtwerke*, par l'Association pour la promotion de l'Histoire à l'université de Tübingen et l'*Universitätsbund*, ont, de septembre à décembre 2017, réalisé le site internet « *www.franzosen-tuebingen.de* » Il permet de même « la visite guidée virtuelle à travers les lieux de mémoire de la présence française à Tübingen après la guerre ».

S'il est possible de continuer d'apercevoir des traces de la présence française dans les paysages urbains des anciennes villes de garnison, « qu'en est-il de la vie que l'on y menait?»

Seule l'étude des archives permettrait de nous éclairer. Mais leur dispersion pose un problème: les archives de l'Occupation (1945-1954) longtemps consultables à Colmar, ont été transférées au Centre des Archives diplomatiques du Ministère des Affaires Étrangères, sur le site de La Courneuve. Les archives de Berlin jusqu'en 1990 s'y trouvent également. Un important fond d´archives existe à la bibliothèque municipale de Trèves rassemblé par Alain Giletta.

Des archives privées existent également. Eric Conge-Lehman dispose depuis 2004 d'une importante documentation sur la DEFA à Baden-Baden ainsi que de plus de 6000 photos. Albert Hamiaux à Bühl possède un important matériel photographique sur toutes les différentes villes de garnison depuis 1945.

---

[347] Johannes Grossmann et Matthieu Osmont

Des témoignages individuels sont publiés régulièrement sur internet, tout comme de nombreuses photos personnelles sur Facebook. D'autres documents, dossiers, courriers et mémoires existent sans doute encore, disséminées au sein des administrations et des familles. Il faut espérer qu'elles aussi resurgissent un jour, complétant d'années en années cette « chronique » des FFA que nous avons tenté d'initialiser.

POSTFACE

Le stationnement des Forces Françaises en Allemagne, leur mode de gestion, le statut des personnels, toute la construction politique et militaire qu'elles supposent et dont nous avons pu démêler l'écheveau grâce aux témoignages présentés par Hélène Engels, forme une véritable singularité historique dont on ne trouve pas l'équivalent depuis la Renaissance et la lente structuration des États nationaux modernes.

Mais il ne faudrait pas commettre le péché d'anachronisme, en réduisant cette période d'un demi-siècle à une curiosité de l'Histoire, sans précédent ni successeur. Cet avatar du XXe siècle, né des conséquences de la Deuxième guerre mondiale, s'inscrit en réalité dans le *perpetuum mobile* qui imprègne les mouvements erratiques de la fixation des frontières franco-allemandes.

Il importerait déjà – mais ce n'est pas notre sujet – de définir ce que signifient les termes *français* et *allemand* lorsqu'il s'agit de caractériser une ville, une province, un Etat. L'unicité de la France doit beaucoup à la dynastie des Capétiens, et s'est consolidée à partir du XVIIIe siècle sous les Républiques et les Empires. La notion intellectuelle, politique et patriotique d'« Allemagne » ne s'impose qu'après le discours de Fichte (1807), et concrètement avec l'élévation à l'Empire de Guillaume 1er devenu « *Kaiser* » allemand (1871).

Les prémices de cet ondoiement frontalier n'avaient pas manqué. Depuis le XVIe siècle, pour ne pas remonter plus loin, la notion d'appartenance à un Etat à l'intérieur de frontières bien définies a longtemps été évanescente. Lorsqu'il s'agit de désigner le successeur de Maximilien d'Autriche à la tête du Saint Empire germanique, celui qui dispute la couronne au futur Charles Quint n'est autre que le roi de France François Ier, qui ne trouve pas incongru de postuler à la couronne germanique. L'appui du banquier Jacob Fugger se fera plus efficace pour Charles que celui d'Henri VIII roi d'Angleterre pour François ! Et lorsque Henri II, son fils, entame le conflit qui lui apportera les fameux trois évêchés (Metz, Toul, Verdun), c'est sous la bannière de « Vicaire d'Empire », soutenu par les princes protestants allemands, qu'il lance son offensive.

Si la ville de Sarrebruck n'est annexée à la France qu'en 1801 (après le traité de Campo Formio), celle de Sarrelouis, fondée par Louis XIV subit les aléas des traités et partages successoraux qui démembrent la Lorraine, et reste une forteresse française jusqu'en 1815. Landau, attribuée à la France par le traité de Westphalie en 1648, demeure sous son autorité jusqu'en 1815 également. Les princes possessionnés d'Alsace, adossés au duché de Deux-Ponts et au Palatinat, dont « l'immédiateté d'Empire » (*Unmittelbarkeit*) est garantie par les traités de Westphalie, sont autant de petits suzerains de grandes familles régnant sur des morceaux de France selon leurs lois et leurs coutumes. Leur situation se fragilise à partir de 1787. La Révolution y met fin, après indemnisation.

La Révolution française et l'Empire napoléonien ne sont pas en reste pour ce qui est des annexions, ou de l'acculturation: la rive gauche du Rhin est occupée largement (et rudement) sous la Révolution, et l'avènement de Napoléon se traduit par une « rationalisation » des frontières qui permet d'imposer la souveraineté française à l'Allemagne rhénane (que l'on pense au grand-duché de Berg offert à Murat, ou au royaume de Westphalie qui voit le couronnement de Jérôme Bonaparte, le « *König Lustig* »). En 1810, après réduction en départements des territoires s'étendant jusqu'à la frontière danoise, des Bouches de l'Elbe (Hambourg) au Mont-Tonnerre (Mayence), en passant par l'Ems supérieur (Osnabrück) et le Rhin-et-Moselle (Coblence), ce sont les structures – et la législation – mises en place par l'administration française qui font autorité, même si l'affichage des arrêtés préfectoraux est bilingue! Mais ce sont tous les habitants qui sont concernés.

L'étape suivante, après la remise en ordre du traité de Paris en 1815, est l'annexion de l'Alsace-Moselle au terme de la guerre franco-prussienne de 1870. Le traité de Francfort du 10 mai 1871 déplaçait à nouveau le tracé de la frontière, mordant sur le territoire de cinq départements français qui devenaient allemands en quasi-totalité pour trois d'entre eux (Haut-Rhin, Bas-Rhin et Moselle). Le nombre des départements de la République en fut modifié, et le nationalisme exacerbé né de cette nouvelle configuration participa au cataclysme de 1914.

Après la Première guerre mondiale, la France reçoit en 1919 la propriété des mines de charbon de Sarre, et mandat de la Société des Nations sur le *Saarbeckengebiet*. Un plébiscite en 1935 consacre le retour de la Sarre à l'Allemagne. Arrive alors la Deuxième guerre mondiale …

Voilà rapidement brossé le destin d'une frontière qui varie depuis le XVIème siècle selon les aléas que l'on sait. Alors, cette présence des forces françaises en Allemagne (qui a connu également un problème de rattachement de la Sarre) prend une autre dimension: elle est à la fois dans la lignée de ces impitoyables et sanglantes querelles de voisinage, mais ne semble pas porteuse des déchirements qui caractérisent les diverses étapes des siècles précédents. La situation, apaisée, n'en est pas devenue banale pour autant: il n'a pas existé de Forces Françaises en Italie, en Belgique, ou en Espagne, installées pacifiquement pendant un demi-siècle, avec le consentement explicite des populations concernées. C'est avec nos voisins allemands, et avec eux seulement, que nous avons pu trouver un terrain d'entente pour gérer et administrer ce qui est devenu de plus en plus un héritage commun.

En ces temps de mondialisation qui décloisonnent la planète et abolissent les frontières, la tentative de s'isoler du voisin, suggérée ou effective, provoque un traumatisme inverse en séparant ce que l'Histoire a permis de rapprocher, souvent cruellement, puis pacifiquement. C'est sur ce chemin que l'on a pu croiser les Forces Françaises en Allemagne.

Hervé BROUILLET-ROHMER
Proviseur du lycée Charles-de-Gaulle
(Baden-Baden 1991-1995)

« *Il y aura ou il n'y aura pas d'Europe, suivant qu'un accord sans intermédiaire sera ou non possible entre Germains et Gaulois.* »
Général de Gaulle,
(Rapporté par A.Bourgeois - avril 2017)

BIBLIOGRAPHIE

OUVRAGES ET ĒTUDES

- BENDER Karl-Heinz: "D*eutsch-Französische Zusammenarbeit im Alltag: La 1ère DB à Trèves*" in Kurtrierisches Jahrbuch 28/1988
- BURGARD Paul, LINDMAYER (Editeur) " *Der Saarstaat – l'État sarrois*" (bilingue)
- Echolot Landesarchiv Saarbrücken 2005 – 399 p.
- COCHET François:"*Le rôle des anciens prisonniers et déportés français dans le rapprochement franco-allemand (1945-1964)*" in Fleury Antoine et Franck Robert (Ed): "l*e rôle des guerres dans la mémoire des Européens*". Berne 1997
- DENIAU Jean François *"Un héros très discret"* Pocket 1999 – 228 p.
- ENGELS Hélène *"Histoire du syndicalisme français en Allemagne de 1945 à nos jours "* Le petit Pavé" Paris 2002 – 220 p.
- ENGELS-PERREIN *"La présence militaire française en Allemagne de 1945 à 1993"* Mosella Tome 22. Revue du Centre d'Études géographiques de l'Université de Metz 1997- 302 p.
- ENGELS-PERREIN "*Lexique du couple franco-allemand, Le moteur de la construction européenne*" Éditions Ellipse 2007 – 224 p.
- GRANGE Pierre *"Direction de l'enseignement français en Allemagne 1945 à 1994"* Baden-Baden 1993 - 381 p
- GUTH Suzy " *Les forces françaises en Allemagne La citadelle utopique*" Éditions de l'Harmattan 1991 - 220 p.
- HILLEL Marc *"L'occupation française en Allemagne 1945 1949"* Balland 1983-400 p.
- HUDEMANN Rainer, HEINEN Armin in Zusammenarbeit mit Großmann Johannes, Hahn Marcus: "*Das Saarland zwischen Frankreich, Deutschland und Europa 1945–1957. Ein Quellen- und Arbeitsbuch*", Saarbrücken (Kommission für Saarländische Landesgeschichte und Volksforschung) 2007 (Veröffentlichungen der Kommission für Saarländische Landesgeschichte und Volksforschung, Bd. 41).
- JURT Joseph (Éditeur) " *La présence française dans le Pays de Bade de 1945 à nos jours. Témoignages et résultats de recherches*" Rombach Ver. Fribourg 1992 165 p.

- KLÜMPER-LEFEVRE Madeleine et ses coauteurs *"Rencontres inoubliables, De grands rendez-vous avec notre histoire franco-allemandes"* Imprimerie de l'Assemblée Nationale 2014-292 p.
- LOUYOT Michel *"A pas de velours, mes missions culturelles dans l'autre Europe"* Éditions Desmaret 2000
- MAYER-KATZ Leonore *"Sie haben zwei Minuten Zeit, Nachkriegsimplulse aus Baden"* Herder Verlag Freiburg in Breisgau 1981- 192 p.
- METZGER Jochen *"Und doch ist es Heimat"* Rohwohlt Taschenbuch Verlag Reinback 2017- 368 p.
- MOREAU Claude Albert et JOUANNEAU-IRRIERA Roger : *"Présence française en Allemagne. Essai de géographie cordiale de la Zone Française d'Occupation"* Régie Autonome des Publications Officielles 1949 282 p.
- NARDY Jean Baptiste *"Des cités pas comme les autres. La voix des enfants des FFA en Allemagne"* Éditions de l'Harmattan 2015- 224 p.
- OHLER Norbert *"Eine Stadt in der Stadt, Franzosen in Freiburg"*
- SUTTER Alfred:" *L'économat en Allemagne 50 ans d'histoire.1945 1995"* Brochure reliée Bühl 112 p.
- TOURNIER Michel: " *Le vent Paraclet"* Gallimard 1978 312 p.
- VINCENT Marie Bénédicte : "*La France et la dénazification de l'Allemagne après 1945*", avec Sébastien Chauffour, Corinne Defrance et Stefan Martens, In "Zeitschrift für die Geschichte des Oberrheins "Peter Lang, Bruxelles Décembre 2019 272 p, (collection "L'Allemagne dans les relations internationales").
- WOLFRUM Edgar *"Französische Besatzung Politik in Deutschland nach 1945"* in Neue politische Literatur 1990

JOURNAUX et REVUES

- Badisches Tagblatt
- Dernières Nouvelles d'Alsace
- La France en Allemagne 1946 1948 Baden-Baden
- Revue de la Zone française GMZFO Direction de l'Information Baden-Baden
- Bulletin de l'Enseignement français en Allemagne Baden-Baden
- La Gazette des Anciens du Lycée Charles de Gaulle à Baden-Baden
- La Gazette de Berlin
- Les Carnets du Rhin
- Les Carnets de la Moselle et de la Sarre

- Mercure du Pays de Bade
- Mercure Revue des Forces Françaises en Allemagne (1990-1993)
- Mercure Revue des Forces Françaises Stationnées en Allemagne (1994-1999)

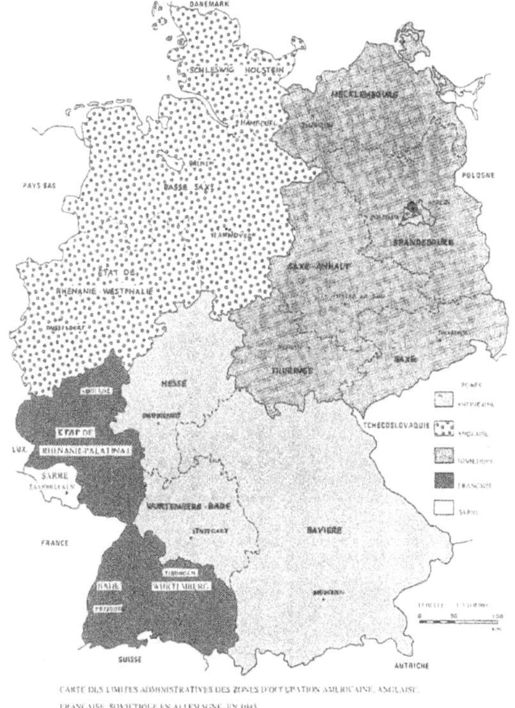

Limites administratives des zones d'occupation américaine, anglaise, française, soviétique en 1945. *Source: archives familiales*

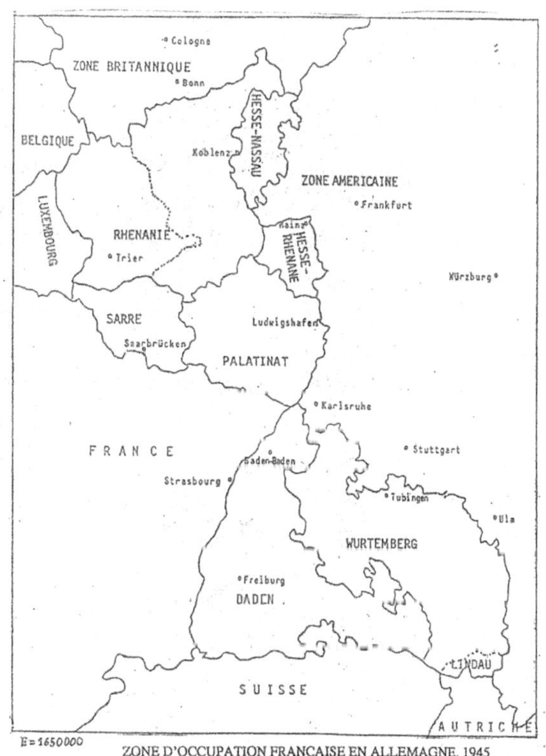

Zone d'occupation française en Allemagne en 1945. *Source : F.R.Willis*

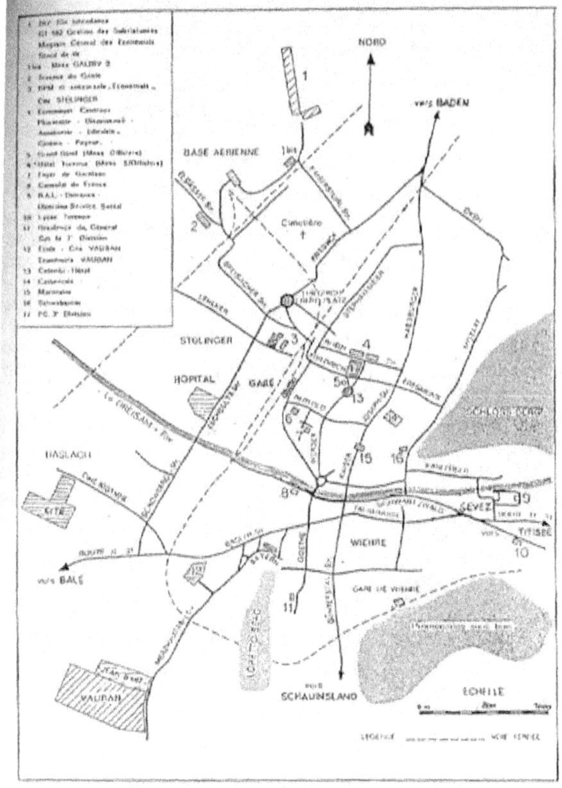

Plan de la garnison de Fribourg. *Source : archives familiales*

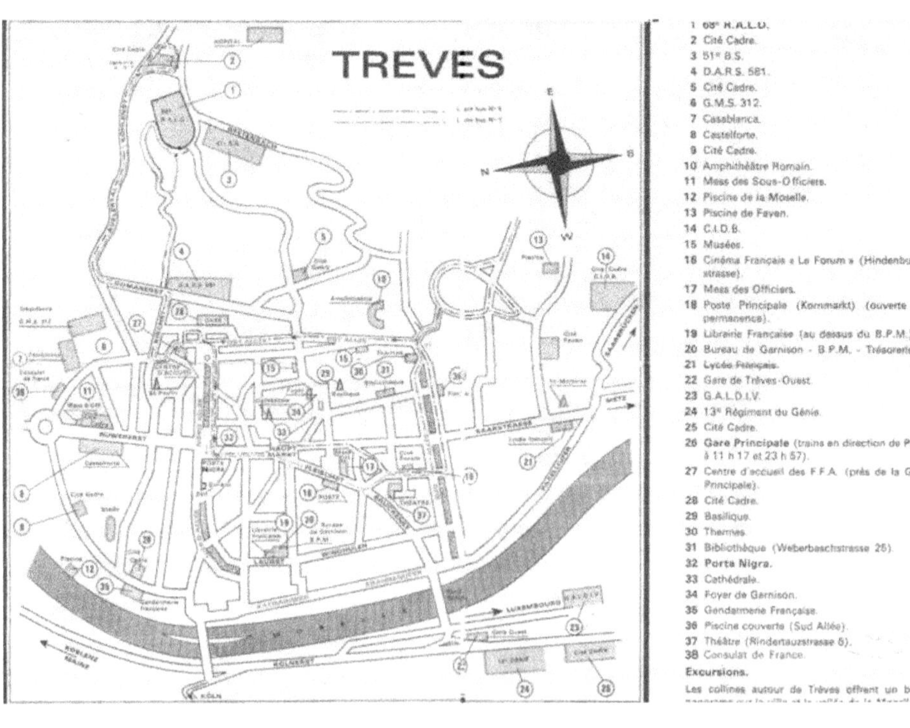

Plan de la garnison de Trèves. *Source : ACFFECSA –Breisach*

Plan de la garnison de Baden-Baden. *Source : archives familiales*

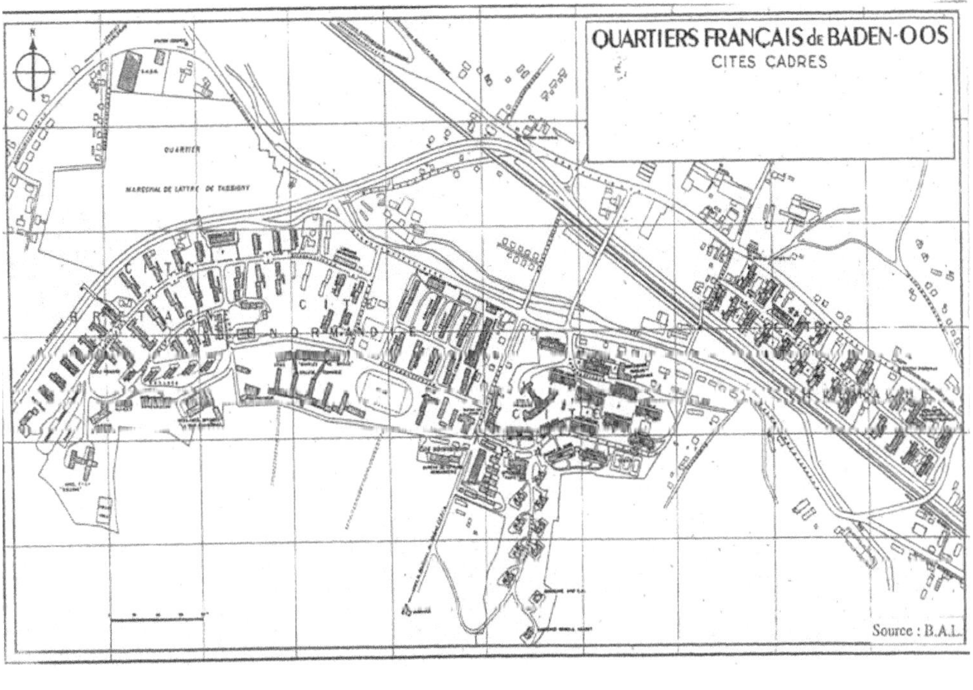

QUARTIERS FRANÇAIS de BADEN-OOS
CITES CADRES

QUARTIER MARECHAL DE LATTRE DE TASSIGNY

NORMANDIE

Source : B.A.L.

Vue aérienne de la Cité de Trèves-Feyen. *Source : ACFFECSA-Breisach*

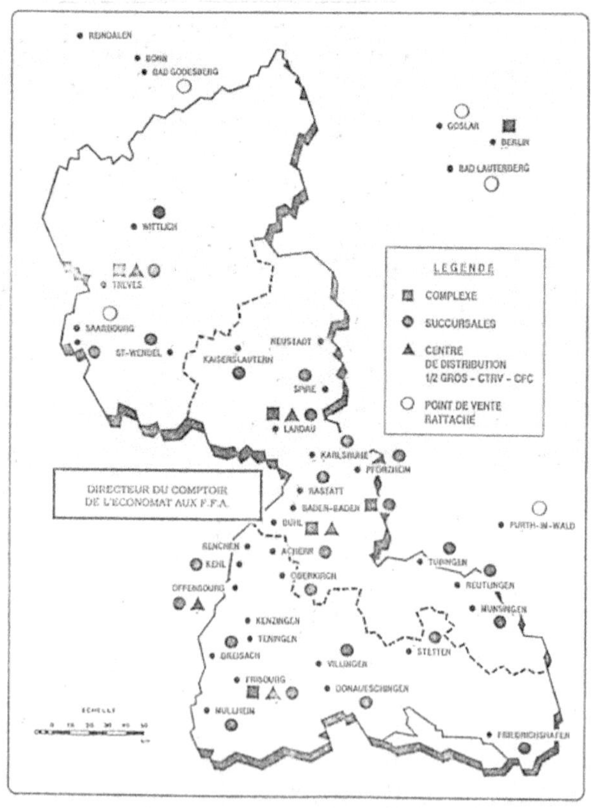

Le comptoir de l'Economat (1990). *Archives familiales.*

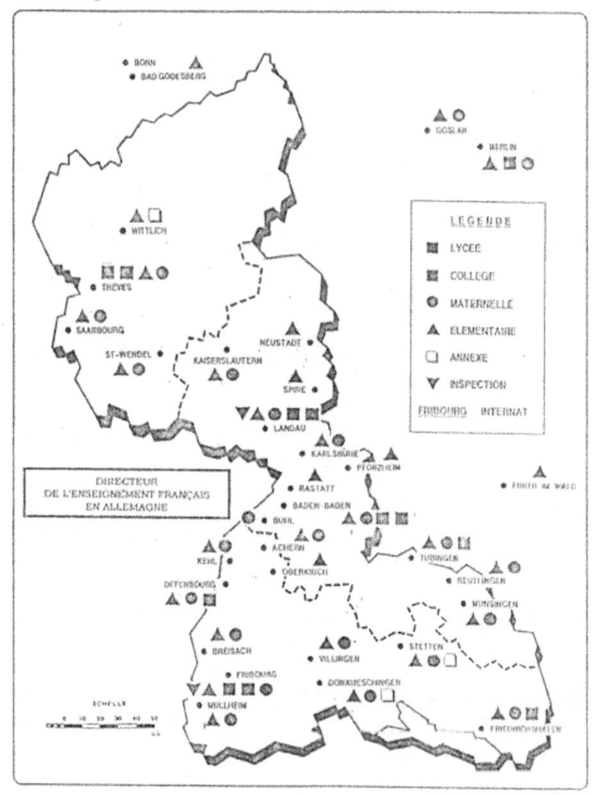

La D.E.F.A. *Source : D.E.F.A.*

Le secteur hospitalier. *Source : Service de santé des FFA*

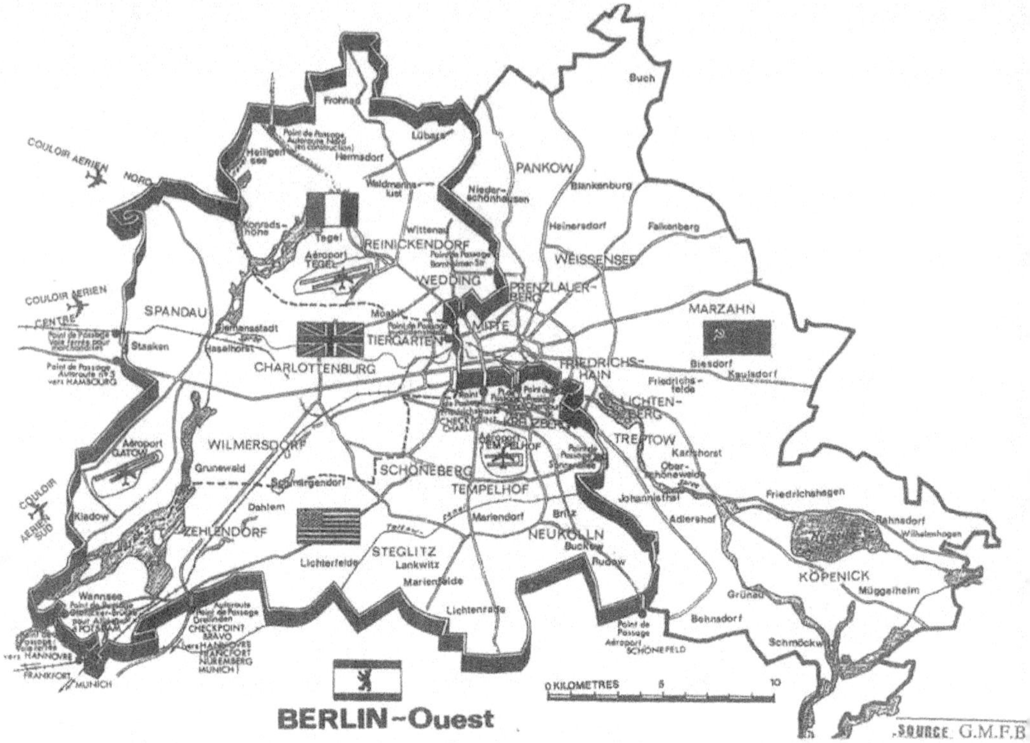

BERLIN-Ouest

SOURCE G.M.F.B

Berlin Ouest. *Source : archives familiales*

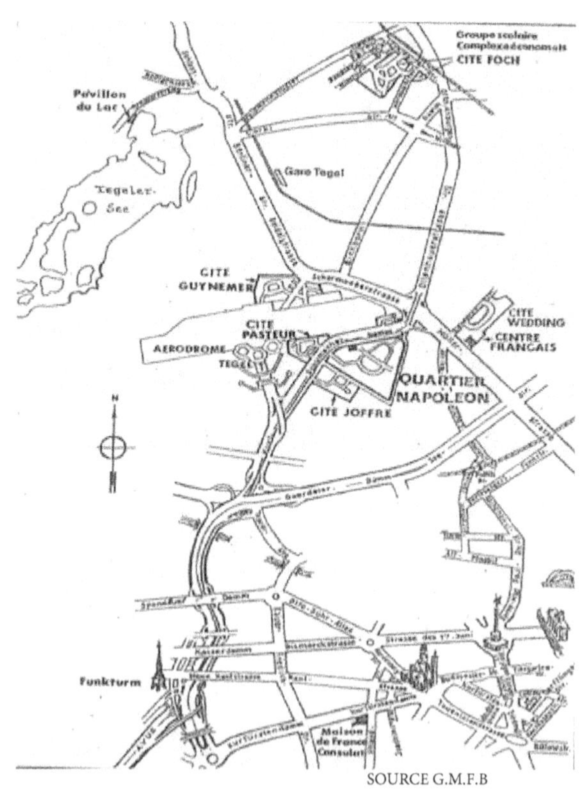

Le secteur français de Berlin. *Source : GMBF.*

TABLE DES MATIERES

REMERCIEMENTS

Je tiens à remercier tout particulièrement:

Le Général Marc Ollier, mon ancien élève au lycée Charles de Gaulle, pour le précieux soutien qu'il a apporté à ce projet et son aide à sa réalisation finale.

Hervé Brouillet-Rohmer, ancien proviseur du lycée, pour sa patience, son aide, ses conseils, les nombreuses relectures et compléments apportés à ce travail.

Eric Conge-Lehmann, ancien élève du lycée, pour sa totale connaissance de toutes les archives concernant les établissements scolaires de Baden-Baden.

Angelika Lipp-Krüll qui, durant toutes ces années, m'a accompagnée et aidée dans mes recherches.

Brigitte et Werner Schmoll, pour tous les efforts communs entrepris afin de maintenir vivant à Baden-Baden, le souvenir de la présence militaire française.

Sven Pries et l´Euraka pour leur contribution au maintien du souvenir français à Baden-Baden.

Peter Moll, rencontré en 1959 sur les bancs de l'institut de géographie de Sarrebrück et dont les contacts politiques ont largement facilité mes recherches sur la Sarre.

Ainsi que toutes celles et ceux qui par leurs souvenirs et témoignages ont contribué à la réalisation de cet ouvrage.

Hélène ENGELS

Structures éditoriales du groupe L'Harmattan

L'Harmattan Italie
Via degli Artisti, 15
10124 Torino
harmattan.italia@gmail.com

L'Harmattan Hongrie
Kossuth l. u. 14-16.
1053 Budapest
harmattan@harmattan.hu

L'Harmattan Sénégal
10 VDN en face Mermoz
BP 45034 Dakar-Fann
senharmattan@gmail.com

L'Harmattan Cameroun
TSINGA/FECAFOOT
BP 11486 Yaoundé
inkoukam@gmail.com

L'Harmattan Burkina Faso
Achille Somé – tengnule@hotmail.fr

L'Harmattan Guinée
Almamya, rue KA 028 OKB Agency
BP 3470 Conakry
harmattanguinee@yahoo.fr

L'Harmattan RDC
185, avenue Nyangwe
Commune de Lingwala – Kinshasa
matangilamusadila@yahoo.fr

L'Harmattan Congo
67, boulevard Denis-Sassou-N'Guesso
BP 2874 Brazzaville
harmattan.congo@yahoo.fr

L'Harmattan Mali
ACI 2000 - Immeuble Mgr Jean Marie Cisse
Bureau 10
BP 145 Bamako-Mali
mali@harmattan.fr

L'Harmattan Togo
Djidjole – Lomé
Maison Amela
face EPP BATOME
ddamela@aol.com

L'Harmattan Côte d'Ivoire
Résidence Karl – Cité des Arts
Abidjan-Cocody
03 BP 1588 Abidjan
espace_harmattan.ci@hotmail.fr

Nos librairies en France

Librairie internationale
16, rue des Écoles
75005 Paris
librairie.internationale@harmattan.fr
01 40 46 79 11
www.librairieharmattan.com

Librairie des savoirs
21, rue des Écoles
75005 Paris
librairie.sh@harmattan.fr
01 46 34 13 71
www.librairieharmattansh.com

Librairie Le Lucernaire
53, rue Notre-Dame-des-Champs
75006 Paris
librairie@lucernaire.fr
01 42 22 67 13

www.ingramcontent.com/pod-product-compliance
Lightning Source LLC
LaVergne TN
LVHW011954220826
846092LV00001B/174

* 9 7 8 2 3 4 3 2 5 2 5 1 3 *